어둠을 지나 미래로

어둠을 지나 미래로

박근혜 회고록 ◇ 2

침묵을 깨고 역사 앞에 서다

박근혜 지음

중앙books

이곳 대구 달성으로 돌아온 지 벌써 1년 6개월이 넘어간다. 이곳에서의 일상은 매일매일 새롭다. 간단한 아침을 먹고 나면, 재활과 운동으로 나의 일과는 시작된다. 틈틈이 책을 읽기도 하고, 정원을 걷기도 한다. 비슬산이 가까이 있어 정원에 날아오는 후투티와 딱새 등 산새들을 바라보거나, 정원에 새로 심은 산딸나무, 모감주나무, 쑥부쟁이 등을 바라보고 있으면 단조롭지만 평온한 일상이 새삼 감사하게 느껴진다.

2022년 가을 무렵, 중앙일보의 인터뷰 요청과 회고록 제안을 받고 흔쾌히 수락하기보다는 망설임이 많았다. 당시 몸 상태도 완전히 회복되지 않았고, 이제는 정치를 떠나 초야에 묻힌 내가 비교적 근간의 정치사를 풀어놓음으로써 오히려 또 다른 오해를 불러일으키지는 않을까 하는 우려도 있었다.

그런데도, 최종적으로 회고록을 집필하기로 마음먹었던 가장 큰 이유는 다름 아닌 대통령을 지낸 사람으로서의 의무감 때문이었다. 내가 헌정사에 유일하게 탄핵으로 퇴임한 대통령이지만, 재임 시절의 이야기와 그 이후의 이야기를 옳고 그름의 판단을 넘어 있는 그대로 들려드리는 것이 국민에 대한 도리라고 생각했다. 이 책을 내는 것은 나의 지난 정치 인생에 대한 회한 때문도 아니며, 스쳐 간 인연들에 대한 원망 때문도 아니다.

지금 돌이켜 생각해보면 후회스러운 결정이나 잘못 판단했다고 생각되는 것은 그것대로, 다시 그 시절로 되돌아간다고 해도 똑같은 결정을 했을 것으로 생각하는 것을 그대로 담백하고 진솔하게 이야기를 드리고 싶었고, 최대한 그렇게 했다고 본다.

매 순간순간 내가 느꼈던 감정의 편린은 1인칭 시점에서 서술할 수밖에 없었지만, 사실(事實) 부분은 사료(史料)를 남기는 사관(史官)의 마음으로 최대한 객관적이고 공정하게 쓰려고 노력했다.

이 책의 주(主)된 내용은 제18대 대선이 끝난 2012년 말부터 2022년 3월 이곳 대구광역시 달성 사저로 내려오기까지의 약 10년에 걸친 이야기다. 대통령으로 당선된 후, 국정을 운영하면서 한·일 위안부 합의, 개성공단 폐쇄, 사드 배치, 지소미아 체결, 공무원연금 개혁 등 대통령으로서 여론에 맞서 고독한 결정을 할 수밖에 없었던 이유와 그때마다 온 힘을 다해 준 각료와 참모들의 이야기, 그리고 상상조차 하지 못했던 가까운 이의 일탈로 인한 탄핵과 그 이후 4년 9개월간의 구치소에서 겪었던 극한의 날들에 관한 이야기다.

대통령의 자리에 있었기 때문에 차마 하지 못했던, 때로는 해서는 안 되었던 그 이야기들을 담담하게 담아보았다.

대통령으로서 이 나라를 위해 후회 없이 일했다. 비록 부족하고 때로는 잘못된 판단이 있었을지는 몰라도, 정말 나라를 위해 나를 아끼지 않았던 시간이었다. 국민의 삶이 안정되고, 국민 개개인이 행복해질 수 있게 만드는 것이 대통령으로서

해야 할 책무라고 생각했고, 외교, 국방, 안보 등이 함께 어우러져야 나라의 발전이 이루어질 수 있다고 믿었기에 단 1분의 대통령의 시간도 허투루 쓰지 않았다.

권력은 허무한 것이라는 말도 있지만, 나는 그렇게 생각하지 않는다. 대통령이 되고자 했던 목표가 있었고, 대통령이 되어서 그 목표를 이루고자 최선을 다해 일부라도 이를 해 놓을 수 있었기에 나는 권력이 결코 허무하다고 생각하지 않는다. 다만, 국민이 내게 맡겨주셨던 대통령으로서의 소임을 다하지 못한 채 퇴임함으로써 헌정 중단을 가져온 그 결과에 대해서 송구할 뿐이다.

이제는 나의 탄핵과 수감 시간은 모두 과거의 일이 되었다.

흔히들, 역사는 과거와 현재의 대화라고 한다. 나는 그 과거와 지금 현재는 앞으로의 미래를 여는 실마리일 수밖에 없다고 생각한다.

지금도, 나는 여전히 미래를 바라보고 있다. 그 미래는 내가 정치인으로 사는 삶을 이어가는 미래가 아니다. 대통령으로서 겪은 나의 지난 경험을 그것이 공(功)이든 과(過)이든 그대로 들려줌으로써, 앞으로 우리나라의 정치가 이를 밑거름 삼아 지금보다는 더 성숙하기를 바라고, 이런 성숙한 정치를 기반으로 우리나라 국민이 지금보다 더 나은 삶을 살아가는 그런 미래다.

그렇게만 된다면 나는 더 바라는 것이 없다.

지금 우리나라는 저출산 고령화로 국가 성장 동력을 잃어버릴 위험에 직면해 있고, 우리 사회의 여러 갈등은 그 어느 때보다 고조되어 있어 사회 통합을 저해하고 국가 발전을 가로막고 있다.

하지만 나는 언제나 그랬듯이, 우리 위대한 국민은 서로 화합하여 이 모든 어려움을 이겨내고 미래를 향해 다시 도약할 것이라고 굳게 믿는다. 우리나라와 국민을 위해 대통령으로 일할 기회를 주신 국민 여러분께 감사드린다.

이 책의 출간을 위해 지난 9개월 동안 구술을 정리하고, 초고의 오·탈자 교정 등을 맡아 고생한 중앙일보 김정하 논설위원, 유성운 부장, 손국희 기자의 노고에 감사를 드리며, 방대한 자료를 정리해서 보내주신 이동찬 변호사와 처음 기획부터 마지막 교정까지 온갖 노력을 아끼지 않았던 유영하 변호사에게도 깊은 고마움을 표한다. 역사는 반복된다고 하지만, 불행한 역사는 더는 반복되지 않았으면 한다.

　이제 정치인으로서의 파란 많았던 삶을 내려놓고, 소소한 삶의 홀가분함을 느끼고 싶다.

　국민 여러분, 감사합니다.

2024년 봄, 박근혜

※ 1권과 이어집니다.

2장

———

외교안보

"위안부 합의에 대한 설명 들은 적 없어"
기가 막혔던 윤미향

　　내가 위안부 할머니들에 대한 생각을 가다듬게 된 것은 2007년 2월 15일 미국 국회의사당에서다. 그날 미국 하원 외교위원회 아시아·태평양환경소위가 개최한 일본군 종군위안부 청문회에 이용수 할머니가 증인으로 참석했다. 이 할머니는 "16세 나이에 위안부로 대만에 끌려갔다. 강제 성(性)추행은 물론 온갖 폭행과 고문에 시달렸다. 일본군들은 개돼지보다도 더 추악했고, 한국말을 하면 폭행당하기 일쑤였다"며 울먹였다.

당시 방미 중이었던 나는 청문회가 끝난 뒤 마련된 별도 만찬에 참석해 이 할머니와 고(故) 김군자 할머니를 만나 그간 겪었던 고초를 위로드리고 이 문제가 해결될 수 있도록 최선을 다해 돕겠다고 약속드렸다. 그때 나는 한나라당 대선 후보 경선에 나선 상태였다.

대통령에 당선되면 이 문제를 제대로 그리고 확실히 매듭지어야겠다고 결심했다. 하지만 당 경선에서 이명박 후보에게 패배하면서 이 결심은 뒤로 미뤄야 했다. 그래도 6개월 후인 2007년 8월 1일 미국 하원이 '일본군 성노예 결의문'을 채택했다는 소식을 듣고 그나마 다행이라고 생각했다.

•

"위안부 문제, 책임지는 자세 보이라"…
외면한 일본

6년 뒤 대통령에 취임했을 때 나는 비로소 그동안 가슴 한편에 담아뒀던 이 문제에 손을 댈 수 있었다. 취임 직후 관련 기관에 피해자 할머니들이 가장 바라는 것이 무엇인지 파악하라고 지시했다. 할머니 한 명 한 명을 직접 만나 작성한 보고서를 받아본 결과 할머니들은 일본 정부로부터 사과를 받고 싶어 했다. 또 고령이다 보니 진료비, 생계비 등에 대한 실질적인 도움이 필요하다는 것을 알게 됐다. 나는 임기 중에 어떻게든 이 문제를 빨리 매듭짓겠다는 마음을 더욱 굳혔다.

이것은 비단 할머니들만의 문제가 아니었다. 한국과 일본은 아시아에서 민주화와 산업화를 동시에 달성한 몇 안 되는 나라다. 양국은 자유민주주의와 시장경제라는 가치를 공유하는 중요한 이웃이기도 하다. 경제와 안보 분야에서 더욱 협력해 공동 번영을 해야 하고, 문화적으로도 양국의 청년들이 매우 친하게 지낼 수 있는 상황이 조성돼 있었다. 그런데 이렇게 큰 과거의 응어리가 남아 있으면 함께 앞으로 나아가기가 어려울 수밖에 없다고 생각했다. 위안부 문제는 외면하거나 뒤로 늦출 수 있는 성격이 아니었다. 역대 정부가 출범할 때마다 일본에 우호적인 제스처를 보냈다가도 이 근본적인 문제가 해결되지 않으니까 정권 말기가 되면 완전히 틀어지는 악순환이 계속됐던 것이다.

이 문제가 제대로 매듭지어지지 않으면 설령 한·일 정상회담을 하고 어떤 결과를 내놓든 국민들로부터 환영을 받을 수가 없다고 봤다. 그러니 이 문제를 빨리 좀 해결하자, 이번에야말로 한·일의 지도자들이 결단을 내려서 임기 중에 이 문제를 꼭 풀겠다는 생각을 한 것이다.

그래서 나는 취임 직후인 2013년 3·1절 경축사에서 이렇게 말했다.

"역사는 '자기성찰의 거울'이자 '희망의 미래를 여는 열쇠'입니다. 한국과 일본, 양국 간의 역사도 마찬가지입니다. 지난 역사에 대한 정직한 성찰이 이루어질 때, 공동 번영의 미래도 함께 열어갈 수 있습니다. 가해자와 피해자라는 역사적 입장은 천년의 역사가 흘러도 변할 수 없는 것입니다. 일본이 우리와 동반자가 되어 21세기 동아시아 시대를 함께 이끌어가기 위해서는 역사를 올바르게 직시하고 책임지는 자세를 가져야 합니다. 우리 세대 정치 지도자들의 결단과 용기가 필요한 시점입니다."

하지만 일본 측에서는 기대했던 화답이 오지 않았다. 이듬해 2014년 3·1절 기념사와 광복절 경축사에서는 더 구체적으로 전향적 자세를 촉구했고, 그해 10월 24일 한일의원연맹 일본 측 대표단을 접견한 자리에서도 "일본군 위안부 문제가 한·일 관계의 새 출발에 있어 첫 단추"라고 재차 강조했다.

•

"일본, 우리 여성 성노에 삼아"
놀란 메르켈

위안부 할머니들의 사망 소식이 전해질 때마다 나는 마음이 무척 무겁고 안타까웠다. 일본을 더욱 압박하기 위해 외교 무대를 적극 활용하기로 했다. 2014년 3월 26일(현지시간) 나는 독일 베를린을 방문해 앙겔라 메르켈 독일 총리와 정상회담을 했다. 당시 드레스덴 선언 때문에 통일 발언이 스포트라이트를 받았지만, 나는 메르켈 총리에게 일본의 과거사 문제도 얘기하고 협조를 부탁했다.

"독일은 철저한 과거사 인정과 반성을 통해 역내 주변국들의 신뢰를 확보했고, 이를 바탕으로 통일을 이루었을 뿐만 아니라 EU의 핵심 국가로 부상했음을 높이 평가한다"고 말문을 연 뒤 위안부 문제를 거론했다.

"일본은 제2차 세계대전 중에 우리나라 여성들을 끌고 가 성노예(sexual slave)로 삼았습니다. 제대로 된 사과와 보상이 당연함에도 뻔뻔하게 모른 척하고 있습니다."

"그런 정도일 줄은 몰랐습니다."

메르켈 총리는 화들짝 놀랐다. '성노예'라는 표현을 고민 끝에 사용한 것은 서구 사회가 보다 이 문제를 진지하고 심각하게 봐주길 바랐기 때문이다. 당시 상황을 제대로 모르는 서구인들에게 '위안부(comfort women)'라는 표현으로는 충분히 이해시키기 어렵다고 생각했다.

내 의도는 제대로 전달됐다. 메르켈 총리는 이듬해 3월 10일 방일 기간 중 일본 민주당 대표 오카다 가쓰야 의원과 만난 자리에서 독일과 이스라엘의 관계를 설명하면서 "한국과 일본의 관계도 중요한데, 그러려면 위안부 문제를 해결하는 것이 좋지 않겠느냐"고 말했다. 그뿐 아니라 아베 신조(安倍晋三)

2014년 3월 27일 앙겔라 메르켈 독일 총리와 공동기자회견을 하고 있는 모습.

일본 총리와 정상회담을 마친 뒤 공동 기자회견을 할 때도 "화해의 전제는 반성"이라고 강조했다. 이것은 마이니치신문이나 아사히신문 같은 일본의 주요 일간지에도 그대로 보도됐다. 일본 측은 매우 당황했다고 한다.

나는 외교적 압박이 효과가 있다고 판단하고 이후에도 해외 정상들, 특히 영국 여왕 같은 여성 지도자들을 만날 때마다 위안부 문제를 설명하고 협조를 부탁했다. 많은 이가 고개를 끄덕였다. 이들은 아베 총리를 만나 위안부 문제를 거론했고, '일본이 잘못한 것이니 빨리 한국과 합의해 두 나라 관계가 잘 풀리도록 하라'고 권고했다고 한다. 일본 측은 외교 라인을 통해 우리 측에 불만을 토로하며 중단을 요구했지만 나는 이럴 때 일수록 일본을 밀어붙여야 한다고 생각했다.

●

국제적 압박에 물러선
아베 총리

결국 아베 총리가 결단을 내렸다. 2014년 말 일본 측에서 먼저 협상을 요청해 왔다. 나는 유흥수 주일대사와 이병기 국가정보원장에게 극비리에 일본 측과 접촉하라고 지시했다. 공식 외교라인을 통해 위안부 협상을 할 경우 이 사실이 공개되면 양측 모두 부담이 커지기 때문이다.

이 원장의 상대는 야치 쇼타로 국가안전보장국장이었다. 나는 이병기 원장에게 위안부 문제에 대한 일본 정부의 인정과 사과, 그리고 일본 정부의 보상 등 세 가지를 반드시 관철해야 한다고 강조하는 한편, 우리가 합의할 수 없는 것을 고집하면 협상 테이블을 나와도 좋다고 했다. 이 원장은 이를 관철하기 위해 많은 애를 썼다.

일본 정부가 위안부 문제를 사과하고 배상한다는 것은 일본군 차원에서 이를 주도했다는 것을 인정하는 것이 된다. 나는 이것이 핵심이라고 봤다. 하지만 일본 측으로서는 쉬운 일이 아니었다. 아베 정부는 역대 정부 중 가장 우익적 색깔이 강한 정권이었다. 게다가 그 안에 아베 총리보다 더 강한 우파 인사들도 있었기 때문에, 설령 총리가 해결 의지를 갖고 있더라도 추진하기는 쉽지 않았다. 그러니 비밀 접촉 때마다 자구 하나하나를 놓고 신경전을 벌이면서 우여곡절을 겪었다.

그러던 중에 2015년 11월 서울에서 한·중·일 정상회담이 열렸다. 내가 취임하고 처음으로 한·일 정상회담이 열린 것이다. 11월 1일 아베 총리와 단독회담 60분, 확대회담 38분 등 총 98분의 긴 회담이 이어졌다. 상당히 많은 이야기를 나눴다. 환태평양 경제 동반자 협정 가입도 협력하기로 하는 등 다양한 주제를 다뤘지만 역시 핵심은 위안부 문제였다. 나는 아베 총리에게 "올해가 한·일 국교 정상화 50주년인데 해가 넘어가기 전에 위안부 문제를 해결해야 하지 않겠냐, 가장 시급한 문제이니 협의를 가속화해서 해결하고 넘어가자"고 말했다. 이에 아베 총리도 연말 전에 끝을 맺자고 동의했다. 그 이후 협상이 속도를 내면서 12월 28일 합의를 끝낼 수 있었다.

이날 양국 정부는 서울에서 열린 한·일 외교장관 회담을 통해 일본군 위안부 피해자 지원 사업을 추진하기로 정하면서 일본 정부가 10억 엔(당시 약 100억 원) 기부, 아베 총리의 사과와 반성 표명, 위안부 문제의 최종적이고 불가역적 해결 확인, 유엔 등 국제사회에서 상호 비난·비판 자제 등을 담은 합의문을 발표했다.

이로써 1991년 8월 고(故) 김학순 할머니가 일본 아사히신문 인터뷰에서 위안부 피해 사실을 처음 증언하면서 불거진 한·일 관계 최대 난제(難題)가 24년 만에 타결된 것이다. 보고를 받은 나는 '수고했다'고 치하한 뒤 비로소 마음을 놓을 수 있었다.

•

윤미향, 할머니 귀 막고 여론몰이…
말문 막혔다

어렵사리 합의에 도달했지만 여론은 좋지 않았다. 합의 결과가 발표되자 야당과 시민단체 등은 '굴욕 협상'이라며 철회를 요구했다. 나라고 해서 합의안에 100% 만족한 것은 아니었다. 하지만 국가 간 협상이라는 것은 항상 주고받는 것이다. 우리 뜻만 100% 관철하는 협상이란 건 있을 수 없다. 그렇기에 나는 이번 합의문 이상으로 좋은 결과가 나올 수 없다는 것을 알고 있었다. 일본 총리가 위안부 문제에 대해 공식적으로 사과한 것은 처음 있는 일이었다. 일본 정부 예산으로 위안부 재단 출연금이 나온 것도 최초였다. 일본의 국가 예산에서 10

억 엔을 받은 것은 일본의 간접적 국가 책임을 인정한다는 의미로 해석될 수 있다. 국가 책임이 전혀 없다면 위안부 피해자 지원을 위해 일본이 국가 예산을 사용할 이유가 없기 때문이다. 이 정도면 현실적으로 우리가 얻어낼 수 있는 최대치였다.

그럼에도 불구하고 위안부 문제는 굉장히 민감한 사안이어서 어떤 합의안이 도출되든 어디에선가는 불만이 나올 수밖에 없을 것으로 예상했다. 그래서 나는 이를 추진하는 과정에서 한국정신대문제대책협의회(정의기억연대의 전신, 이하 정대협) 측에 충분히 알리고 이해를 구하라고 지시했다. 실제로 협상팀은 합의 전후로 몇 차례 이들을 찾아가 협상 과정을 알렸다. 재단이 설립되고 기금이 마련되면 할머니들을 위해 그것을 어떻게 사용해야 할지 이들의 의견도 미리 청취해야 했기 때문이다.

그런데 막상 위안부 합의가 발표되자 그동안 별다른 이의를 제기하지 않던 정대협 측이 "합의 내용을 사전에 들은 적이 없다"며 반대 여론에 불을 붙이고 나섰다. 어이가 없어 말문이 막혔다. 나중에 알아보니 정대협 측은 할머니들에게 이런 합의에 대해 전혀 알리지 않았다고 한다. 우리는 윤미향(현 무소속 의원) 정대협 대표가 할머니들에게 합의 내용을 전달하고 중지를 모아줄 것으로 기대했다. 하지만 정대협 측은 그렇게 하지 않고 합의가 발표되자 오리발을 내밀었다. 이들의 거짓말은 훗날 관련 자료가 공개돼 모두 드러났지만, 이미 합의안은 만신창이가 된 이후였다.

한국의 야당과 시민단체의 주장대로 위안부 합의가 '굴욕 협상'이었다면 일본에서는 오히려 큰 환영을 받아야 마땅했다. 그러나 결과는 정반대였다. 일본에서도 강경 우파를 중심으로 "우리가 너무 양보한 거 아니냐" "위안부 문제에 종지부를 찍은 게 아니라 패배의 시작이다" "이것을 일본 국민이 납득할 수 있겠냐"며 여론이 들끓었다.

나중에 들은 얘기다. 협상 타결 후 청와대 고위 관계자와 야치 국장의 만남이 있었다. 일본에서도 협상 비난 여론이 빗발칠 때다. 하지만 야치 국장은 "위안부 문제 합의는 한·일 관계의 장래를 생각할 때 좋은 일이었다고 생각한다. 이 합의가 앞으로도 좋은 평가를 받을 수 있도록 합의를 충실하게 이행하는 것이 중요하다"고 얘기했다고 한다. 아베 총리도 꿋꿋하게 "아무리 욕을 먹어도 이건 지켜야 한다"는 입장을 고수했다.

일본은 앞으로 어떤 잡음이 있더라도 흔들리지 말고 합의 사항을 이행해 나가야겠다고 마음먹은 것 같았다. 거기엔 나에 대한 믿음도 있었던 것 같다. 내가 한번 결심하면 흔들리지 않는다는 것을 일본도 익히 알고 있었기 때문이다. 박근혜 정부가 합의를 지킬 것이란 점을 아베 총리는 의심하지 않았을 것이다.

•

'위안부 소녀상 조치' 日 요구에
"강압적 철거 안 돼"

문재인 정부 시절 '한·일 위안부 피해자 문제 합의 검토TF'라는 것이 꾸려져 위안부 합의에 '이면 합의'가 있었다는 발표를 했다. 그 내용은 정대협 등 '위안부' 피해자 관련 단체 설득, 주한 일본대사관 앞 소녀상 문제 관련 적절한 노력, 제3국에 위안부 기림비 등 설치 미지원, '성노예' 대신 '일본군 위안부 피해자 문제'를 공식 명칭으로 사용 등을 비공개로 일본 쪽과 합의했다는 것이다. 마치 대단히 부정한 뒷거래가 있었다는 식의 뉘앙스다.

하지만 문재인 정부의 주장은 사실과 전혀 다르다. 일본 측이 협상 초기부터 주한 일본대사관 앞 소녀상 이전을 요청한 것은 맞다. 일본은 "어떤 침입이나 손해에 대하여도 (영사) 공관 지역을 보호하며, 공관(영사기관)의 안녕을 교란하거나 품위의 손상을 방지하기 위해 모든 적절한 단계를 밟을 특별한 의무를 가진다"는 '외교관계에 관한 빈협약 제22조 제2항' 등을 근거로 들었다.

일본은 소녀상이 일본대사관에서 수m 정도 떨어진 곳에 서 있고 시위가 열리는 등 여러 가지 문제가 있으니 한국 정부에서 조치해 달라고 부탁했다. 그러나 우리로선 받아들이기 어려웠다. 그래서 협상팀을 통해 "이것은 민간 차원에서 설치한 것인데, 정부가 강압적으로 철거할 수는 없다. 다만 양쪽에 바람직한 결과가 나올 수 있도록 노력하겠다"고만 전달했다. 일본 측도 더는 고집하지 않았다. 이런 게 소위 '이면 합의'의 진실이다. TF의 나머지 발표도 대개 이런 수준에 불과하다.

그리고 당시 우리 쪽에서도 일본 측에 공식 합의 외에 부탁한 것이 있었다. 주일 대사 등을 통해 들어보니 일본에 사는 교

2007년 2월 15일 미국 워싱턴 미 하원 외교위원회에서 열린 위안부 청문회를 참관했다.

포들의 가장 큰 숙원 중의 하나가 '혐한(嫌韓) 헤이트 스피치' 해결이었다. 일본 극우세력들이 한국 관련 상점이 밀집한 거리에 와서 확성기를 시끄럽게 틀어놓고 온갖 혐한 관련 발언을 쏟아내니 참 곤란하다는 것이다. 이곳을 찾던 사람들의 발길이 끊겨 이곳에서 장사하는 교포들이 큰 고통을 받는다는 보고를 받았다. 그래서 위안부 협상 때 이 문제에 대해 일본 측에 협조를 부탁했고 일본으로부터 성의 있는 조치를 약속받았다.

아베 총리는 2016년 1월 13일 일본 도쿄 관저에서 한일의원연맹의 한국 국회의원들을 만나 혐한 시위에 대한 질문을 받고 "일본인으로서 수치스러운 일이라고 생각한다. 앞으로 국회에서 논의가 이뤄지길 바란다"고 말했다. 이후 도쿄, 오사카 등 일본의 주요 도시에서 혐한 시위를 포함해 헤이트 스피치 관련 집회로 판단되는 경우 도립 공원 등의 공공시설 이용을 제한한다는 조례를 통과시켰다. 이어 2016년 5월 24일에는 헤이트 스피치 관련 대책법(일본 외 출신자에 대한 부당한 차별적 언동의 해소를 향한 대응 추진에 관한 법)이 일본 국회를 통과했다. 물론 이후 일본에서 정치인들의 한국 관련 망언 등이 완전히 근절된 것은 아니다. 일본 정부가 700명이나 되는 의원들을 일일이 단속할 수도 없는 노릇 아니겠나. 어쨌든 협상 당시 일본 측이 한국을 자극하지 않겠다는 의지는 확인할 수 있었고, 합의가 틀어지지 않도록 노력을 많이 하고 있다는 인상을 받았다.

일본은 안보, 경제, 문화 등 여러 방면에서 우리와 논의하고 협력할 사안이 많은 나라다. 하지만 위안부 문제는 양국 관계가 발전하는 데 너무나 큰 걸림돌이었다. 양국이 해결을 도모했지만 24년이나 매달리고도 아무런 진전을 보지 못했다. 불행했던 과거를 마무리하고 후대에 더는 부담을 주지 않기 위해선 정치인의 결단이 필요했다. 사실 대통령 입장에서 가장 유리한 방법은 아무것도 하지 않고 그냥 놔두면서 후임자에게 과제를 떠넘기는 것이다. 하지만 나는 국가 지도자가 절대로 그래서는 안 된다고 생각했다.

앞서도 언급했지만, 외교협상이란 것은 상대가 있기 때문에 어느 한쪽이 100%를 다 얻을 수는 없다. 우리가 100% 일본은 0%, 이런 것을 기대하면 협상 테이블은 깨지기 마련이다. 또 협상 과정에서 서로 갈등하고 충돌했더라도 일단 합의했으면 반드시 지켜야 한다고 생각한다. 국가 간의 합의는 국제사회가 지켜보고 있기 때문이다. 그래서 공들여 만든 위안부 합의가 나중에 문재인 정부에 의해 일방적으로 사실상 폐기처분됐다는 소식을 옥중에서 들었을 때 나는 이루 말할 수 없는 참담한 기분에 휩싸였다.

일러두기

한·일 위안부 합의

한·일 위안부 합의 직후부터 야권과 시민단체는 '무효'를 주장했고, 2017년 대선에서 문재인 더불어민주당 후보는 '위안부 합의 재협상'을 공약으로 내세웠다. 문재인 대통령은 당선 직후인 2017년 5월 11일 아베 신조 일본 총리와의 통화에서도 "국민 다수가 수용하지 못하고 있다"고 언급했다. 반면 아베 총리는 "합의 내용을 착실히 이행해나가야 한다"고 말했다. 2018년 11월 21일 정부는 한·일 위안부 합의에 따라 설립한 화해·치유재단을 해산하겠다고 공식 발표해 발족 2년 4개월 만에 해산됐다. 다만 추가로 위안부 합의 재협상을 요구하지는 않겠다는 입장을 밝혔다. 이에 아베 총리는 같은 날 기자들과 만난 자리에서 '한·일 합의는 최종적이고 불가역적인 해결'이라는 점을 강조하면서 "국제적인 약속이 지켜지지 않으면, 나라와 나라의 관계가 성립되지 않게 되어 버린다. 대한민국 정부에 국제사회의 일원으로서 책임 있는 대응을 바란다"고 에둘러 비판했다.

커터칼 테러와
아베의 쇠고기

아베 신조 총리와 내가 처음 만난 건 2004년이다. 일본의 공동 여당인 자민당과 공명당의 간사장이 한국을 방문했을 때였다. 당시 그는 자민당의 간사장으로서 유력한 차기 총리 후보로 꼽히는 정치인이었다. 후유시바 데쓰조 공명당 간사장과 8월 31일 노무현 대통령을 만난 그는 9월 1일 한나라당 대표인 나를 만나기 위해 서울 염창동 당사를 방문했다.

당시 우파 색채가 강한 일본의 일부 역사 교과서가 양국 관계에서 큰 이슈였다. 나는 "역사 교과서 문제는 양국 간 해결해야 할 큰 문제다. 미래세대에 좋지 않은 영향을 미칠까 봐 제기하는 것"이라고 우려를 표명했다. 그러자 아베 간사장은 "역사를 직시해야 한다는 점을 중요하게 생각한다. 검정 교과서를 합리적으로 선택하도록 하겠다"고 답했다.

•

커터칼 테러 뒤
고베산 쇠고기 보낸 아베

2년 뒤인 2006년 3월 내가 일본을 방문하자, 관방장관이던 그는 친절히 맞아줬다. 내가 한·일 관계에 대한 생각을 피력하자 그는 "생각이 서로 비슷하다. 우리는 호흡이 잘 맞는다"고 맞장구치기도 했다.

2006년 5월 20일 지방선거 직전에 서울 신촌에서 지원 유세를 하던 중 커터칼 테러를 당한 적이 있다. 그때 아베 관방장관은 편지와 함께 고베산 쇠고기, 고급 과자 마메겐 등을 보내줬다. 테러 후 11일이 지난 때였다. 그는 편지에서 "박 대표가 테러를 당했다는 소식을 접하고 깊은 슬픔과 근심을 전하려 편지를 쓴다"며 "회복이 빨라 정치활동을 재개할 수 있게 돼 기쁘며 안심하고 있다"는 위로의 말을 남겼다. 그는 당시 편지를 전달해 줬던 일본 프리랜서 언론인 와카미야 기요시 씨를 통해 "일본에선 수술을 받은 사람에게 쇠고기를 먹게 해 빨리 건강을 회복하게 한다. 다른 사람에게 주지 말고 직접 드시라"는 말을 전하기도 했다. 따뜻한 배려가 고마웠다. 나와 아베 총리는 개인적 인연으로만 본다면 좋은 관계였다고 할 수 있다.

하지만 대통령이 된 뒤 나와 아베 총리의 관계는 시작부터 삐걱거렸다. 무엇보다 위안부 문제를 둘러싼 입장 차이가 앞을 가로막았다. 나는 한·일 관계 발전을 위해선 이 문제를 반드시 해결하고 가야 한다고 생각했지만, 그는 좀처럼 호응하지 않고 회피하려 했다. 국가 차원의 사과와 보상에 대해 동의하지 않는 목소리를 내기도 했다. 나는 '협조 좀 해주면 좋을 텐데…'라는 안타까우면서도 속상한 마음이 들었다. 국제무대에서 마주쳐도 서로 간단히 인사만 하고 지나칠 때가 많았다. 결국 내가 해외 정상들을 만날 때마다 위안부 문제에 협조를 구하며 압박해 '백기'를 들게 됐으니, 그는 나에 대한 감정이 썩 좋지는 않았을 것이다.

그래도 아베 총리는 신사였다. 속이 쓰렸을 텐데 국제무대에서 만나면 한 번도 그런 내색을 하지 않았고 웃는 얼굴로 반갑게 인사하며 매너를 잃지 않았다. 언젠가 국제회의에서 갈라 만찬이 있었을 때 '스키야키'라는 일본 노래가 나오자, 아베 총리는 나에게 "저게 실은 일본의 음식 이름인데, 노래 제목이 되니까 조금 이상하네요"라며 웃기도 했다.

●

"내 한국어가 어색했나요"…
아베 외면? 진실은

한때 내가 아베 총리를 싸늘하게 외면해 무안하게 만든 것으로 알려진 일화도 있다. 2014년 3월 네덜란드 헤이그에서 열린 한·미·일 3국 정상회담 때 대통령 당선 뒤 처음으로 국제회의 석상에서 아베 총리를 만나게 됐다. 당시 아베 총리가 한국어로 나에게 인사했는데, 내가 고개를 돌리면서 외면한 듯한 사진이 공개됐다. 그 이후 아베 총리가 윤병세 외교부 장관에게 "내 한국어가 어색했나요?"라고 물으며 난감해했다는 언론 보도도 있었다.

결론부터 말하면 내가 아베 총리를 외면했다는 건 오해였다. 헤이그에 오기 전 청와대에서 7시간 가까이 '규제개혁 장관회의'를 했고, 중국 측과 시간 조율이 어려워 도착한 날 저녁에 곧바로 한·중 정상회담을 가져야 했다. 그래서 피로가 누적되는 바람에 한·중 회담이 끝난 뒤 지독한 몸살을 앓았다. 주사를 맞았지만, 컨디션이 영 엉망이었다. 그런 상황에서 오바마 대통령이 중재해 한·미·일 정상회담이 잡혔다. 몸 상태야 어떻든 거기엔 참석하지 않을 수 없었다. 머리가 천근만근이고 몸도 떨리는 상태에서 가방을 의자 오른쪽에 내려놓는데 왼편에서 얼핏 "~스무니다"라는 말이 들린 것 같았다. 그런데 막 회담이 시작되려는 참이어서 되묻기 어려운 상황이었다. 나중에야 그때 아베 총리가 한국어로 "반갑습니다"라고 인사했다는 것을 알게 됐다. '아베 총리가 무안했겠구나'라는 생각이 들었다. 그래서 식사라도 같이 하면 좋겠다는 얘기를 전할까 했는데, 그것도 타이밍을 찾지 못한 채 일정이 끝나버렸다. 내가 일부러 기 싸움 하듯이 아베 총리를 무안하게 만든 것은 절대 아니었다.

●

위안부 합의 뒤
日서 맹비난 휩싸인 아베

하지만 비 온 뒤 땅이 굳어진다는 말처럼 나와 아베 총리의 관계도 그랬다. 처음에는 우여곡절을 많이 겪고 양자 회담도 못 한 채로 내 임기 절반이 지나갔다. 하지만 2015년 말 위안부 합의를 거치며 우리 사이에는 점차 신뢰가 쌓이기 시작했다. 아베 총리는 일본의 안보와 직결되는 북한의 핵과 미사일 문제에 대해 확고한 입장을 갖고 있었다. 국제무대에서 대북 제재를 논의할 때 아베 총리는 우리와 철저히 한목소리를 내는 중요한 파트너였다. 또 그는 나에게 납북된 일본인들이 빨리 송환될 수 있도록 도와달라고 수시로 부탁하곤 했다. 그것은 인도적 차원에서 중요한 이슈였기 때문에 우리도 그 문제만큼은 일본을 지지할 수 있었고, 반대로 나는 아베 총리에게 남북 이산가족 문제가 잘 해결될 수 있도록 협조해 달라고 부탁했다. 그러면서 나는 한·일 양국이 서로 돕고 협력할 수 있다는 것을 새삼 느꼈다.

한나라당 대표 시절인 2004년 9월 1일, 한나라당 당사를 방문한 일본 자민당 아베 신조 간사장(왼쪽에서 둘째), 후유시바 데쓰조 공명당 간사장(왼쪽)과 함께. (위)

2014년 3월 25일 오바마 미국 대통령, 아베 일본 총리와 네덜란드 헤이그 미국 대사관저에서 정상회담을 했다. 세 번째로 발언한 아베 총리가 서툰 한국 말로 내게 인사말을 건네는 모습. (아래)

또 아베 총리가 위안부 합의 때 위안부 문제에 대한 사과와 국가 차원의 배상에 동의한 것은 매우 어려운 결정이었고, 한·일 관계가 새로 출발하는 데 큰 역할을 했다고 생각한다. 그 후에 일본에서 엄청난 비난을 받았지만, 그것에 대해 변명하거나 말을 바꾸지 않고, "한·일 양국을 위해 우리가 이 합의를 잘 지켜 나가자"고 노력한 것을 나는 진심으로 높이 평가한다. 그랬기에 나 역시 국제무대에서 일본을 비판하는 것을 중단했다. 사실 그간 일본 입장에서는 듣기 거북했을 얘기를 내가 많이 한 것이 사실이다. 하지만 아베 총리와 나는 위안부 합의 이후 약속을 정확히 지켰다.

전해 들은 이야기인데 한번은 일본 언론인이 주한 일본대사를 만났을 때 '한국 측이 합의 사항을 제대로 지키지 않는다'는 식으로 비난하자, 일본대사가 '한국은 어려운 상황에서도 최선을 다하고 있다. 그런 말 하지 말라'고 맞받아쳤다고 한다. 양측의 신뢰 관계가 있었기에 가능한 말이었다고 생각한다. 나는 정치뿐 아니라 국제사회의 외교에서도 무엇보다 신뢰와 진정성이 중요하다고 믿는다.

●

아베 총리 불의의 피습 큰 충격…
주마등처럼 스쳤다

나는 대통령 재임 중 일본을 방문하지 못했다. 2015년 11월 1일 서울에서 한·중·일 정상회담이 열렸을 때 아베 총리는 이듬해 10월 말 일본에서 열리는 한·중·일 정상회담에 꼭 와달라고 요청했고 나도 그러겠다고 화답했다. 아베 총리는 나의 방일을 무척 기대하는 눈치였다. 나도 위안부 합의만 잘 처리되면 가벼운 마음으로 일본에 갈 수 있겠다고 생각했다. 북한의 4차 핵실험(2016년 1월 6일) 때문에 아베 총리와 통화했을 때도 대화 내용은 심각했지만, 서로에 대한 신뢰를 느낄 수 있는 분위기였다.

하지만 한·중·일 회담이 열릴 예정이던 2016년 10월이 되자 국내 정국이 매우 어지럽게 돌아갔다. 일본 측에서 내가 회담에 올 수 있는지 걱정을 하는 연락이 왔다. 결국 나는 참석할 수 없는 상황이 됐고, 회담도 취소됐다. 그리고 나는 이듬해 탄핵 결정으로 대통령 자리에서 물러났다.

만약 내가 갑작스레 물러나지 않고 양국 관계가 지속됐다면 어땠을까 하는 생각을 가끔 해본다. 모처럼 한·일 양국이 걸림돌을 해결하고 공동 발전을 위해 손을 잡을 수 있는 시점이 었는데 예기치 못한 나의 퇴진이 모든 것을 엉클어트렸다. 이후 문재인 정부에서 한·일 관계가 최악으로 치닫는 것을 보니 더욱더 아쉬움이 커졌다.

2022년 7월 아베 총리가 불의의 피습을 당해 유명을 달리했다는 소식을 듣고 엄청난 충격을 받았다. 2015년 위안부 합의 당시 서로 어려운 결단을 통해 해결을 끌어낸 과정, 그리고 내가 커터칼 테러를 당했을 때 쇠고기를 보내줬던 아베 총리의 따뜻한 마음이 머릿속에서 주마등처럼 스쳐 지나갔다. 마음속 깊이 고인의 명복을 빌었고, 유족인 아키에 여사께도 위로를 드리고 싶었다. 당시 아키에 여사에게 위로 편지를 드리고 싶었는데 여건이 맞지 않아 하지 못했다. 언젠가 유족을 만날 기회가 주어진다면 꼭 직접 위로의 말을 전하려 한다.

첫 방미의
아쉬움

　미국은 우리나라에 가장 중요한 동맹국이다. 그래서 취임과 동시에 미국의 초청을 받아들여 첫 번째로 미국 순방에 나섰다. 특히 내가 대통령에 있던 기간은 북한이 핵과 미사일 능력을 고도화하면서 도발을 한층 강화하던 시기였다. 취임 직전 3차 핵실험을 시작으로 남북 간 불가침 합의 파기, 개성공단 통행 차단 등이 연이어 벌어졌다. 한·미 동맹을 통해 안보를 지켜 온 우리로서는 미국과의 긴밀한 협력이 그 어느 때보다도 중요해지고 있었다.

어느 나라를 방문하든 사전 준비가 중요하지만, 미국 순방은 말할 것도 없다. 정상회담에서 다룰 주제와 각종 행사가 세세한 조율과 논의를 통해 추진된다. 나는 순방에 앞서 이한구(새누리당 원내대표) 의원을 단장으로 하는 정책협의대표단을 미국으로 파견했다. 무엇보다도 내가 내놓은 한반도 신뢰 프로세스나 동북아 평화협력 구상 등에 대해 미국이 어떻게 생각하는지가 궁금했다.

톰 도닐런 백악관 국가안보보좌관을 통해 버락 오바마 대통령에게 보내는 서한을 전달했는데 다행히도 오바마 대통령 측은 한반도 신뢰 프로세스를 비롯한 여러 구상을 충분히 파악하고 있으며, 미국이 추구하는 목표와 일치한다며 신뢰와 기대를 드러냈다는 소식이 들려왔다. 이를 보고받고 나서 한결 가벼운 마음으로 미국행 비행기에 오를 수 있었다.

뉴욕서 헬기 동원 입체 경호,
외교부 "처음 있는 일"

2013년 5월 5일(현지시간) 미국 뉴욕 JFK 국제공항에 도착한 직후부터 나는 미국이 우리를 우방과 동맹국으로서 중시한다는 것을 새삼 느꼈다. JFK공항부터 뉴욕에 있는 숙소 아스토리아 호텔로 가는 동안 하늘에서는 헬리콥터가 호위하고 지상에서는 별도의 교통 통제가 진행되는 등 입체적 경호가 있었다. 뉴욕은 유엔본부도 있고 해외 정상들이 워낙 자주 오기 때문에 이처럼 교통 통제를 하기가 어렵다고 한다. 외교부에서는 '뉴욕의 교통 통제를 한 것은 처음 있는 일'이라고 알려줬다.

5월 6일 워싱턴 DC 알링턴 국립묘지와 한국전 참전기념비 헌화로 4박 6일의 미국 방문 공식 일정이 시작됐다. 이곳은 8년 전에도 찾은 적이 있었는데, 이번에는 한국을 대표하는 대통령의 자격으로 방문한 것이라 감회가 더욱 깊었다. 한·미 동맹 60주년을 맞은 해였기 때문일까. 이날 미군 군악대가 애국가를 연주하는데 '우리 국가가 이렇게 웅장하고 멋있었나'라는 생각이 들면서 마음이 뭉클해졌다. 그때의 감동은 오랫동안 잊히지 않았다. 한국전 참전기념비 벽화에 조각된 '19인상'은 모두 얼굴이 다른데 실제 참전 용사들의 얼굴을 모델로 했다고 한다. 한쪽 팔이 잘린 조각상의 모델이 당시 25세였던 웨버 예비역 대령이라는 이야기를 듣고 내 입에서는 저절로 탄식이 나왔다. 이런 분들의 희생이 있었기에 지금의 대한민국이 설 수 있었다는 생각에 가슴 한쪽이 다시 한번 뭉클해졌다.

무명용사탑과 국립묘지기념관을 둘러보면서도 미국은 나라를 위해 희생한 분들에 대해서는 매우 정중하게 예우한다는 점을 다시 한번 확인할 수 있었다. 당시 안내하던 큐레이터는 "요즘은 기술이 좋아져서 유전자 검사로 유골의 신원 식별이 가능하다"고 설명했다. 그래서 내가 "그럼 앞으로 전쟁으로 인한 실종자는 나오더라도 무명용사는 더는 없겠군요"라고 말했는데 그 장면이 지금까지 기억난다.

5월 6일에는 교민들과 만찬을 함께하면서 그들의 애로사항도 청취했다. 교민들은 3500개 수준인 전문직 비자 쿼터 확대를 부탁하는 목소리가 컸다. 나는 "오바마 대통령에게 동포들의 전문직 비자 쿼터 확대 요청을 꼭 전달하겠다"고 약속했다.

●

첫 만남에도
어색하지 않았던 오바마

백악관에서 한·미 정상회담이 열린 것은 7일 오전이었다. 오바마 대통령은 환하게 웃으며 내 손을 잡고 안부를 물어봤다. 이날 처음 만난 사이였는데도 어색한 분위기는 전혀 느낄 수 없었다. 인간관계에서는 처음 만났을 때의 인상과 분위기가 매우 중요하다고 하는데, 오바마 대통령과의 관계도 그랬다.

한·미 정상회담 후 여러 현지 언론에서 "끊이지 않는 미소" "따뜻한 시선" 등의 표현으로 우호적인 회담 분위기를 묘사했는데 실제로 그랬다. 오바마 대통령은 정상회담을 시작하면서 "대선 승리를 축하한다"며 "미국 행정부 내에 박 대통령을 칭찬(admire)하는 분이 매우 많다"고 덕담을 건넸다. 나도 "오바마 대통령의 이름 중 버락이라는 이름이 스와힐리어로 '축복받은(blessed)'이라고 알고 있다"며 "제 이름인 박근혜의 '혜' 자도 '축복(blessing)'이라는 뜻이어서 우리 두 사람이 이름부터가 상당히 공유하는 게 많다"고 말했다.

오바마 대통령은 나의 방문에 대해 많은 준비를 한 듯했다. 그는 내가 대통령 취임사에서 '이제 한 사람이 국가의 가치를 높이고, 경제를 살려낼 수 있는 시대'라고 말했던 것을 그대로 인용하는가 하면, '정치인은 약속을 잘 지켜야 한다'는 이야기도 섞으며 대화를 이어나갔다.

나는 대선 전부터 한·중·일 등 동북아 국가들이 경제적으로 긴밀히 엮여 서로 도와야 하는 상황에서도 역사와 영토, 안보 등의 문제로 갈등이 심화되는 현상을 놓고 '동북아 패러독스'라고 명명해 설명해왔는데, 오바마 대통령은 이에 대해서도 명확히 이해하고 자신의 의견을 내놓기도 했다. 오바마 대통령은 한반도 신뢰 프로세스에 대해서도 "굉장히 정확한 방침"이라며 북한과 대화와 교류를 통해 협력·지원하고 평화통일로 가는 원칙 속에서도 도발할 경우엔 그에 대한 확실한 응징을 해야 한다는 입장에 동의했다.

2013년 5월 6일 미국 워싱턴에 있는 알링턴 국립묘지를 방문해 무명용사탑에 헌화를 하고 있는 모습.(위)

다음 날 버락 오바마 미국 대통령과 워싱턴 백악관에서 양국 고위 공직자들이 배석한 가운데 정상회담을 했다.(아래)

●

점심 미뤄가며 해결한
한·미 원자력협정

미국 방문 때 오바마 대통령과 꼭 이야기를 나눠야 한다고
생각한 주제가 몇 가지 있었는데 그중 하나가 한·미 원자력협
정이었다. 이 협정은 1973년 체결된 이래 한 번도 바뀌지 않
은 상태였다. 그동안 한국은 원자력발전소를 해외에 수출할
정도로 많은 발전을 거뒀기 때문에 변화상을 반영하도록 개정
할 필요가 있었다. 특히 당면한 문제는 '사용후 핵연료'라고 부
르는 핵폐기물 처리 문제였다.

1973년부터 시행된 한·미 원자력협정으로는 핵폐기물에
변형을 가하는 어떤 행위도 할 수 없었다. 그래서 그동안 한국
은 이것을 원자력발전소 안에 마련된 저장시설에 계속 쌓아두
기만 했다. 미국이 사용후 핵연료에 변형을 가하지 못하게 한
이유는 재처리 과정에서 플루토늄을 단독으로 분리할 수 있고
이것이 핵무기 제조로 이어질 수 있다는 우려에서다. 미국의
우려도 이해는 되지만, 문제는 우리 측 저장시설이 한계에 도

달했다는 점이었다.

우리나라에 있는 원자력발전소(이하 원전)의 원자로는 모두 23기. 국내에서 가동 중인 원전이 해마다 쏟아내는 사용후 핵연료는 700t에 이르고, 이미 발전소에 쌓여 있는 양이 1만 3500t에 달한다. 각 원전에서 배출되는 핵폐기물은 원전 내부에 있는 수조(습식 저장소)와 지상시설(건식 저장소)에 보관한다. 이대로 갈 경우 2016년 부산 고리원전을 시작으로 단계적으로 국내 모든 원전에 있는 핵폐기물 저장시설이 포화상태를 맞게 될 판이었다. 진작 이 협정을 손봤어야 했는데 역대 정부에서 이런저런 사정으로 계속 넘기다가 여기까지 온 것이었다.

이 문제의 심각성에 대해 인지하고 있었기 때문에 나는 순방 전부터 미국 정부 인사들을 만날 때마다 이를 반복해 거론했다. 내가 이를 말할 때면 미국 쪽에선 '어떻게 저 주제를 꺼낼 수 있지?'라며 다소 놀라는 반응이었다. 내가 민감한 원자력협정 문제를 꺼낼 것이라곤 생각하지 않았던 모양이다. 어쨌든 나로서는 이번 기회를 그냥 넘길 수는 없었다. 정상회담에 이어 어느덧 오찬시간이 되자 오바마 대통령은 "점심을 먹으러 가자"고 말했다. 하지만 나는 "할 얘기가 더 남았다"고

한 뒤 이 문제를 꺼내들었다. 그러면서 "이게 중요한데 이 이야기를 점심을 먹으면서 할 수는 없다. 점심은 조금 미뤄도 되지 않냐"고 요청했다. 이미 일어섰던 오바마 대통령은 "그렇게 하자"면서 다시 자리에 앉았다. 나는 전 세계에 500개가 넘는 원전이 있는데 이 폐기물을 어떻게 안전하게 처리할지가 매우 중요하다고 말문을 연 뒤 현재 한국이 당면한 문제에 대해서 자세히 설명했다. 오바마 대통령은 매우 진지한 표정으로 내 말을 쭉 들으며 고개를 끄덕이곤 했다.

결국 이날 대화는 2년 뒤인 2015년 6월 16일 한·미 원자력 협력 협정 개정으로 결실을 보았다. 1973년 첫 협정이 만들어진 뒤 42년 만에 바뀐 것이다. 이때 개정으로 사용후 핵연료를 재활용이 가능한 금속으로 바꾸는 전해환원 공정까지의 연구가 허용됐다. 한국원자력연구원 등 국내 연구진은 원전에서 사용한 핵연료를 재활용하는 파이로 프로세싱 기술을 개발하고 있었다. 우라늄 등 유용한 자원을 추출해 차세대 원자로(4세대 소듐냉각고속로)의 연료로 쓰려는 취지다. 핵연료를 재활용하면 고준위 방사성 폐기물을 20분의 1로 줄일 수 있다. 이전까지는 핵연료의 형상, 내용을 변경하려면 미국의 사전 동의를 받아야 했으니 의미 있는 진전이었다.

또 새 협정에는 한·미 양국과 원자력 협정을 체결한 제3국에 대해 우리 원전 수출업계가 미국산 핵물질 및 장비·부품 등을 자유롭게 재이전할 수 있도록 하는 '포괄적 장기동의' 조항을 담았다. 한국형 원전과 스마트원전을 수출하는 우리로서는 이번 새 협정을 통해 세계 원자력시장에서 경쟁력을 확보하게 된 것이다.

•

전작권 전환,
2015년 예정 → 무기한 연기

한·미 정상회담에서 해결해야 했던 두 번째 주제는 전시작전권 문제였다. 취임 직전인 2013년 2월 3차 핵실험이 보여주듯 북한은 점점 고도화되고 위협적인 도발을 이어나가고 있었다. 전반적인 안보 환경을 고려할 때 2015년으로 예정된 전작권 전환은 무리라는 것이 나와 참모진의 일치된 의견이었다. 2013년 전반기에 심각해진 북한 핵 문제 등 안보 상황을 고려해 당초 2015년으로 예정됐던 전작권 전환 준비를 다시 점검해 나가자고 미국 측에 제의했다. 오바마 대통령 역시 의견이 같았다. 결국 이듬해 한국에서 열린 한·미 정상회담에서 전작권 전환 시기는 완전한 준비가 이뤄질 때까지 무기한 연기하는 것으로 매듭지었다. 무리하게 전작권 환수를 추진할 수는 없었다.

전작권 환수 연기가 발표되자 야당은 크게 반발했다. 당시 문재인 새정치민주연합 의원은 비상대책위원회 회의에서 "전작권 환수 무기 연기는 대외적으로 군사주권 포기를 선언한 것" "주권국가로서 70년 넘게 전작권을 다른 나라에 맡기는 것은 세계적으로 유례가 없는 부끄럽기 짝이 없는 일"이라고 비난했다. 하지만 정작 문재인 정부도 임기 5년간 전작권을 환수하지 않았다.

정상회담을 마치고 오찬이 시작되기 전 오바마 대통령은 백악관 내 로즈가든 옆 복도를 산책하자고 제안했다. 비가 내리는 가운데 우리는 로즈가든을 따라 만들어진 복도를 10여 분간 걸었다. 그는 가족에 대한 이야기를 많이 했다. 딸들이 싸이의 '강남 스타일'을 가르쳐줬다고 말하며 웃기도 하고, 미셸 오바마 여사가 김치와 한국 음식에 대해 관심이 많다는 것도 알려줬다. 나는 미국에서 묵는 블레어하우스에 미셸 오바마 여사가 아름다운 꽃다발과 환영카드를 보내준 것에 대해 감사를 전했다.

•

연설 잘하는 비결 묻자,
오바마 "Be Natural"

화기애애한 분위기 속에서 나는 다음 날 미국 의회에서 상·하원 합동 연설을 하게 됐는데, 연설을 잘할 수 있는 '팁'을 알려달라고 했다. 오바마 대통령은 청중들의 공감을 사는 명연설로 유명한 정치가였기 때문이다. 그러자 그가 처음 내놓은 말은 "Be Natural(자연스럽게 하라)"이었다. 자기 자신을 있는 그대로 보여주는 것이 중요하다는 것이었다. 그러면서 실내로 들어가려는데, 그는 갑자기 발걸음을 멈추더니 "아, 마지막 하나 더 있습니다. 중요한 것을 빠뜨렸네요"라고 말했다. 이어 "단상이 중요합니다. 단상 높이가 안 맞으면 말할 때 불편하잖

아요. 자신의 키와 단상을 맞추는 것도 굉장히 중요합니다"라고 웃으며 말했다. 그의 말에 나도 저절로 웃음이 나왔다.

　지금 미국 대통령이 된 조 바이든 부통령과 관련된 에피소드도 있다. 전날 가진 동포 간담회에서 제기됐던 전문직 비자쿼터 이야기를 오찬에 앞서 꺼냈다. 오바마 대통령에게 "내가 동포들에게 전문직 비자 쿼터 확대 요청을 전달하겠다고 약속했다"고 말했더니 "정치인은 약속을 지키는 것이 중요하다"고 화답했다. 그런데 옆에서 듣고 있던 바이든 부통령이 "저 역시 약속을 중시하는 정치인"이라면서 "제 일정 담당 비서가 한국계 여성인데, 박 대통령의 팬입니다. 여기 오기 전 박 대통령을 만나게 해주겠다고 약속했습니다. 그 약속을 지킬 수 있게 해주시겠습니까? 저 또한 지지층을 중요시하거든요"라고 웃으면서 말했다. 스케줄이 꽤 빡빡했지만, 바이든 부통령이 이렇게 요청하는데 만나지 않을 수 없었다. 잠깐 틈을 내서 오찬장에서 기다리고 있던 그녀를 만나 대화를 나눴다.

　가끔 내 영어 실력에 관해서 물어보는 사람들이 있다. 미국이나 프랑스 등에 갔을 때 현지인과 대화를 나눴다는 기사 등을 보고 궁금해진 모양이다. 어머니는 나에게 외국어 공부를

2013년 5월 7일 버락 오바마 미국 대통령과 백악관 정상회담을 마치고 백악관 내 로즈가든에서 산책하며 이야기를 나눴다.

늘 강조하셨다. 그래서 틈틈이 공부를 해왔는데, 어머니가 갑자기 돌아가시면서 내가 퍼스트레이디 대행 역할을 해야 했다. 외국 국왕이나 대통령, 총리가 방한하면 함께 오신 부인들은 내가 접견했다. 지미 카터 미 대통령이 방한했을 때는 영부인 로잘린 여사와 많은 대화를 나눴던 기억이 난다.

당시만 해도 정치와 관련된 무거운 주제는 남성들의 몫이고, 퍼스트레이디끼리는 가벼운 대화를 나눠야 한다는 인식이 있었다. 그러나 로잘린 여사는 이런 가벼운 이야기보다는 정치 및 외교·안보 분야에 걸쳐 진지하게 대화하는 것을 좋아한다는 보고를 받았다. 실제 로잘린 여사는 한국 정치 상황과 남북 관계, 인권 문제에 대해 심도 있는 이야기를 꺼냈고, 시간 가는 줄 모르고 대화를 나눴다.

●

블레어하우스에서 떠오른
부모님

부모님 이야기가 나온 김에 말하자면 미국 순방 당시 블레어하우스에 갔을 때다. 이곳은 해외 정상들이 미국에 오면 머무르는 게스트하우스다. 내가 도착하자 그곳 책임자가 나에게 두꺼운 방명록을 갖고 왔다. 그러면서 1965년 아버지와 어머니도 여기에 머무셨다면서 두 분이 사인하신 페이지를 보여줬다. 이후 약 50년 만에 내가 대통령이 되어서 다시 이곳을 찾게 된 셈이니 감회가 새로울 수밖에 없었다. 누구나 그렇겠지만 나도 부모님에 대한 그리움이 마음 한구석에 늘 남아 있다. 특히 두 분 모두 마지막 순간을 함께 지켜드리지 못한 채 영원히 헤어졌기 때문에 더욱 그런 것 같다.

이렇게 첫 방미에서 당초 마음먹은 것들을 다 꺼냈다. 물론 한 번에 모든 결론이 날 수 있는 것은 아니다. 하지만 중요한 주제들은 이렇게 정상 차원에서 안건을 올려놓지 않으면 일이 추진되지 않는다. 정상끼리 만나서 대화를 나누고 '그거 한번 검토해 보자'고 해야 실무진도 '좋은 생각이다'면서 협의를 진행하게 된다. 이번 방미에서도 내가 어떤 이슈를 꺼냈을 때 오바마 대통령이 '동의한다' '우리가 추구하는 가치와 일치한다'와 같은 반응을 보여줬기 때문에 나중에 원자력협정이나 전작권 같은 문제들이 구체적인 결실로 이어질 수 있었다. 그런 점에서 첫 방미는 어느 정도 숙제를 다 마친 셈이었다. 미국도 한·미 동맹 60주년에 각별한 의미를 부여했던 것 같다.

다만 그토록 정성을 들여 좋은 결과를 가져온 미국 방문이었지만, 생각지도 못했던 윤창중 청와대 대변인과 관련한 황당한 사고가 터졌다. 윤 대변인은 오랫동안 언론인으로 활동하고 논설위원까지 지낸 인사였다. 제일 중요한 첫 번째 해외 순방에서 다른 사람도 아니고 청와대 대변인이었던 만큼 정말 어처구니가 없었다. 국내 언론도 방미 성과보단 윤 대변인 관련 보도에 초점을 맞추는 바람에 마음이 무거웠다.

아베를 압박한
오바마

2014년 4월 25일 1박 2일 일정으로 오바마 미국 대통령이 방한했다. 그때는 세월호 참사가 난 지 얼마 지나지 않은 시기였다. 나라 전체 분위기가 매우 가라앉아 있었다. 미국 측도 이런 상황을 알고 있었기 때문에 애도를 표하면서 화려하지 않은 일정을 잡아 달라고 요청했다. 이에 따라 외국 정상 방문 시청와대 본관 앞에서 진행되는 취타대 연주나 어린이 환영단행사 등은 모두 생략했다. 환영 만찬도 음악 없이 진행됐다. 정상회담에 참석한 오바마 대통령은 한국 사회가 빠진 슬픔에 깊은 위로를 전했다.

그는 회담에 앞서 "사고 희생자와 실종자, 사망자들을 기리는 시간을 가졌으면 한다"며 묵념을 제안했다. 이어 삼각 나무 상자에 담긴 성조기를 전달하면서 "미국에는 군인이나 참전 용사가 목숨을 잃었을 때 가족이나 사랑하는 이에게 국기를 증정하는 전통이 있다"며 "사고일 백악관에 게양됐던 조기(弔旗)"라고 설명했다. 또, 그는 단원고에 전해 달라며 백악관의 목련 묘목도 가져왔다. "봄마다 꽃이 피는 목련은 부활을 의미한다. 목련과 성조기는 아름다운 생명과 한·미 양국의 우정을 뜻하는 것"이라는 것이 미국 대사관의 설명이었다. 1년 만에 만난 우리는 차분하게 가라앉은 분위기 속에서도 5시간 가까이 허심탄회하면서도 깊이 있는 이야기를 나눴다.

이튿날엔 오바마 대통령과 함께 용산 한미연합사를 찾았다. 양국 정상이 공동 방문한 것은 1978년 한미연합사 창설 이래 처음이었다. 이날 커티스 스캐퍼로티 연합사령관으로부터 한·미 연합방위 태세를 보고받았다. 오래전에 EU를 방문했을 때 그쪽 인사들이 한미연합사 시스템에 대해 부러워하면서 유럽도 도입하고 싶다고 말했던 기억이 났다. 연합 방위 능력을 강화하기 위해 사령관은 미국인, 부사령관은 한국인을 배치하는 등 층층이 양국 군인들을 배치해 긴밀하게 협조할 수 있도록 한 것을 두고 한 이야기였다. 오바마 대통령은 미군 장병들을 대상으로 한 연설에서 북한의 도발과 관련해 "우리는 동맹들과 우리의 삶의 방식을 수호하기 위한 군사력 사용을 주저하지 않을 것"이라고 말했다. 그러면서 한국어와 영어로 "같이 갑시다, 위 고 투게더(We go together)!"라고 외쳐 청중의 박수를 받았다.

나중의 일이지만, 내가 2015년 미국을 방문했을 때는 펜타곤에서 한국 대통령으로는 처음으로 의장대를 사열했다. 나는 "한국과 미국의 장병들은 한·미 동맹의 심장이고, 한·미 동맹은 세계에서 가장 강력한 동맹"이라고 말한 뒤 "Korea thanks you, We go together"라고 말하자, 미국 장병들이 우리말로 "같이 갑시다"로 화답했다.

●

오바마, 아베 면전에서
"역사 문제, 한·미·일 협력 저해"

사실 오바마 대통령의 2014년 답방은 당초엔 예정에 없던 일정이었다. 2013년 10월 미국 연방정부 셧다운으로 취소된 오바마 대통령의 아시아 순방을 되살린 것이었는데 당초 순방 국가(일본, 말레이시아, 필리핀)에서 한국은 빠져 있었다. 일본은 아베 총리의 요청으로 18년 만에 국빈 방문하는 것이었다. 당시 일본은 역사교과서 등으로 우경화 행보를 걷고 있었다. 미국 대통령이 일본만 가고 한국을 지나칠 경우 좋지 않은 메시지로 비칠 수 있겠다는 것이 우리의 판단이었다. 이를 미국 측에 설명하자 오바마 대통령은 예정에 없던 한국 답방을 1박 2일 일정으로 넣었다. 우리로서는 고무적인 결과였다.

그는 한·미 정상회담 직후 열린 공동기자회견에서 일본군 위안부 문제에 대해 "끔찍하고 지독한 인권침해"라며 위안부 문제에 대한 올바른 역사 인식을 촉구한다고 일본 측을 압박했다. 오바마 대통령은 앞서 일본에서 아베 총리에게도 비공개로 "북한의 도발 억제를 위해서는 한·미·일의 협력이 필요하다. 한·일 간 역사 문제가 안보 문제뿐만 아니라 여러 분야에서 한·미·일 간 협력을 저해하고 있다"는 취지로 말했다고 한다. 위안부 문제에 대해 우리의 입장을 지지해준 것이다. 한·미 양국의 단단한 협력과 신뢰가 밑바탕이 됐을 것이다.

이후 오바마 대통령은 네덜란드 헤이그에서도 한·미·일 정상회담을 주선하는 등 이 문제가 조속히 해결될 수 있도록 많은 애를 썼다. 한·일 위안부 협상이 2015년 일본 측의 요청으로 시작돼 빠른 속도로 진행될 수 있었던 데는 오바마 대통령의 이런 지원사격이 큰 역할을 했다.

우리나라가 가난을 벗어나기 시작하던 1970년대에 우리 정부는 해외의 참전용사들을 초청하곤 했다. 감사 표시를 잊어서는 안 된다고 생각했기 때문이다. 유럽도 제2차 세계대전 이후 마셜 플랜을 통해 미국의 도움을 받았지만, 참전용사들은 이렇게까지 대접해 주는 나라는 한국뿐이라며 고마워했다. 당시 나는 퍼스트레이디를 대행하고 있을 때였는데, 아직도 기억나는 것이 6·25 때 두 눈을 잃은 참전용사 한 분이 부인과 함께 찾아왔을 때다. 부인이 남편과 함께 다니면서 한국의 발전상을 설명해 주는데, 자신의 희생이 헛되지 않았다며 감격했다는 것이다. 그분이 나를 만나 눈물을 흘리며 그 이야기를 해준 것이 오래도록 마음에 남아 있다.

안보가 불안하면 경제도 발전할 수 없다. 우리가 스스로의 힘만으로 냉전 시대를 헤쳐서 여기까지 온 것은 아니다. 이승만 대통령 시절에 한·미상호방위조약이 맺어지고 6·25 전쟁은 양국을 혈맹 관계로 만들었다. 우리가 이렇게 성장한 데는 물론 국민이 열심히 노력하고 한마음이 돼서 우리도 한번 잘 살아 보자고 국력을 키운 것도 있지만, 미국의 도움도 빼놓을 수 없다. 이제는 우리가 경제적으로 발전하고, 미국을 도와 해외 파병도 하고, 유엔에 기여하는 분야도 생겼으니 성공한 동맹 모델이 된 것이다. 미국과의 관계는 안보, 경제를 넘어 글로벌 차원의 협력도 같이 한다는 차원으로 넘어갔다.

이렇게 우리가 다른 나라의 도움으로 올라선 만큼 우리도 국제사회에 기여해야 하고, 우리를 도운 나라에 대한 감사함은 잊지 말아야 한다고 생각한다. 그래서 6·25 전쟁 참전국을 방문할 경우에는 잊지 않고 참전비 등을 찾아 참배한다. 2013년 미국 순방 때도 첫 행사로 한국전 참전기념비를 찾아가 헌화했던 이유다.

내가 두 번째로 미국을 찾은 것은 2015년 10월이었다. 10월 14일 오전 한국전 참전기념비를 찾으며 3박 6일(10월 13~18일) 의 미국 순방 일정을 시작했다. 이때는 특별히 10만 명의 피란 민을 구출한 흥남 철수작전의 주역을 만나 감사의 뜻을 표했 다. 흥남 철수작전 때 피란민들을 구조했던 메러디스 빅토리 호의 일등항해사였던 제임스 로버트 루니 해군 예비역 소장과 흥남 철수작전을 지휘한 에드워드 알몬드 전 미10군단장의 외 손자 토머스 퍼거슨 씨를 초청했다. 루니 예비역 소장은 "한국 과 한국민을 도운 것에 대해 매우 자랑스럽게 생각한다. 한· 미 관계에 대해서도 정말 자랑스럽다"는 말씀을 해서 가슴이 뭉클했다.

10월 15일에는 '한·미 우호의 밤' 만찬이 미국 워싱턴 DC 앤드루 멜런 오디토리움에서 열렸다. 나는 만찬사를 통해 "한·미 양국은 자유와 민주주의 그리고 인권이라는 공동의 가치와 이상으로 강력하게 결속되어 있다"고 말한 뒤 "한국은 미국이 누구보다 신뢰할 수 있는 파트너이며, 한·미 동맹은 미 국의 아시아·태평양 재균형 정책의 중심"이라고 강조했다.

37년 만에 다시 떠올린
도끼 만행 사건

이 행사에는 그동안 한·미 관계 발전에 기여한 인사 600여 명을 초대해 감사 인사를 드렸다. 미국 측 고위 인사로는 존 케리 국무장관, 척 헤이글 전 국방장관, 콜린 파월 전 국무장관, 마크 리퍼트 주한 미 대사, 찰스 랭글·제리 코널리 연방 하원의원 등이 참석했다.

무엇보다 반가웠던 것은 역시 한국전에 참전했던 용사들이었는데 나로서는 잊을 수 없는 특별한 손님이 한 분 있었다. 판문점 도끼 만행 사건의 피해자인 보니파스 대위의 미망인 마샤 보니파스 여사였다. 보니파스 여사는 내가 1978년 8월 어머니를 대신해 퍼스트레이디 역할을 하던 중 만난 인연이 있다. 당시 그녀와 어린 세 자녀를 청와대로 초대해 위로와 선물을 드렸다. 다만 이번엔 일정상 대화는 나누지 못했다.

이번 순방에서는 예정엔 없었던 반가운 손님이 한 명 더 있었다. 방미 행사를 마치고 한국으로 귀국하기 몇 시간 전에 로

2016년 3월 31일 미국 워싱턴 컨벤션 센터에서 버락 오바마 미국 대통령, 아베 신조 일본 총리와 한·미·일 정상회담을 마치고. (위)

2015년 10월 14일 워싱턴 시내 한 호텔에서 열린 '한·미 우호의 밤' 행사에 참석했다. 왼쪽부터 찰스 랭글 하원의원, 박 대통령, 존 케리 국무장관, 존 홀드런 백악관 과학기술정책실장. (아래)

이드 넬슨 핸드 전 대통령 의전장이 나를 만나고 싶어 한다는 연락을 받았다. 그는 린든 B 존슨 전 대통령의 의전장이었는데 1965년 5월 아버지가 한·미 정상회담을 위해 미국을 방문했을 때 행사를 수행했다.

워싱턴 블레어하우스로 부인과 함께 찾아온 로이드 넬슨 핸드 전 의전장은 "소중한 추억으로 간직해온 당시 사진을 양국 우호의 상징으로 전하고 싶다"며 아버지가 50년 전 미국을 방문했을 때의 사진 7장이 수록된 사진첩을 선물로 가져왔다. 그 사진 중에는 어머니가 당시 신기술이었던 위성전화를 통해 서울에 있던 나와 대통령 전용기 내에서 통화하는 장면도 있었다. 나는 "사진 속에서 내외분의 얼굴을 많이 봤다. 이렇게 오랜 세월 동안 사진을 간직해 오셨느냐"고 감사 인사를 드렸다. 나로서는 정말 뜻깊은 사진들이었다.

오바마 대통령과 언제나 화기애애한 주제만 테이블에 올려진 것은 아니다. 어찌 됐든 그 역시 국익을 챙겨야 하는 미국의 대통령이었다. 미국도 우리에게 요구하는 것이 있었고 양보를 받고 싶어 하는 것이 있었다. 그중 하나가 한·미 무역적자였다.

●

"환율 조정" 거론한 오바마,
설득 뒤 "이해했다"

2015년 10월 미국을 방문해 정상회담을 가졌을 때였다. 오바마 대통령은 미국이 한국과의 무역에서 적자가 많이 생긴다면서 이를 해소할 방안 중 하나로 우리 환율 정책을 거론했다. 한국이 달러 환율을 일부러 높게 유지하고 있기 때문에 이것을 조정해야 한다는 것이었다.

한·미 자유무역협정(FTA)은 2012년 3월 15일 0시를 기준으로 발효됐는데 이후 이때까지 2년간 미국은 대한(對韓) 무역적자가 급증했다. 무역적자가 누적되다 보니 미 행정부도 의회로부터 압박을 많이 받았던 것 같다. 하지만 나는 오해를 풀어야겠다고 생각했다.

나는 "한국 정부는 원칙적으로 환율 시장에 개입하지 않는다. 환율은 시장에서 결정되고 개입하지 않는 것을 원칙으로 해왔다"고 말했다. 다만 환율이 갑자기 큰 폭으로 변동할 때는 시장 안정 차원에서 예외적으로 개입할 때는 있었다. 나는 "미국 같은 큰 규모의 기축통화국은 그런 파도에도 크게 요동치지 않지만, 한국 같은 시장은 그것을 그대로 방치하면 배가 뒤집어질 수 있다"는 비유를 들어 설명하면서 '스무드 오퍼레이션(smooth operation)'이라고 이해를 구했다. 나는 상당한 시간을 들여 환율 정책 관련 자료와 수치를 제시하며 설명했고, 오바마 대통령도 "이해했다"며 더는 환율 문제를 꺼내지 않았다.

한·미 방위비 분담금 특별협정(SMA)도 양국 간 첨예한 이슈 중 하나였다. 예전에는 주한미군 주둔 비용을 미국이 전액 부담했지만, 1991년 미국의 재정 악화와 한국의 경제력 신장 등을 고려해 이후부터는 한국이 일정액을 부담해 왔다. 1991년 1200억 원 정도로 시작해 2013년에는 8700억 원으로 증가했다. 내 임기 중에는 2014년부터 2018년까지의 분담금을 정하는 제9차 협정이 진행됐는데 미국은 1조 원 이상을 요구했다.

사실 분담금이라고 해도 이 비용의 90% 정도가 한국인 근로자에 대한 임금이나 각종 시설 건설비용 등을 통해 한국 민간에 다시 이전되는 돈이다. 그렇다면 우리가 분담금을 조금 올려주는 대신 한국 기업들이 주한미군 프로젝트에 더 많이 참여할 수 있도록 유도하면 서로가 윈-윈 하는 방향으로 이끌

수 있다. 결국 2014년 2월 우리 정부 분담금을 9200억 원으로 정하고, 연도별 상한선은 4%를 넘지 않도록 했다. 당초 1조 원 넘게 요구하던 미국 요구를 1조 원 안쪽으로 줄였고, 야당도 동의해 국회 비준 동의안이 통과되며 잘 마무리됐다.

나는 오바마 대통령과 끊임없이 소통하려고 노력했다. 양국 사이에 서로 문제가 생길 수도 있다. 그럴 때마다 나는 오바마 대통령을 만났을 때 질문하고 그의 이야기를 들었고, 또 실무 선에서도 계속 소통하도록 하면서 이해의 폭을 넓혔다. 그러다 보니 서로 깊은 신뢰를 갖게 됐고 어떤 문제가 발생해도 큰 갈등 없이 상호 협력이 강화되는 방향으로 관계가 진전되어 나갔다.

●

피습에도 의연했던 리퍼트 대사…
커터칼 테러 떠올랐다

오바마 대통령과 좋은 관계를 유지할 수 있도록 힘써준 사람으로는 마크 리퍼트 주한 미 대사를 빼놓을 수 없다. 오바마 대통령이 상원의원이던 시절부터 보좌관으로 인연을 맺었던 그는 주요 시기마다 나와 오바마 대통령 사이의 훌륭한 가교 역할을 했다. 아들과 딸에게 각각 세준·세희라는 한국식 이름을 붙여줬을 정도로 한국에 대한 애정이 깊었다.

그랬기 때문에 그가 2015년 3월 5일 괴한으로부터 습격을 받았을 때는 큰 충격을 받았다. 피습 보고를 받은 것은 내가 중동 4개국 순방 중일 때였다. 나도 2006년 지방선거 유세 당시 서울 신촌에서 그런 테러를 당한 적이 있기 때문에 그 고통을 십분 이해할 수 있었다. 중동 현지에서 위로 전화를 하려고 했는데, 과거 내 경험을 떠올려보니 얼굴을 다친 상태에선 말을 할 수가 없었다. 그래서 리퍼트 대사가 통화가 가능한 상태인지부터 확인했는데, 다행히도 말하는 데는 지장이 없었다. 수화기를 통해 들려오는 그의 목소리는 생각했던 것보다는 나쁘지 않아 안도했다. 귀국한 직후에도 청와대를 가는 대신 그가 입원한 신촌 세브란스병원으로 직행했다.

"중동 순방 중에 대사님 피습 소식을 듣고 정말 매우 놀랐습니다. 저도 지난 2006년에 비슷한 일을 당해 바로 이 병원에서 두 시간 반 수술을 받았는데 대사님도 같은 일을 당하셨다는 것을 생각하니까 더 가슴이 아팠습니다. 그때 의료진이 '하늘이 도왔다'는 말씀들을 했는데 이번에 대사님과 관련해서도 '하늘이 도왔다'는 얘기를 했다고 들었습니다. 그 후 저는 앞으로의 인생은 덤이라고 생각하고 나라와 국민을 위해 살겠다고 결심했는데 대사님께서도 앞으로 나라와 한·미 동맹을 위해 많은 일을 해주실 것이라는 생각이 듭니다."

"대통령께서 괴한의 공격을 받고 수술을 받으셨던 병원과 같은 병원에서 치료를 받은 것도 큰 인연이라고 생각합니다. 대통령님을 비롯해 대한민국 정부와 한국 국민이 보여준 관심과 위로에 저는 물론 아내도 큰 축복이라고 느꼈으며 깊은 감명을 받았습니다. 대통령께서 말씀하신 대로 저도 이제 덤으로 얻은 인생과 시간을 가족과 한·미 양국 관계 발전을 위해 쓰는 데 최선의 노력을 다하겠습니다."

리퍼트 대사는 의연한 모습이었다. 상처 부위나 2시간 반 동안 수술을 받은 점이나 나와 비슷했다. 의료진이 "상처가 조금만 더 깊었어도 큰일 날 뻔했다"고 한 것도 똑같았다. 공교롭게 리퍼트 대사를 집도한 의료진은 2006년 나를 치료했던 의료진이었다. 그들은 과거 내 수술 경험이 도움이 됐다고 말했다고 했다. 리퍼트 대사는 "같은 부위에 상처를 입은 저를 수술하기가 훨씬 수월했다고 했습니다. 여러모로 대통령께 빚을 진 것 같습니다"라고 말했다.

2006년 당시의 일을 잠시 언급하자면 리퍼트 대사에게 내가 "앞으로의 인생은 덤으로 생각했다"는 것은 말 그대로였다. 당시 의료진은 "이 상처가 이 정도로 치료가 잘된 것은 하늘이 도운 것"이라며 기적이라고 했다. 한시가 급한 상황이었다. 수술을 맡아주신 분은 원래 지방에 가던 중이었다고 한다. 톨게이트를 지나기 전에 연락을 받고 차를 돌렸다. 톨게이트를 빠져나갔으면 시간에 맞춰 병원으로 돌아오기 어려웠을 것이다.

또 마침 수술실이 비어 있던 것도 행운이었다. 무엇보다 커터칼이 경동맥을 간발의 차로 비껴나간 것이 천우신조였다. 또 지혈을 잘한 것도 치료에 도움이 됐다. 피습을 당했을 때 직감적으로 지혈을 잘해야 한다고 느껴서 상처 부위를 한 손으로 막았는데도 나중에 갈라진 틈이 벌어지려는 게 느껴져 두 손으로 힘껏 막고 있었다. 아직도 부작용은 있고 흉터도 남아 있다. 하지만 말 그대로 구사일생으로 살았기에, 나는 퇴원을 할 때 이제 남은 생은 덤으로 사는 것이라고 생각한 것이다.

●

오바마, 마지막 만남서
"동맹 헌신 노고 감사"

오바마 대통령과 마지막으로 만난 것은 2016년 9월 6일 라오스 비엔티안에서였다. 3개국(러시아-중국-라오스) 순방의 마지막인 라오스를 방문하는 자리였다. 북한의 핵 위협과 탄도 미사일 발사 등에 대한 공동 대응 방안을 논의하기로 했다. 이해 12월은 미국에서 대선이 열릴 예정이었고, 재선한 오바마 대통령의 임기도 막바지였다. 한·미 정상회담 역시 마지막이나 다름없었다. 4년여간 우리는 깊은 신뢰 속에 협력해 왔고 한·미 동맹은 그 어느 때보다도 단단했다. 오바마 대통령은 나에게 그동안 한·미 동맹을 위해 많이 힘써주신 것에 대해 감사한다고 했고, 나 역시 오바마 대통령에게 한·미 동맹에 헌신해준 노고에 대해 감사했다. 오바마 대통령과의 마지막 자리는 이렇게 마무리됐다.

오바마 정부 2기는 '피벗 투 아시아(Pivot to Asia)'를 내걸고 미국의 대외 정책이 중동에서 아시아 중시로 다시 선회하던 전환기였다. '일대일로(一帶一路)'를 추진하며 패권국으로 떠오르던 중국과의 갈등이 표면화되던 시기이기도 했다. 미국은 가장 중요한 동맹국이고, 중국도 경제 교역이 큰 중요한 이웃 국가였기에 한국은 중간에서 어려운 입장에 놓일 수밖에 없었다. 대표적인 것이 사드 문제였다. 훗날 청와대 모 수석이 나에게 "사드 문제에 대해 상당히 강경하시더라"고 말했는데, 실제로 안보에 관한 것만큼은 어떤 것도 양보할 수 없다는 생각이었다. 대통령은 국민의 안전에 가장 큰 책임을 지고 있는 사람이니 철저해야 했다.

날로 고도화되는 북한의 핵과 미사일 도발을 억제하는 것이 무엇보다 중요한 일이었다. 그러니 경제는 긴밀해지면서도 정치, 안보적인 문제가 복잡하게 얽힌 동북아의 패러독스를 풀어가자는 것이 나의 제안이었다. 서로 자주 만나서 머리를 맞대면 신뢰도 쌓이고 오해도 줄여 나갈 수 있다. 이런 동북아 평화협력 구상을 오바마 대통령은 적극 지지했다. 오바마 대통령은 동북아 평화는 한·미 간 양자 동맹도 중요하지만, 또 다자적인 노력도 매우 중요하다며 공감을 표시했다. 하지만 내가 임기를 갑작스럽게 마치지 못하는 상황이 되면서 이런 구상은 더 구체화되지 못했다. 아쉬울 따름이다.

◇ ◇ ◇ ◇

"이런 식이면 FTA 못한다"에 당황한 중국

대통령 재임 시 미국과 일본 못지않게 공을 들인 나라가 중국이다. 사회주의 국가인 중국과 우리나라는 체제도 다를뿐더러 양 국민 사이에 정서적 거리감이 있는 것도 사실이다. 하지만 나는 중국에 적극적으로 손을 내밀었다. 양국이 신뢰를 바탕으로 협력한다면 경제적인 이익을 얻을 수 있고, 북한 문제를 해결하는 데도 상당한 도움이 될 것이라고 생각했다.

어떤 일이든지 시작이 중요하다고 하는데, 중국과의 관계는 임기 초반부터 첫 단추를 비교적 잘 끼울 수 있었다. 그렇게 된 데에는 나와 시진핑(習近平) 중국 국가주석의 오랜 인연도 한몫했다.

시 주석을 처음 만난 것은 그가 중국 저장성 당서기를 지내던 2005년 7월이었다. 당시 나는 야당인 한나라당 대표였는데, 방한 중인 시 주석 측에서 만나고 싶다는 요청이 왔다. 예정된 지방 일정이 있었지만, 양해를 구하고 서울 여의도 63빌딩의 중식당에서 시 주석과 오찬을 함께했다. 당시 시 주석은 보시라이 중국 상무부장, 리커창 랴오닝성 당서기 등과 함께 중국을 이끌 차세대 지도자로 떠오르고 있었다.

시 주석은 "한국을 부흥시켰던 새마을운동과 박정희 전 대통령에 대해 자세히 알고 싶다"고 적극적으로 관심을 표했다. 식사 자리가 끝난 뒤 동석했던 한 인사는 "시 서기가 마치 기자가 취재하듯이 새마을운동에 대해 관심을 표해 놀랐다"며 웃기도 했다. 시 주석이 적극적으로 질문한 덕분에 원래 한 시간으로 예정된 식사 시간이 두 시간으로 늘었고 분위기도 화기애애했다.

그 후 나는 라면 상자 2개 분량의 새마을운동 관련 서적과 자료를 구해 시 주석에게 선물했다. 시 주석은 이후 한국 의원들을 만났을 때 "박 대표로부터 과분한 환대를 받았다"고 고마워했다고 한다. 사람 인연이라는 것이 바로 옆방에 있더라도 만나지 못하면 애초에 시작될 수 없는 것인데, 시 주석과의 인연은 이렇게 시작됐다.

8년 뒤 나는 대통령에 당선됐고, 김무성 의원을 특사 단장으로 임명해 2013년 1월 23일 당시 중국 공산당 중앙위원회 총서기를 맡았던 시 주석에게 친서를 전달했다. 시 주석은 친서를 받은 뒤 "북핵과 대량살상무기 개발에 반대한다"고 적극적으로 호응했다. 시 주석은 그해 3월 14일에는 국가주석으로 선출돼 나와 비슷한 시기에 중국 정상 자리에 올랐다. 그 이후 내가 대통령직에서 물러날 때까지 시 주석과 나는 한·중 관계를 둘러싼 수많은 현안과 북한 문제를 두고 머리를 맞댔다.

•

공자 논어 언급에
최치원 시 구절로 화답한 시진핑

2013년 6월 27일, 나는 대통령 당선 뒤 처음으로 중국 베이징을 방문해 시 주석과 정상회담을 했다. 내가 회담 초기 약 5분간 중국어로 인사하자 시 주석은 환하게 웃었다.

시 주석은 8년 전 만남을 정확하게 기억하고 있었다. 시 주석은 "8년 전 63빌딩에 있는 중식당에서 박 대통령과 만났는데, 마치 오랜 옛 친구(라오펑유·老朋友)를 만난 것 같다"며 나를 따뜻하게 맞이했다.

본격적인 회담이 시작되자 시 주석에게 북한 핵 문제를 이야기했다. 북한은 2월 13일 3차 핵실험을 단행해 동북아는 물론 전 세계를 긴장 상태로 몰아가던 차였다. 나는 공자의 논어 구절을 인용했다.

"처음에는 사람의 말을 듣고 행실을 믿었으나, 이제는 말을 듣고도 행실을 살핀다(始吳於人也, 聽其言而信其行. 今吳於人也, 聽其言而觀其行)는 말이 있습니다. 북한의 상황이 꼭 이렇습니다."

무모한 핵실험으로 상황을 악화시킨 장본인인 북한이 이제 말이 아니라 행동으로 진정성을 보여야 할 때라는 의미였다.

시 주석은 통일신라 시대의 학자인 최치원의 시 '범해(泛海)'

를 인용해 한·중 관계의 중요성을 언급했다. 시 주석은 "최치원 선생은 당나라 시대 중국에서 공부하고 한국에 돌아가셨을 때 '괘석부창해 장풍만리통(掛席浮滄海 長風萬里通)'이란 시를 쓰셨습니다"라며 "풀어 말씀드리면 '푸른 바다에 배를 띄우니 긴 바람이 만리를 통하네'라는 의미고, 한·중 관계는 그만큼 유구합니다"라고 덧붙였다.

●

시진핑 "핵무기, 세계 평화 위협"
이례적 성명 발표한 사연

회담 뒤 오후 7시부터는 베이징 인민대회당의 '금색대청'에서 열린 국빈 만찬 행사에 참석했다. 만찬장에서 귀에 익은 한국 노래가 흘러나와 자세히 들어 보니 대선 당시 선거 로고송이었던 가수 해바라기의 '그대 내게 행복을 주는 사람'이었다. 행사 중간에는 어머니가 생전에 좋아했던 홍난파 선생의 '고향의 봄'을 중국 학생들이 합창했다. 새삼 중국 측의 세심한 배려를 느낄 수 있었다.

중국 국빈방문 이틀째인 2013년 6월 28일 공식 영빈관인 베이징 댜오위타이에서
시진핑 중국 국가주석 내외와 오찬을 함께 하기에 앞서 인사를 나눴다. 이날 오찬
에는 중국의 퍼스트레이디인 펑리위안 여사가 함께했다.

다음 날 나는 베이징 댜오위타이(釣魚臺) 양원재에서 열린 특별 오찬에서 시 주석에게 북핵과 통일 문제를 언급했다. 첫 술에 배부를 수는 없다지만, 시 주석에게 틈날 때마다 이 문제를 적극적으로 언급하고 이것이 한 해 두 해 쌓이면 중국의 태도 변화를 이끌어 북핵 문제 해결의 실마리를 찾을 수 있다는 기대가 있었기 때문이다. 나는 당시 시 주석에게 이렇게 말했다.

"만약 한국이 북한과 통일되면 핵 문제도 자연히 해결되고, 동북아 안정에도 한반도가 중요한 역할을 할 수 있습니다. 지리적으로나, 경제적으로나, 문화적으로나 모두 가까운 한국과 중국도 통일로 인해 더욱 관계가 발전할 겁니다."

시 주석도 북한의 핵 보유를 용인할 수 없고, 평화통일이 필요하다는 인식에 공감했다. 회담 뒤에는 '한·중 미래비전 공동성명'을 통해 "양국은 유관 핵무기 개발이 한반도를 포함한 동북아 및 세계의 평화와 안정에 심각한 위협이 된다는 점에 인식을 같이했다"고 발표했다. 이는 북한의 핵무장이 중국의 안보에도 위협이 된다는 점을 처음 명시했다는 데 의미가 있었다. 이 외에도 두 나라가 높은 수준의 자유무역협정(FTA)을 이른 시일 안에 맺기로 합의를 봤고, 2015년 양국 간 교역액 3000억 달러를 이뤄내겠다는 구체적인 목표도 세웠다.

약 1년 뒤인 2014년 7월 3일 시 주석과 부인 펑리위안(彭麗媛) 여사가 한국을 방문했을 때, 나는 이때 받은 환대를 보답했다. 당시 청와대 영빈관에서 열린 만찬에서 우리 소년소녀합창단이 '희망의 들판에서(在希望的田野上)'라는 중국어 노래를 불렀다. 1982년 펑 여사를 중국의 '국민 가수'로 띄운 노래였는데, 이 노래를 들은 펑 여사는 환하게 웃으며 두 손으로 크게 손뼉을 쳤다.

●

"이런 식이면 한·중 FTA 타결 힘들다" 초강수, 한발 물러선 中

내 임기 중 중국과의 관계를 이야기할 때 빼놓을 수 없는 것이 한·중 FTA 타결이다. 나는 2014년 11월 10일 중국 베이징

2014년 7월 3일 시진핑 중국 국가주석과 청와대에서 정상회담을 마친 뒤 공동기 자회견을 하고 있는 모습.

에서 열린 한·중 정상회담이 끝난 뒤 시 주석과 함께 FTA 협상 타결을 공식 선언했다. 한국은 쌀과 쇠고기, 중국은 자동차와 액정표시장치(LCD) 등 예민한 품목을 자유화 대상에서 제외하기는 했지만, 글로벌 경기 침체와 저성장 위기 속에 양국이 FTA를 맺은 것은 큰 의미가 있었다. 내수시장이 크지 않고 대외 무역 의존도가 높은 한국의 상황을 고려하면 한·중 FTA가 경제 도약의 기회가 될 것이라는 기대도 컸다.

하지만 협상이 타결되기까지의 과정은 순탄치 않았다. 협상 타결 한 달 전인 10월 16일 제10차 아시아·유럽정상회의(ASEM) 참석차 이탈리아 밀라노를 방문했을 때 리커창 중국 총리와 회담했는데 FTA를 놓고 팽팽한 긴장감이 흘렀다. 당시 리커창 총리는 강한 어조로 이렇게 요구했다.

"FTA를 위해서는 한국 농산물 시장의 개방이 꼭 이뤄져야 합니다. 만약 농산물 시장 개방이 이뤄지지 않으면 중국의 수많은 농민이 엄청나게 반발할 겁니다."

당시 내 최우선 과제 중 하나는 우리 농민의 피해를 최소화하는 일이었다. 강한 어조로 몰아붙이는 리커창 총리를 보고, 나도 가만히 있으면 안 되겠다는 생각이 들었다. 리커창 총리의 말이 끝나자 내가 이야기했다.

"지금 중국 농민들이 엄청난 반발을 할 것이라고 이야기하는데, 우리 한국 농민들의 반발이 더 클 것입니다. FTA 협상이 목전까지 왔지만, 이런 상황이라면 타결이 힘들지도 모르겠습니다."

내가 FTA가 불발될 가능성까지 거론하며 강수를 두자 회의장이 조용해졌다. FTA 품목에서 한국 쌀이 제외된 데에는 이런 배경이 있었다.

양국의 실무진 협상 테이블에서도 서늘한 긴장감이 감돌았다고 한다. 실무협상을 담당했던 윤상직 산업통상자원부 장관에 따르면 양국이 하나라도 더 자국에 유리한 결과를 얻어내려고 하면서 협상 내내 불꽃 튀는 설전이 벌어졌다고 한다.

웃지 못할 일화도 있었다. 양국 실무단이 밤늦게까지 쉬지도 않고 설전을 벌이다가 잠시 '휴전'을 선언하고 눈을 붙였는데, 윤 장관과 가오후청 중국 상무부장이 사이좋게 머리를 맞 댄 채로 잠들었다는 것이다. 두 사람은 머리를 맞대고 졸다가 잠시 뒤 화들짝 놀라 잠에서 깬 뒤에는 다시 설전을 벌이며 밤 샘 협상을 이어갔다고 한다.

●

"배고파 죽겠다" 농담에
'빵 터진' 시진핑

타결될 기미가 보이지 않던 협상에 종지부를 찍은 데에는 시 주석의 역할도 컸다. 협상 내내 중국 측에서 "이것만은 곤 란하다"며 완강하게 버틴 항목이 있었는데, 시 주석이 "해당 건은 한국의 요구사항을 받아주고 협상을 타결하자"고 한발 양보하면서 논의가 급물살을 탔다는 보고를 받았다.

협상 타결 후 세부 조율과 양국 서명 등을 거쳐 2015년 12 월 20일 FTA가 정식 발효됐다. 한·중 수교가 이뤄진 1992년 64억 달러에 그쳤던 양국 무역은 2017년 2802억 6000만 달러 로 급증했고, 2021년에는 3000억 달러를 돌파했다. 당시 정치권 안팎에서는 적지 않은 반대가 있었지만, 글로벌 경제 위기 속에서 한·중 FTA가 우리 경제의 버팀목이 됐다고 생각한다.

나는 국가 간의 일도 결국 사람이 이뤄내는 것이라는 신조로 시 주석과 끊임없이 대화를 시도했다. 신뢰를 바탕으로 이야기를 나누다 보면 양국 간에 접점을 찾아 마음을 열고, 결국에는 서로에게 좋은 결과를 이뤄낼 수 있을 것이라는 믿음이 있었다.

이 같은 '신뢰 외교' 방침을 두고 일각에서는 "영원한 적도, 우방도 없는 것이 국제 관계인데 신뢰 외교가 대체 무슨 소용이냐"며 부정적으로 반응하기도 했다. 하지만 나는 개인 간의 관계뿐 아니라 국가 간의 관계에서도 신뢰가 기반이 돼야 한다는 생각에 변함이 없었다. 그래서 약속을 하면 무조건 지키고, 원칙을 정하면 깨지 않는다는 일관된 자세로 중국을 대했다. 이런 노력이 계속 쌓이자 우리를 대하는 중국 측의 태도가 달라지는 것이 피부로 느껴졌다.

한·중 관계가 개선되자 당시 정치권에서는 "'관시(關系, 인맥 문화)'를 중시하는 중국의 문화와 국가 간의 신뢰관계를 중시하는 박 대통령의 원칙이 맞아떨어진 것 아니냐"는 반응도 나왔다.

이후 시 주석과는 가벼운 농담도 편하게 주고받을 때도 있었다. 한 국제회의장에서 점심도 못하고 여러 정상과 만나다가 이동하는 중에 시 주석 일행을 만난 적이 있다. 시 주석과 잠시 앉아서 이야기를 나누다가 내가 "배가 너무 고파서 죽겠다"고 중국어로 말했는데, 그런 내 모습이 재미있었는지 시 주석이 크게 웃었던 일도 있었다.

한·중 관계가 가까워지자 나에 대한 중국인들의 관심도 커졌다. 내 자서전인 『절망은 나를 단련시키고 희망은 나를 움직인다』의 중국어판이 중국에서 인기를 끌었다. 한 중국 최대 온라인 서점에서 2015년 9~10월 두 달간 전기 분야 판매량 1위를 기록하기도 했고, 11월 기준 중국에서 80만 부가 팔렸다.

당시 중국 독자들이 보낸 서평에는 "담담하게 써 내려 갔으나 조국에 대한 사명감이 강렬하게 느껴진다"거나 "논어·명심보감 등 중국 고전이 인용돼 중국 문화에 대한 애정이 느껴진다"는 반응이 담겼다.

중국 내에는 '근혜연맹(槿惠聯盟)'이라는 인터넷 팬클럽도 생겼는데, 회원 수가 2만 3000여 명에 달했다. 2015년 2월 2일 내 생일을 맞아 팬클럽에서는 내 사진을 모은 화보집과 탁상 달력을 제작해 청와대로 선물하기도 했다. 화보집에는 팬클럽 회원들이 남긴 편지도 담겨 있었는데, 회원 대부분이 대학생 등 청년층이라는 점이 신기했다. 당시 편지의 한 대목은 이랬다.

"고등학교 3학년이 되면서 스트레스를 받았고, 친구와의 이별까지 겹쳐 하루하루가 힘든 나날이었습니다. 그런데 우연히 박 대통령의 칭화대학 강연(2013년 6월 29일)을 듣고 절망이 나를 단련시킬 수 있다는 생각이 들었습니다."

환경도, 문화도 다른 국가의 국민이 이토록 나를 응원해 주는 것을 보고 가슴 한쪽이 따뜻해졌다. 얼마 전 대구시 달성군 사저로 들어와 짐을 정리하는데, 당시 중국 팬들이 보내준 화보집을 보고 오랜만에 옛 기억을 떠올리며 미소를 지었다.

중국 전승절과
구석으로 밀려난 북한 대표단

한·중 관계가 개선되면서 다양한 민감한 문제를 해결하기도 했다. 탈북자 북송 문제를 시진핑 주석과 대화로 풀어낸 비화도 있다.

2014년 11월 중국 베이징에서 아시아·태평양 경제협력체(APEC) 정상회의가 열리기 직전인 10월 31일, 중국에서 라오스로 국경을 넘으려던 탈북자 11명이 중국 윈난성 쿤밍에서 붙잡혔다. 체포된 탈북자 중에는 7살 아동도 있었는데 이대로는 북송당할 위기였다. 어린아이까지 북한으로 되돌려 보내진다면 얼마나 끔찍한 일을 당할까 하는 생각에 마음이 편치 않았다. "이 문제는 시 주석과 이번 기회에 직접 이야기하지 않으면 안 되겠구나" 하는 생각이 머리를 스치고 지나갔다.

11월 10일 APEC 정상회의에 참석한 나는 시 주석에게 "잠깐 따로 이야기를 나눌 수 있으면 한다"고 알렸다. 그 후 중국 측에서 마련해 준 별도의 방에서 시 주석에게 탈북자 이야기를 꺼냈다.

"탈북자 11명이 지금 중국에 억류돼 있는데 이들 대부분이 가족이고, 심지어 7살 난 어린아이도 있습니다. 이들이 이대로 북송되면 대체 어떤 일을 당하겠습니까."

탈북자 문제는 북한과의 관계도 걸려 있는 예민한 사안이었지만 시 주석은 진지하게 나의 말을 들은 후 결국 고개를 끄덕였다. 회담 이후 중국 정부는 탈북자 전원을 석방해 한국으로 인도했다. 그간 탈북자 북송 문제로 마음 한편이 늘 편치 않았는데 석방했다는 소식을 듣고 오랜만에 안도했다.

핵실험 움직임 속 北-中 균열…
전승절 참석 결심

하지만 중국과의 관계에서 국민에게 가장 강렬한 인상을 준 것은 내가 2015년 9월 제2차 세계대전 종전을 기념하는 중국 전승절 70주년 기념행사에 참석한 일일 것이다. 당시 전 세계 민주주의 국가 중에서 전승절 행사에 참석한 국가는 한국이 유일했기 때문에 세계의 이목도 집중됐다. 한국 대통령의 전승절 참석은 처음 있는 일이었다.

전승절 기념행사를 앞두고 중국 측은 몇 달 전부터 "박 대통령이 꼭 참석했으면 좋겠습니다"고 수차례 요청했다. 나는 신중히 고심했다.

한국과 중국의 관계는 특별했다. 지정학적으로 가까울 뿐 아니라 경제 및 북핵 문제에서 협력을 이어 나갈 필요가 있었다. 무엇보다 당시 중국과 북한의 사이가 점차 멀어지면서 균열이 생기고 있었다. 북한이 4차 핵실험 움직임을 보이고, 한국을 상대로 잇따른 포격 도발 등을 벌이며 긴장 사태를 조성하자 중국 내부에서도 "북한 같은 불량국가와 긴밀한 관계를 맺는 것이 수치스럽다"는 부정적인 여론이 높아졌다. 또한 당시 G20이나 APEC 같은 국제 행사의 주요 일원이었던 중국 입장에서는 국제 분위기에 찬물을 끼얹는 북한의 도발이 달가울 리 없었다.

북핵 문제에 대한 중국의 태도도 조금씩 달라지고 있었다. 2014년 7월 3일 시 주석이 방한했을 때는 정상회담을 마친 뒤 공동성명에서 "한반도에서의 핵무기 개발에 확고히 반대한다는 입장을 재확인한다"고 선언하기도 했다. 사실상 북핵을 겨냥한 것으로 당시 외교가에서도 "중국이 북한을 상대로 강력한 입장을 냈다"는 반응이 많았다.

결국 전승절 행사에 참석하기로 결정하고 2015년 9월 2일 중국으로 가는 비행기에 올라탔는데, 중국 측에서는 이례적인 환대에 나섰다. 중국 외교부가 전승절에 참석하는 각국의 정상 명단을 발표할 때 내 이름을 가장 먼저 거명했다. 블라디미르 푸틴 러시아 대통령이 그다음이었다.

중국에 도착하자마자 베이징 인민대회당으로 이동해 오전 11시 51분부터 34분간 정상회담을 했다. 내가 시 주석에게

"한반도 긴장 상황을 해소하는 데 있어서 우리와 긴밀히 소통해 건설적인 역할을 해준 것에 대해 감사드립니다"고 인사를 건네자 시 주석은 "한국에 '백지장도 맞들면 낫다'는 속담이 있는데, 중국에도 '많은 사람이 함께 장작을 모으면 불이 커진다'는 비슷한 말이 있다"며 "행사에 참석해주셔서 열렬히 환영하고 감사드립니다"고 화답했다.

정상회담 뒤에는 시 주석과 단독 오찬을 했다. 전승절 행사에는 30개국 정상과 국제기구 대표 10여 명이 참석했는데, 시 주석이 오찬을 대접한 것은 내가 유일했다. 중국 측은 오찬에 참석해 달라고 요청하면서 "타국 정상들과의 관계도 있으니 전승절 행사 당일까지 보안을 지켜주십시오"라고 당부하기도 했다.

오찬장에서 중국 측이 환영 연주를 하는데 내 애창곡인 거북이의 '빙고'가 연주돼 놀랐다. 이날 '아리랑'과 드라마 '대장금'의 주제곡인 '오나라'도 오찬장에 울려 퍼졌다.

2015년 9월 3일 오전 중국 베이징 천안문 성루에서 중국 시진핑 주석과 함께 중
국 전승절 열병식을 참관했다.

●

맨 끝자리서 위축된 北 최용해,
끝나자마자 평양행

다음 날인 9월 3일에는 메인 이벤트인 전승절 기념행사에
참석했다. 시 주석과 함께 천안문(天安門) 성루를 올라 중국 인
민해방군의 열병식을 지켜봤다. 당시 나는 노란색 재킷을 입
었다. 노란색은 중국에서 황제의 색으로 불리고, 복을 상징한
다고 해서 선택했는데 중국 측 반응이 좋았다.

이날 국내외 언론에서는 내가 중국 측으로부터 환대를 받은
것과 달리 북한 측 인사는 소외됐다는 점을 집중 조명하기도
했다. 국제 역학관계가 숨어 있다는 열병식 행사장 자리 배치
만 봐도 그랬다. 시 주석의 바로 오른편에는 푸틴 러시아 대통
령이, 그 오른편에는 내가 앉았다. 반면 김정은 당시 북한 국
방위원회 제1위원장은 아예 행사장에 참석하지도 않았고, 대
신 참석한 최용해 북한 노동당 비서는 오른쪽 맨 끝 자리에 앉
아서 제대로 보이지도 않았다. 기념사진을 찍을 때도 나는 첫
째 줄에서 시 주석과 펑리위안 여사의 오른쪽에 섰는데, 최용

해 비서는 둘째 줄 맨 오른쪽 끝으로 밀렸다.

북한 측 인사들은 행사 내내 위축되고 고립돼 보였다. 행사가 본격적으로 시작되기 전 리셉션장에 앉아 있는 최용해 비서와 눈이 마주쳤다. 말없이 가볍게 고개를 숙여 인사하자 최용해 비서도 내게 인사했다. 그는 시 주석과 단독 면담도 하지 못한 채 행사가 끝난 뒤 평양행 비행기에 올랐다고 한다.

전승절 참석 전에는 안팎에서 우려하는 목소리가 있었지만, 행사가 끝난 뒤에는 반대로 호평이 많았다. 한 달 뒤인 2015년 10월 16일 미국을 방문했을 때도 버락 오바마 대통령은 내게 적극적인 지지를 보냈다. 오바마 대통령은 회담이 끝난 직후 이뤄진 공동 기자회견에서 이렇게 말했다.

"가끔 박 대통령이 시진핑 중국 국가주석과 만나는 게 미국에 문제가 된다고 생각하는 사람이 있는데, 미국은 한국이 중국과 좋은 관계를 갖길 원합니다. 한국이 미국과 동맹이라고 해서 중국과 좋은 관계를 유지하지 말라는 법이 없습니다."

일본 측의 반응도 좋았다. 내가 시 주석에게 요청해 3국의 갈등 탓에 3년 넘게 중단됐던 한·중·일 정상회담을 복원시켰기 때문이다. 나는 전승절 참석 당시 시 주석에게 "한·중·일 정상회담을 재개해야 합니다"고 요청했고, 시 주석도 "공감한다"며 동의했다. 그해 11월 1일 우리나라가 주재한 한·중·일 정상회담이 3년 반 만에 열렸고, 아베 신조 일본 총리와 리커창 중국 총리가 참석해 한반도 비핵화 문제 등을 논의했다.

●

고민 끝에 내린 전승절 참석 결정,
지금도 후회 안 해

전승절 참석은 예민한 사안이었다. 결정을 내리기 전까지 신중하게 생각했고, 결국 결단했다. 지금도 그 결정을 후회하지 않는다.

외교라는 것은 일방적인 교류가 아니라 어떻게든 양국의 공통분모를 찾고, 모두가 잘 되는 미래 비전을 찾아가는 과정이라고 생각한다. 진정성을 가지고 노력하다 보면 굳게 닫힌 양국의 관계도 점차 회복되고, 동시에 협력할 수 있는 공간도 더

커진다고 믿는다. 전승절 참석은 중국과의 협력 공간을 넓히는 과정의 일환이었다.

나는 2013년 6월 29일 중국을 방문했을 때 시 주석에게 한국전쟁에서 전사한 중공군의 유해를 중국으로 송환하겠다고 약속했다. 이후 38선 인근의 적군 묘지에 있는 중공군의 유해를 수습해 2014년 3월 유해 437구를 처음으로 송환했다. 중국 측에서도 정중하게 감사의 뜻을 표했다. 국가 간의 일이란 그런 것이다.

3장

———

정책

창조경제

나의 집권 초기에 정부가 추진한 창조경제를 놓고 다양한 평가가 나왔다. 어떤 사람들은 '창조'라는 단어가 뜬구름 잡듯이 추상적이라 개념이 잘 와닿지 않는다고 지적했고, 어떤 이는 실패한 정책이라고 비판했다. 반면 요즘 전 세계적으로 스마트 산업 시장이 활짝 꽃핀 것을 보면 시대를 앞서간 정책이었다는 평가도 있다.

창조경제는 대선 후보 시절부터 정성스럽게 발전시켜온, 박근혜 정부 국가전략의 하이라이트라고 할 수 있는 국가 성장 패러다임이었다. 창조경제를 추진하는 핵심 부서가 바로 미래창조과학부였다.

서강대 전자공학과 출신의 공학도였던 나는 여의도에서 국회의원을 할 때부터 각종 산업 분야와 ICT(Information and Communication Technologies, 정보통신기술)를 융합하면 무궁무진한 성장의 기회가 열릴 것이라고 생각해왔다.

과거에는 국가 경제를 발전시키는 방법을 얘기해보라고 하면 정부 주도의 경제계획을 수립하거나, 막대한 자본을 투입해 기간산업을 육성하고, 항만 같은 인프라를 만들어 일자리를 창출하는 고전적 방식을 떠올렸다. 하지만 전 세계적인 경기 침체가 지속되고, "저성장이 뉴노멀"이라는 말이 나오는 상황에서 한국 경제도 저성장과 고용률 정체에 시달리며 활력을 잃어가고 있었다. 그런 저성장의 장기화를 타파하기 위한 대안으로 제시한 것이 바로 창조경제였다.

막대한 자본을 투입해 산업을 육성하지 않아도, 개인의 창의성과 참신한 아이디어를 각종 산업과 접목하는 것만으로도 부가가치를 창출할 수 있다면, 우리 경제가 반등할 기회를 잡을 수 있다고 생각했다. 우물 안 개구리식의 경제 패러다임으로는 우리가 직면한 저성장 문제를 극복할 수 없다는 것이 나의 확고한 신념이었다. 이런 생각에서 대선 후보 시절부터 경제 참모들과 학자들, 일선 현장에서 뛰는 전문가들과 함께 머리를 맞대고 토론도 하면서 창조경제 구상을 덧대고 발전시켜 나갔다. 당시 초선 의원이던 강석훈·안종범 의원 등 경제 참모들이 창조경제 틀을 더 정교하게 만들어가는 데 도움을 줬다.

그런데 명칭을 정하는 일은 쉽지 않았다. 대선 후보 시절인 2012년 8월 캠프 회의를 하는데 어떤 분은 '스마트 경제'라는 아이디어를 말했고, '스마트 뉴딜'이 어떻겠냐는 의견도 나왔다. 나는 이런 이름도 나쁘지 않았지만, 최대한 우리말로 하면 좋겠다는 생각이었다. 그때 안종범 의원이 입을 열었다.

"지금까지 없었던 창조적 패러다임을 바탕으로 우리 경제 부흥을 이루자는 의미로 '창조경제'는 어떻겠습니까."

처음에는 다소 갸우뚱했지만, 곱씹어 보니 마음에 들었다. 한 번에 의미가 와닿기 어렵겠다는 인상도 있었지만, 산업과 ICT 융합이나 부가가치 창출 등의 의미를 축약하는 명칭이라는 생각이 들었다. 시간이 필요하겠지만, 훗날 훌륭한 성과를 내면 국민도 창조경제라는 말에 익숙해지지 않을까 하는 기대도 있었다.

생각해보면 흔히 쓰이는 '4차 산업 혁명'이라는 말도 그 자체로는 이해하기가 쉽지 않지만, '산업 혁명'이나 저명한 석학인 앨빈 토플러의 '제3의 물결' 같은 맥락과 함께 연결 지으면 쉽게 이해가 된다. 전 세계적으로 여러 개발도상국에서 롤 모델로 삼고, 유엔에서도 성공 모델로 꼽은 '새마을운동' 역시 맨 처음 이름을 이야기했을 때는 국민에게 와닿지 않았을 것이다. 하지만 성과가 하나하나 쌓이면서 누구나 아는 지역 사회 개발 운동의 대명사로 자리 잡았다.

나는 창조경제 역시 실제 성과를 내고, 장기간 공을 들인다면 나중에는 이름만 들어도 의미를 떠올릴 수 있는 성공적인 경제정책으로 자리매김할 수 있으리라고 기대했다. 2012년 9월 대구 서문시장을 방문하는 자리에서 언론에 처음 공개하고 반응을 살펴보기로 했다. 나는 시장에 가면서 취재진에게 "지금은 창조경제가 필요한 시기"라고 창조경제라는 키워드를 처음 제시했다. 언론의 반응은 나쁘지 않았다.

창조경제를 폄훼하는 측에서는 정부 출범 뒤 뚱딴지처럼 등장한 정책이라고 공격하는데, 나는 대선 후보 시절부터 창조경제의 중요성을 여러 차례 강조해왔다. 특히 2012년 대선 두 달 전인 10월 18일에는 창조경제를 경제 발전 패러다임으로 제시하면서 미래창조과학부 신설 공약을 발표하기도 했다. 미래창조과학부는 이 창조경제를 견인할 핵심 부처였기 때문에 나의 애정이 남달랐다.

하지만 미래창조과학부의 첫발은 떼기조차 힘들었다. 미래창조과학부와 해양수산부를 신설하는 것을 골자로 하는 정부조직법 개정안이 정부 출범 후에도 한동안 처리되지 않았기 때문이다.

당시 대선에서 패배한 민주당은 비상대책위원회 체제로 전환해 문희상 비대위원장이 당을 이끌고 있었다. 문 위원장은 개인적으로는 상당히 합리적인 사람이라는 인상을 받았다. 하지만 자리가 사람을 만든다고 야당의 리더가 되자 좀처럼 정부조직법 통과에 협조해주지 않았다. 당초 여야는 2013년 2월 14일을 정부조직법 통과 1차 시한으로 정했지만, 시한은 지켜지지 않았다.

이런 상황을 보고 내 마음고생이 심했다. 정치 분야에서 견해가 다른 정당끼리 논쟁하고 다투는 것은 어찌 보면 자연스러운 일이다. 하지만 정부조직법을 흥정의 대상으로 삼는 것은 도리가 아니라고 생각했다. 정부가 일을 시작하는 것부터 막아서고, 시급한 민생 현안과 중점 과제를 가로막는 몽니는 여야, 진보·보수를 떠나 근절돼야 한다는 것이 내 생각이다.

나는 정부조직법 처리가 무산된 다음 날인 2월 15일 문 위원장에게 직접 전화를 걸어 부탁했다.

"정부 출범 이후 할 일이 산더미 같은데 일을 시작하기도 쉽지 않은 상황입니다. 이번에는 도와주시기를 간곡히 좀 부탁드립니다."

문 위원장은 나의 이런 노력을 두고 "박 당선인이 소통하려고 시도했고, 이는 국회에 대한 기본 예의"라고 평가했다고 들었다. 하지만 내 간곡한 요청에도 정부조직법 처리가 쉽게 이뤄지지는 않았다. 특히 민주당 측은 3월 3일 내가 영수회담을 제안했는데도, 부정적으로 반응했다. 결국 우여곡절 끝에 정부조직법 개정안은 정부 출범 26일 만인 3월 22일에야 국회를 통과했다. 그야말로 난산(難産)이었다.

이런 상황은 최근에도 반복됐다. 윤석열 정부 출범 이후 여소야대 국면 속에 1년 넘게 정부조직법이 제대로 처리되지 못하는 상황을 바라보며, 10년 전 그때 그 장면이 떠올랐다. 언젠가 진보 진영에서 정권을 창출하더라도 지금과 똑같은 일이 반복되지 않으리라는 법이 있을까. 국민의 지지를 얻어 탄생한 정부의 정부조직법 개정안을 단순히 여야 정쟁의 볼모로 삼는 일은 없었으면 한다.

우여곡절 끝에 정부조직법 개정안이 통과된 뒤 나는 그동안 단단히 준비해온 창조경제 구상을 본격적으로 실현하기 위해 무던히도 애썼다.

2013년 6월 4일 국무회의에서는 큰 틀에서 창조경제 실현 계획을 확정 지었다. 또 새로운 일자리와 시장 창출, 세계와 함께하는 창조경제 글로벌 리더십 강화, 창의성이 존중되고 발현되는 사회 구현이라는 4대 목표를 제시했다. 2014년 2월 25일에는 경제혁신 3개년 계획을 발표했는데, 3대 핵심 과제가 '비(非)정상의 정상화, 창조경제, 내수 활성화'였다. 내가 직접 발표한 3개년 계획을 보고 아버지의 경제개발 5개년 계획이 떠오른다는 사람들도 있었다. 하지만 아버지의 5개년 계획이 정부 주도의 경제개발 계획이라면, 나의 3개년 계획은 창조경제를 바탕으로 민간 부문이 창의성과 역동성을 발휘하도록 정부가 뒷받침하는 역할을 한다는 데서 차이가 있었다.

2014년 9월부터는 17개 시·도에 창조경제혁신센터를 구축하고, 기업이 전담 지원하는 시스템을 구축했다. 서울은 CJ, 인천은 한진, 충북 LG, 충남 한화, 대전·세종 SK, 대구·경북 삼성전자, 전북 효성, 광주 현대자동차, 강원 네이버, 경기 KT, 울산 현대중공업, 부산 롯데, 경남 두산, 전남 GS, 제주는 다음이 맡아 체계적으로 지원하는 방식이었다.

창조경제혁신센터는 내가 갓난아기 키우듯 애정을 쏟으며 키워온 스타트업 육성기관이었다. 나는 혁신센터의 활동을 독려하기 위해 2014~2015년 전국을 돌며 각 지역의 혁신센터 출범식에 빠짐없이 참석했다. 그만큼 말로 설명하기 힘든 각별한 애정이 있었다.

세상에는 참신하고 신기한 아이디어가 넘쳐나는 청년들이 많다. 하지만 이 아이디어를 실제로 이뤄내기까지는 현실이라는 드높은 장벽을 넘어야 한다. 장소도 물색해야 하고, 실험 등을 위한 초기 자금도 마련해야 하며, 실제로 창업하려면 복잡한 법률적 문제까지 검토해야 한다. 세계시장의 문을 두드리고 싶어도 경험이나 법률 지식이 없기 때문에 시작할 엄두조차 못 내는 일도 있다. 어렵게 첫발을 떼도 도중에 실패라도 하면 뒷감당을 할 수 없어 주저앉는 청년들도 많았다.

혁신센터는 청년들이 실패를 두려워하지 않고 마음껏 자신의 아이디어를 펼쳐보는 무대였다. 3D프린터 등 각종 장비가 갖춰진 공간에서 마음껏 아이디어를 구현해보고 상주하는 전문가들에게 기술 지원과 법률 조언을 언제든 받아볼 수 있었다. 괜찮은 결과물이 나오면 혁신센터에서 소개 영상을 알리거나 언론에 적극적으로 홍보도 했다.

혁신센터는 청년들이 세계무대에서 경쟁하도록 돕기도 했다. 해외에는 스타트업 창업자들을 위한 경진대회나 페스티벌이 많은데, 우리 청년들이 참가할 수 있도록 물심양면으로 지원했다.

세계 무대를 두드리다 보니 보람 있는 성과도 나왔다. 2016년 11월 미국 보스턴에서 열린 매스챌린지(MassChallenge)에서 경기 혁신센터를 대표해 참가한 신생 스타트업 'EYL'이 최고상인 '다이아몬드상'을 수상한 것이다. 매스챌린지는 버락 오바마 전 미국 대통령이 "벤처 기업 육성을 위한 최고의 프로그램"이라고 극찬한 일종의 스타트업 올림픽이었다. EYL은 상대가 예측하지 못하도록 무작위 숫자를 만들어내는 보안프로그램인 '양자 난수 생성기'를 초소형 칩으로 개발해 개발 비용을 1000배가량 혁신적으로 낮췄는데, 세계가 이를 인정한 것이다.

서울·대전 혁신센터의 도움을 받아 시각장애인용 웨어러블 스마트 시계인 '닷 워치'를 세계 최초로 개발한 '닷(DOT)'이라는 스타트업도 2016년 13개국으로부터 350억원가량의 선주문을 받는 성과를 올렸다.

생각해보면 창조경제의 출발은 녹록지 않았다. 창조경제를 이끌어갈 핵심 부처인 미래창조과학부 장관을 인선하는 일부터 암초에 부닥쳤고, 정부조직법 개정안 통과도 뒤늦게 처리됐다. 하지만 2014년부터 혁신센터가 설치되고 본격적으로 기지개를 켜면서 2016년 중반부터는 조금씩 성과가 나오기 시작했다. 혁신센터와 함께한 다양한 스타트업 기업이 세계

경진대회 같은 국제무대에서 인정을 받고, 개발 성과를 내자 창조경제에 심혈을 기울여온 나도 덩달아 힘이 났다.

창조경제의 성과는 세계도 주목했다. 브라질과 사우디아라비아, 말레이시아에서 우리 모델을 수입해 현지에 맞는 버전의 혁신센터를 설립했다. 블룸버그 통신이 매년 선정하는 세계 혁신지수 평가에서 2014, 2015, 2016년 3년 연속 1위를 기록하기도 했다. IT 시장 컨설팅 기관인 IDC가 2016년 11월 27일 G20 국가를 대상으로 발표한 '사물인터넷(IoT) 준비지수'에서는 미국에 이어 2위에 올랐다. 사물인터넷이란 생활 속 사물을 네트워크로 연결해 정보를 공유하는 것을 말한다. 스마트 홈 시스템이나, 스마트 자동차가 대표적이다.

창조경제의 성과는 한국의 역대 최고 국가 신용등급 달성으로도 이어졌다. 2015년 12월 국제 신용평가 기관인 '무디스'가 한국의 국가 신용등급을 Aa3에서 Aa2로 상향 조정했다. 2016년 8월에는 'S&P'도 한국 국가 신용 등급을 AA-에서 AA로 상향 조정했다.

해외 언론도 이런 성과를 비중 있게 다뤘다. 미국 뉴욕타임스(NYT) 2015년 6월 7일자 국제판에는 'What Silicon Valley

Can Learn From Seoul'이라는 제목의 기사가 보도됐다. 서울이 해외 벤처캐피털 투자 유치를 확대하면서 기술 혁신의 본거지인 실리콘 밸리에 가장 근접한 경쟁자로 부상하고 있다는 내용이었다.

하지만 이렇듯 창조경제가 막 꽃피우려는 시기에 나는 탄핵의 소용돌이에 휩싸였다. 창조경제 구상은 큰 타격을 받았고, "창조경제는 최순실 작품"이라는 허무맹랑한 오명도 뒤집어썼다.

구치소에 수감된 뒤, 나는 내가 있는 정성 없는 정성을 다들여 키워보려고 했던 17개 혁신센터도 곧 다 없어질 것이라고 생각했다. 세상과 단절돼 있었지만, 혁신센터 생각이 떠오를 때면 마음 한편에서 생생하게 아픔이 올라왔다.

2023년 초 사면 후 대구 달성군 사저에 머무르고 있을 때 한 기업 인사를 오랜만에 만났다. 안부를 물은 뒤 나는 혁신센터와 관련된 아쉬움을 드러냈다.

"그때를 생각하면 지금도 마음이 아픕니다. 제가 잘했다면 혁신센터가 없어지지 않았을 텐데…."

내 말이 끝나자 이 인사는 의아한 표정으로 "우리가 맡은 혁신센터는 지금도 잘 운영되고 있습니다"라고 설명했다. 그 말을 듣고 깜짝 놀랐다. 놀람 뒤에는 그래도 다행이라는 안도감이 찾아왔다.

창조경제는 미완으로 끝났다. 창조경제로 한국의 경제 부흥을 이루겠다는 나의 계획도 성공하지 못했다. 이러한 계획을 확실히 완수하지 못하고 대통령직에서 물러나서 안타깝다. 하지만 나는 지금도 창조경제 기조를 제대로 이어갔다면, 한국형 4차 산업을 선도하는 성공작이 되었을 것이라고 확신한다.

일러두기

창조경제혁신센터

박근혜 정부의 핵심 사업이었던 창조경제혁신센터는 2017년 5월 문재인 정부가 들어서면서 존폐 기로에 놓였다. 문재인 정부의 '적폐 청산' 기조 속에 창조경제혁신센터도 청산 대상으로 몰릴 것이라는 전망이 많았다. 문 대통령 집권 초기 여권에서는 박근혜 정부의 상징인 '창조경제'를 빼고 명칭을 바꾸는 방안이 검토되기도 했다. 하지만 2017년 말 정부는 창조경제혁신센터를 그대로 유지하기로 결정했다. 창조경제혁신센터는 윤석열 정부 출범 뒤에도 운영 중이고, 2024년 1월 기준 전국 19개 센터가 설치돼 있다.

규제 개혁

재정을 건전히 하더라도 경제를 활성화하고 일자리를 만들지 못하면 한계가 있다. 정부가 무슨 재주로 양질의 세계적인 일자리를 만들겠나. 정부는 일자리를 만드는 게 아니고, 그렇게 할 수도 없다. 기업이든 개인이든 민간이 일자리를 만드는 것이고, 정부가 할 일은 투자에 걸림돌이 없게 하는 것이다. 그것이 바로 규제 개혁이다. 돈을 들이지 않고 경제를 활성화할 수 있는 가장 좋은 방법이 규제 개혁이다.

그래서 내가 임기 내내 강조한 것이 규제 개혁이다. "시집

못 간 딸을 시집 보내는 심정이다" "규제하는 사람은 돌멩이를 툭툭 던지는데, 밑에 있는 개구리들은 그 돌에 맞아 죽는다"는 말처럼 규제 개혁에 대해선 직접적이고 수위가 센 표현을 많이 사용했다. 그만큼 간절했다는 이야기다. "규제 개혁이라고 쓰고, 일자리 창출이라고 읽는다"는 말도 했는데, 지금 생각해도 딱 맞는 표현이라고 생각한다. "쓸데없는 규제는 암덩어리"라고 한 적도 있는데 이유가 있다. 암이라는 것이 처음에는 잘 모른다. 그런데 이게 점점 자라서 결국은 사람 목숨을 앗아간다. 규제가 경제에 미치는 영향도 똑같다.

규제 개혁이라면 흔히들 '대기업을 봐주려는 것 아닌가'라는 선입견을 갖는다. 하지만 규제 때문에 정말 힘든 것은 대기업이 아니라 중소기업이다. 창업을 해도 온갖 규제 때문에 공장 하나 세우려면 서류를 산더미처럼 준비해야 한다. 그러니까 '앓느니 그냥 죽지' 하는 상황이 반복되면서 창업의 기회가 사라지는 것이다. 어느 기업인은 나에게 "외국에는 이렇게 규제가 많지 않은데, 한국만 이렇게 온갖 규제에 묶여서 앞으로 나아가지를 못한다. 외국보다 더 낫기를 바라는 것도 아니다. 딱 외국만큼만 해줬으면 좋겠다"고 말하기도 했다.

우리나라를 '친기업' 국가라고 알고 있는 사람들이 많은데 실제로는 경쟁국들에 비해 기업환경이 상당히 낙후돼 있었다. 우리가 늑장을 부리는 사이에 세계는 규제를 혁파해 나가고 있었다. 대기업이 투자를 할 때 자기 나라에만 하는 건 아니다. 규제가 없고 더 좋은 환경이 있다면 얼마든지 다른 나라로 가는 시대다. 그러면 한국은 가만히 앉아서 투자를 못 받게 되는 것이다.

물론 대기업의 독과점 같은 문제를 모르는 바가 아니다. 그래서 대선 과정에서 경제민주화를 이야기했고 '순환출자 금지'나 '하도급법 개정' '일감 몰아주기 과징금 부과' 등을 법안으로 만들었다. 과거 진보 정부에서는 말로는 약자를 도와야 한다고 하면서도, 이런 법을 만드는 데는 소극적이었다. 정부로서 이런 안전장치는 만들어두되 무엇보다도 기업이 투자를 하고, 일을 할 수 있게 추동해야 한다는 것이 내 지론이다. 입으로만 "일자리를 만들겠다"고 해서는 만들어지지 않는다.

그래서 2014년 3월 청와대에서 주재한 제1차 규제개혁장관회의 겸 민관합동 규제개혁 점검회의에서는 무려 7시간이 넘게 끝장 토론까지 한 것이다. 이때도 결론은 규제 개혁이 좋

2014년 3월 20일 청와대에서 '규제개혁장관회의 및 민관합동 규제개혁 점검회의'를 직접 주재했다. 이 회의에는 정부 부처 관계자와 경제단체장, 자영업자 등 140여 명이 참석해 끝장 토론을 벌였다.

은 일자리를 만드는 길이라는 것이었다. 또 규제 지도를 만들어 규제가 많은 지역에는 그 수만큼 빨간 점이 콕콕 찍혀 볼 수 있게 했다. 투자자 입장에서는 특정 지역이 규제가 많다고 하면 다른 곳으로 갈 테니 지자체가 규제를 개혁하려는 동기가 생기도록 한 것이다.

규제 개혁에 힘쓴 이유 중 또 하나는 청년 실업 문제가 점점 심각해지고 있었기 때문이다. 그 시기에 취업을 놓치면 계속 실업자로 남을 가능성이 적지 않다. 그것은 나라나 해당 개인에게나 엄청난 손해다. 한국개발연구원(KDI)도 2014년 청년층을 위한 양질의 일자리를 창출할 수 있는 물류(운수), 금융보험, 교육, 보건의료, 관광, 콘텐트, 소프트웨어 산업 등 7대 유망 서비스업의 고용 비중이 2009년 27.0%에서 2013년 26.0%로 하락했다고 발표했다. KDI는 "혁신과 규제 개혁을 전략으로 성장동력을 회복해야만 청년 일자리 문제를 해결할 수 있다"고 강조했다.

이런 문제들을 극복하고자 규제 개혁도 하면서 입법에도 힘을 기울였다. 2014년 내놓은 '서비스산업발전기본법'은 바로 유통, 의료, 관광, 교육 등 7개 서비스 산업의 활성화를 위해 불

합리한 규제 및 제도를 개선하고 자금, 인력, 기술, 조세 감면 등의 지원 근거를 담았다. 하지만 당시 야당이던 더불어민주당과 시민단체는 이 법안이 "의료 민영화를 하려는 악법"이라며 처리에 반대했다. KDI는 이 법안이 통과됐을 경우 교육 분야를 포함, 국내 전반에 걸쳐 2030년까지 최대 69만 개의 일자리가 창출될 것이라는 자료를 내놓았지만 야당은 요지부동이었다.

2015년 말에는 '규제 프리존(Free zone) 특별법'을 내놓았다. 서울시 면적의 1.7배 수준인 10만ha 규모의 농업진흥지역을 해제하고, 전국 14개 시·도에는 그 지역의 특장점에 맞춰 각각 사물인터넷, 드론(무인기), 자율주행 자동차, 유전자의학 등의 지역별 전략산업을 키우는 데 방해가 되는 입지·업종 규제를 철폐해 경제 활력을 촉진하자는 취지였다.

이처럼 노력했지만 속도는 더뎠다. 일단 국회에서 규제 개혁 법안 처리가 자꾸 늦어졌다. 국회에서 묶이면 그 효과는 아래로 파급된다. 일선 공무원들은 '어차피 안 되는 거 아니냐'면서 규제 개혁에 소극적으로 임하고, 국민들은 그런 일선 공무원의 행태에 대해서 불만을 갖게 된다.

의원 입법을 통해서 불필요한 규제가 계속 신설이 되는 것도 규제 개혁을 어렵게 만들었다. 2016년 한 언론의 조사에 따르면 2014년 7월부터 2016년 6월까지 약 2년간 의원 발의된 규제 입법안만 1367개였고, 이 법안에 담긴 규제조항 수는 2643개에 달했다. 이중 삼중의 족쇄도 있었다. 상업지역에 복합쇼핑몰·대형마트 등 대규모 점포 신규 건축을 금지하는 법안은 영세상인을 위한다는 취지였지만, 대규모 유통시설의 신규 출점을 제한하고 있는 유통산업발전법과 중복되는 이중 규제이기도 했다.

실제로 2016년 총선을 앞두고 한 언론이 실시한 '규제개혁 인식조사' 여론조사에 따르면 응답자의 57.0%가 규제 완화가 지연되는 이유를 '국회 탓'이라고 답했다. '정부'(31.2%)와 '지방자치단체'(10.0%)에 책임이 있다는 답변이 그다음이었다. 또, 3년간 정부의 규제 개혁 노력에 대해 평균 62.6점을 줬는데 전문가 그룹은 이보다 높은 평균 70.8점을 줬다.

당시 각종 여론조사에서 국민의 절반 이상이 국회에서 서비스산업발전기본법과 규제프리존특별법을 꼭 통과시켜야 된다고 했는데도 무산됐다. 당시 시행령으로라도 시범사업을 일

으켜보려고 했지만, 그 와중에 내가 탄핵이 되면서 그마저도 흐지부지됐다.

영남권 신공항

대통령이 되면 복잡한 이해관계로 뒤얽힌 사안을 조정하고, 이해 당사자들을 설득해 합의를 이끌어낼 일이 많다. 특히 대규모 국책 사업을 추진할 때면 지역 사회에 첨예한 갈등이 벌어져 중간에서 곤란해진 경우도 허다했다. 이럴 때면 거센 반발을 무릅쓰고서라도 국익을 위해 과감한 결정을 내려야 했는데, 영남권 신공항 문제가 대표적이었다.

나는 대선을 목전에 둔 2012년 11월 30일, 부산을 방문한 자리에서 신공항에 대해 "부산 가덕도가 최고 입지라면 당연히 가덕도로 갈 것"이라며 "부산 시민이 바라는 공항은 반드시 건설하겠다는 약속을 드린다"고 말했다.

영남권 신공항 공약은 어느 날 갑자기 불쑥 하늘에서 떨어지지 않았다. 후보 시절 전문가와 지역 관계자와의 논의를 거치면서 신공항이 꼭 필요하다는 결론을 내렸다. 2026년이면 인천공항이 포화 상태가 돼 새 공항이 필요하다는 게 우리 전문가들의 분석이었다. 지역 균형발전 차원에서도 영남권 공항을 건설하는 것이 여러모로 국가에 이익이 된다고 판단했다.

내가 신공항 건설을 공약하자 문재인 민주당 후보가 11월 초 동남권 신공항을 재추진하겠다고 밝힌 것에 대한 맞불 성격이라느니, 2011년 4월 영남권 신공항을 백지화했던 이명박 전 대통령과 차별화에 나섰다는 등 온갖 정치적 해석이 나왔다. 하지만 국가에 큰 영향을 미치는, 엄청난 재원이 투입되는 국책 사업을 얄팍한 정치 논리에 따라 결정한다는 것은 나로서는 상상할 수 없는 일이었다.

대형 국책 사업 특성상 치열한 경쟁과 갈등이 따라 붙었다. 대통령에 당선된 뒤 신공항 건설 수요 조사에 착수했는데, 그 과정에서 부산·울산·경남·대구·경북 5개 자치단체가 경쟁적으로 토론회를 열면서 기싸움을 벌였다. 여당 내에서도 해당 지역구 의원들이 나뉘어 입씨름을 하면서 내분 양상이 벌어졌다. 정기국회 개원일인 2014년 9월 1일 당시 새누리당 최고위에서 김무성 대표가 "모든 것은 입지선정위에 맡겨야 한다"고 다독일 정도였다.

가만히 놔두면 공항을 건설하기도 전에 보수 진영이 전쟁터가 될 판이었다. 신공항 입지를 정할 때 공정성이 제대로 확보되지 않으면 정말 큰일이 터지겠구나라는 걱정이 들었다. 갈등을 최소화하고 일을 깔끔하게 매듭짓기 위해서는 해외 전문가를 통해서, 누구나 수긍할 수 있는 국제적인 기준에 맞춰 입지를 선정해야겠다고 생각했다. 결국 2015년 6월 국토교통부가 꼼꼼한 검증을 거쳐 외국 전문기관인 파리공항공단엔지니어링(ADPi)에 의뢰해 사전타당성 연구용역에 돌입했다.

2015년 11월 유일호 국토부 장관의 후임으로 강호인 장관이 취임했는데, 나는 강 장관에게 입지 선정 전까지 보안을 확실히 지킬 것과, 어떤 형태로든 정부에서 절대로 간섭하지 말 것을 당부했다. 강 장관은 이런 내 부탁을 끝까지 잘 지켜줬다. 5개 자치단체에서도 외국 기관에서 연구용역을 담당한다는 소식을 듣고 결정을 따르겠다고 합의했다. 당시 예민하게 날이 서 있었던 자치단체장들도 거부하기 힘들었을 것이다.

용역을 시작한 지 약 1년 뒤인 2016년 6월 21일, 밀양이나 가덕도가 아닌 김해공항을 확장하는 방향으로 결정이 났다. 당시 ADPi의 연구용역 책임자인 장마리 슈발리에 수석연구위원은 "가덕도와 밀양은 주변 환경, 비용 등 측면에서 공항 입지로 부적합하다"고 이유를 밝혔다.

나는 ADPi가 결정을 내리기 전까지 어떤 사전보고를 받거나 관여한 적이 없다. 발표 하루 전 강 장관이 조용히 청와대로 찾아와서 ADPi가 어떤 결정을 내렸는지 내게 보고한 것이 전부다. 당시 보고를 받고 "새 공항을 짓는 대신 기존 공항을 확장하는 방안이 가능하군요" 하고 놀랐던 기억이 난다.

ADPi 발표 뒤 TK(대구·경북)와 부산, 울산 등에서 강력하게 반발했다. 서병수 부산시장은 "지역 갈등을 피하려는 미봉책"이라고 비판했고, 권영진 대구시장은 "황당하고 어처구니없다"고 반응했다. 그런데 참 아이러니하게도 당시 민주당에서는 "비교적 중립적인 결정"(김종인 비대위 대표)이라는 반응이, 정의당에서조차 "냉철하고 현명한 판단"(노회찬 전 의원)이라는 반응이 나왔다. 당시 무슨 일만 터지면 날을 세웠던 야당에서 이런 반응이 나왔다는 것은 공정과 경제성을 중심으로 일을 추진했다는 증거가 아니겠냐는 생각이 들 정도였다.

만약 내가 정상적으로 임기를 마쳤다면 김해신공항을 예정대로 진행했을 것이다. 하지만 이후 문재인 정부에서는 김해신공항을 문제삼았다. 2020년 4월 총선을 불과 네 달 앞둔 2019년 12월 김해신공항의 적절성을 따지겠다며 검증위원회를 구성했고, 2020년 11월 17일 검증위는 김해신공항의 근본적 검토가 필요하다는 입장을 냈다. 2021년 3월 9일 국무회의에서는 가덕도신공항특별법이 통과되면서 결과적으로 김해신공항이 폐기 수순으로 접어들었다. 성추문 의혹을 빚은 오거돈 전 부산시장의 사퇴로 촉발된 부산시장 보궐선거를 한 달도 앞두지 않은 시점이라 논란이 많았던 것으로 기억한다. 당시 나는 옥중에서 김해신공항 폐기 뉴스를 접하고 너무나 안타까웠다.

신공항 문제는 철저히 국익 차원에서 접근했고, 공정성과 경제성을 우선순위로 둬서 추진했기 때문에 후회 없는 결정이었다. 이런 중차대한 사안이 선거철 포퓰리즘에 휘둘린다면 제대로 된 일이라고 할 수 있을까. 국익과 관련된 중요한 사안들은 절대로 정치 논리에 휩싸여선 안 된다.

김해신공항 어떻게 됐나

박근혜 정부의 김해신공항 건설 방안은 문재인 정부 출범 뒤 흔들리기 시작했다. 2020년 11월 17일 국무총리실 산하 '김해신공항 검증위원회'는 "김해신공항은 상당 부분 보완이 필요하고 미래 변화에 대응하기 어렵다"며 사실상 백지화를 발표했다. 이후 정치권은 가덕도 신공항 건설에 무게를 실었고 2021년 2월 26일 '가덕도신공항 건설을 위한 특별법'이 국회 본회의에서 통과됐다. 윤석열 정부 출범 뒤인 2023년 3월 15일 국토교통부는 가덕도신공항을 매립식으로 건설해 2029년 12월 개항하겠다는 계획을 발표했다.

한 장의 사진이 괴담을 만든
메르스

보건복지부 질병관리본부가 중동 지역에 다녀온 68세 남성 A씨가 중동호흡기증후군(메르스)에 감염된 것으로 첫 확인됐다고 밝힌 것은 2015년 5월 20일이다. 2002년에도 사스(중증급성호흡기증후군)로 호된 경험을 한 것이 기억났기 때문에 만반의 대비를 다하라고 지시했다.

어떤 전염병이든 초기 대응이 굉장히 중요하다. 그런데 중동에서 시작된 이 메르스는 우리에게 생소한 질병이었다. 나름 대비를 한다고는 했어도 그것은 어디까지나 이전의 사스 정도를 염두에 둔 대응이었다. 나중에 대처 과정에서 깨닫게 된 것이지만 사스는 중국이나 동남아에서 이미 광범위하게 퍼진 질병의 유입을 막아내는 것이었다. 반면 메르스는 내국인에 의해 질병이 유입된 후 의료기관에서 감염이 계속된 것이어서 사스와 양상이 달랐다. 초동 대응 단계에서 허점이 드러났던 것은 이런 배경의 차이 때문이었다.

●

사우디 체류 사실 숨겼던 A씨…
메르스 퍼졌다

2015년 5월 21일 보건복지부는 "2m 이내에서 1시간 이상 대화해야 전염될 수 있다"고 발표했고, 이런 기준에 따라 첫 환자 A씨와 연관된 64명을 격리했다. 하지만 메르스의 전파력은 이전의 호흡기 질병보다 훨씬 강했다.

보건복지부가 발표한 21일 당일 세 번째 감염자가 발생했고, 그는 첫 번째 확진자인 A씨와 같은 병실에 있었던 환자였다. 이어 26일에는 네 번째 감염자가 발생했고 이후로 거의 매일 1~2명의 확진자가 나왔으며 두 달 만에 186명의 확진자가 발생했다. 이 중 사망자는 38명이었다. 코로나19 사태를 겪은 지금으로선 이런 정도의 감염 상황은 심각하게 느껴지지 않을 수도 있지만, 당시에는 국가적으로 큰 위기감을 느끼기에 충분했다.

네 번째 감염자가 발생한 26일 문형표 보건복지부 장관으로부터 대면보고가 있었다. 일단 호흡기 전염병이 확실한 만큼 확진자와 일반인 사이의 예상 접촉을 최대한 차단해야 한다는 생각은 갖고 있었다.

문제는 이런 수준으로 호흡기 전염병이 확산되는 경험이 없었기 때문에 어느 정도로 정보를 공개하고 차단할 것이냐에 대해 사회적 공감대도, 법적 토대도 없었다는 점이다. 나중에 코로나19 사태 때도 동선 등 개인 정보를 공개하는 조치 등에 대해 초기에는 사회적 반발이 심했다. 2015년엔 그런 것을 엄두도 낼 수 없는 상황이었다. 의료기관조차 환자나 방문객 등의 정보 공개를 신속하게 알려주지 않았다. 당시에는 정부가 감염 의심자가 원치 않을 경우엔 주소나 전화번호를 확보할 방법조차 없었다. 예를 들어 "나는 그런 병에 걸렸다고 알려지는 것이 싫다"며 어디에 들렀었는지, 누구와 만났는지 등에 대해 진술을 거부하면 정부도 어쩔 도리가 없었다. 결국 기본적인 정보조차 확보되지 않으니 정부의 신속한 역학조사나 사전 대응이 불가능했다.

나중에 확인된 것이지만 첫 번째 환자인 A씨는 2015년 5월 11일부터 고열과 기침 증상을 보여 20일까지 무려 4곳의 병원을 다녀간 상태였다. 하지만 A씨는 앞선 세 곳의 병원에선 사우디아라비아에 체류했던 사실을 숨겼고, 의료기관들도 그가 메르스 환자일 것이라는 의심을 하지 못했다. 그러다 보니 A씨가 두 번째로 찾아간 경기도 평택의 한 병원에서 3일간 입원했을 때, 같은 병실에 있던 환자와 가족들을 통해 이곳저곳으로 퍼지게 됐다.

이런 초유의 상황에서 대통령이 할 일은 현장에서 애쓰는 의료 관계자들을 격려하고 국민을 안심시키는 것이었다. 나는 메르스 사태가 본격화된 6월 초 메르스 대응의 최일선인 국립중앙의료원 현장 점검(5일)을 시작으로 범정부 메르스대책 지원본부(8일), 경기도 메르스종합관리대책본부 상황실과 경기도 수원시 장안구 일선 보건소(12일), 서울대병원 메르스 선별

2015년 6월 3일 청와대에서 '메르스 대응을 위한 민관합동 점검회의'를 주재하며 "국민 불안을 해소하기 위해 가장 중요한 것은 정확한 정보의 투명한 공개"라고 말했다.

진료소와 격리병동(14일) 등을 집중적으로 찾아다녔다.

그리고 오래전 잡아둔 6월 14~17일 방미 일정을 미루기로 하고 미국 측에 이를 알렸다. 다행히 미국 정부는 한국의 상황상 정상회담 연기가 불가피하다는 점을 이해했다. 12일에도 나는 버락 오바마 미국 대통령과 20여 분간의 전화통화를 통해 우리 측 입장을 직접 설명했다. 오바마 대통령은 "메르스 발발에 따른 희생자 유가족들에게 위로의 말씀을 전한다"며 "어려운 시기에 한국이 도전을 조속히 극복할 수 있도록 필요한 모든 지원을 제공할 준비가 돼 있다"고 말해줘 무척 고마웠다.

6월 8일은 메르스 사태에서 최악의 날이었다. 이날 하루 동안 삼성서울병원에서만 17명의 환자가 발생하는 등 하루 만에 확진자가 23명이 급증하면서 여론이 악화됐다. 결국 문형표 장관은 이날 국회 긴급현안 질의에서 "방역에 구멍이 있었던 것을 인정한다. 실패라기보다는 충분치 못했던 것"이라고 유감을 표명했다.

삼성서울병원에서는 이후 67명의 환자가 더 나와 총 90명의 환자가 발생했다. 메르스 확산의 최대 진원지가 되면서 37

일 동안 부분폐쇄 조치를 당하기도 했다. 병원 입장에서도 힘들었겠지만 초기 대응에서 문제가 있었던 점도 분명했다.

●

삼성서울병원장 질책?
분위기 그렇지 않았다

6월 17일 충북 오송에 있는 메르스 진단 검사의 핵심 기관인 국립보건연구원을 방문했을 때, 나는 송재훈 삼성서울병원장을 이곳으로 따로 불러 "메르스 확산이 꺾이려면 전체 환자의 반이 나오고 있는 삼성서울병원이 어떻게 안정되느냐가 관건이니 삼성서울병원의 모든 감염과 관련된 내용들이 아주 투명하게 전부 공개되고 더 확실히 방역이 되도록 해 달라"고 당부했다. 그러면서 "병원을 잠시라도 드나들었던 것은 환자뿐 아니라 방문객도 있을 수 있으니 방문객의 명단과 동선을 확보하는 것도 굉장히 중요하니 꼭 협조해달라"고 요청했다.

내가 이렇게 말한 데는 이유가 있다. 질병관리본부 역학조사관이 80여 명의 환자를 발생시킨 '슈퍼전파자', 14번 환자와 접촉한 이들의 명단을 넘겨달라고 삼성서울병원에 요청했을 때 병원 측이 제대로 응하지 않아 애를 먹었기 때문이다. 이런 점은 감염 경로를 차단하기 위한 초기 대응에 지장을 초래한 원인이 됐다.

송 병원장은 "메르스 사태 때문에 대통령과 국민께 큰 심려를 끼쳐 드렸다. 너무 죄송하다는 말씀을 드린다"며 "보건 당국과 긴밀히 협조하며 최대한 노력을 다해 하루빨리 끝내도록 최선을 다하겠다"고 했는데, 이때 그가 고개를 숙이고 있는 사진이 언론에 나가면서 생각지도 않은 논란으로 이어지기도 했다. 대통령이 애꿎은 병원 측을 과도하게 질책한 것 아니냐는 것이다.

그러나 사실 실제 분위기는 그렇지 않았다. 나는 어디까지나 송 병원장에게 협조를 부탁하는 자리였고 나무라지도 않았다. 언론에서는 사진을 교묘하게 배치해 실제 분위기와 다른 프레임을 만드는 경우가 있다. 말이 나온 김에 덧붙이자면 2016년 9월 경주에 큰 지진이 났을 때다. 복구 작업이 한창이었는데, 자원봉사자 분들이 악수를 청해 나도 격려하기 위해 다가갔다. 그런데 나와 그분들 사이에는 진흙으로 뒤덮인 바닥이 있었다. 내가 그곳으로 이동하는 순간 작업하시던 몇몇 분들이 "여기 들어오지 마세요"라며 손사래를 쳤다. 그 진흙이 피해 복구에 사용되는 작업용 흙이라서 밟으면 안 된다는 것이었다.

순간 여자 경호원이 놀라서 내가 들어가지 못하도록 허리를 꽉 잡은 장면이 사진에 찍혔고 이튿날 한 신문의 페이스북에는 "대통령 발에 진흙이 묻는 꼴은 내 눈에 흙이 들어가도 못 본다. by 청와대 경호원"이라는 설명이 붙어 있었다. 그것은 삽시간에 퍼졌다. 어느 정치인과 사이가 안 좋아졌다는 소문이 나돌 때도 마찬가지다. 그 사람 쪽을 보면서 이야기할 때도 있는데, 꼭 다른 데를 쳐다보고 있을 때만 사진을 찍어 내보낸다.

어쨌든 당시 최선을 다하고 병원이 폐쇄되는 아픔까지 겪었던 삼성서울병원 직원들은 지금도 트라우마가 있다고 들었다. 메르스를 퍼뜨린 병원처럼 다뤄지면서 많은 눈총을 받아 마음고생이 심했던 것이다. 초기에 다소 병원 측의 실수가 있기도 했지만, 삼성서울병원이 오명을 뒤집어 쓴 데는 정치권의 책임도 없지 않았다.

"의사가 자가 격리 어기고 행사 참석"
박원순 주장 사실 아니었다

메르스 사태가 한창이던 6월 4일이다. 박원순 당시 서울시 장이 오후 10시 넘어 갑자기 긴급 브리핑을 열고, 35번째로 확 진 판정을 받은 서울의 한 병원 의사가 자가 격리를 어기고 5 월 30일 강남구 개포동 재건축조합 총회와 병원 심포지엄 등 행사에 참석해 사람들과 접촉했다고 발표했다. 그러면서 향후 서울시의 메르스 상황을 직접 진두지휘하겠다고 밝혔다. 이어 KBS에서 "의사가 '자가 격리' 어기고 행사 참석"이라는 보도 가 났고, 해당 병원이 삼성서울병원이라는 사실이 알려지면서 병원과 의사를 비판하는 여론이 들끓었다.

하지만 이는 사실이 아니었다. 35번 환자가 증상이 시작된 것은 5월 31일이었고 이날부터 격리에 들어가 확진 통보를 받 은 것은 6월 2일이었다. 박 시장은 나중에야 35번 환자에게 사 과했지만, 이미 삼성서울병원에는 온갖 비난이 쏟아진 뒤였다.

사실 감염병 문제는 중앙 부처와 지자체가 공동으로 대응해야 한다. 이 지역 따로, 저 지역 따로 나선다고 해결될 문제는 아니다. 그래서 나는 이튿날 메르스 대응 점검을 위해 서울 중구 국립중앙의료원을 찾은 자리에서 "지방자치단체나 관련 기관이 독자적으로 메르스를 해결하려 할 경우 혼란을 초래하고 효과적으로 대응하는 데도 도움이 되지 않는다"고 비판했던 것이다. 우리가 경험도 해보지 못한 감염병일수록 중앙방역대책본부로 창구를 일원화해 중앙 부처와 지자체 간에 계속 협업하고 소통하는 것이 중요하다. 이것은 나중에 코로나19 사태에서도 확인됐다.

메르스 사태는 우리로선 처음 경험한 전염병이었고, 그러다 보니 정부의 대응이 초기에 미흡했던 것은 사실이다. 그러나 시행착오를 통해 이후 여러 가지 경험이 쌓이면서 이에 대비하는 시스템을 구축할 수 있었다.

나는 메르스 사태가 어느 정도 진정된 직후부터 국가 방역 체계를 대대적으로 혁신하는 데 총력을 기울였다. 이런 규모의 전염병이 발생할 때는 범정부 차원에서 대응할 수 있도록 매뉴얼을 만드는 한편 이를 뒷받침하는 법적 기반도 정비했다. 감염 의심자에 대한 정보를 빨리 알아내지 못하면 신속하게 역학조사나 대응을 할 수가 없기 때문에 카드사나 통신사 등을 통해 확진자 및 접촉자의 동선을 파악할 수 있도록 정보를 의무적으로 제공토록 한 것도 이때였다. 덕분에 코로나19 사태 때는 세계 어느 나라보다도 신속하게 감염자와 접촉자를 추적해 전파를 막을 수 있었으니 전화위복이 아닐 수 없다.

또 하나 중요한 개선은 진단 시약이나 감염 진단 장비 등을 민간에서 만들어야 하는데, 급한 상황에서는 빨리 허가를 해주지 않으면 골든 타임을 놓치게 된다. 그래서 이에 대해서는 허가를 신속하게 해주는 제도를 도입했다. 이 제도 덕분에 민간 기업이 신속하게 진단 시약을 개발하고 출시할 수 있게 됐는데 이것 역시 코로나19 사태 때 많은 도움이 됐다. 결론적으로 메르스 사태를 겪고 난 후 구축한 방역 인프라가 코로나19 시대에 빛을 보게 된 것이니 이때의 고생이 무의미한 것은 아니었던 셈이다.

국정 교과서를
결심한 이유

    통합진보당 사태의 충격은 내가 역사 교과서 국정화에 힘을 기울이게 된 계기가 됐다. 이들이 거리낌없이 친북적 행태를 보이면서도 원내에 진입할 수 있는 사회 분위기가 조성된 것은 근현대사 교육이 영향을 끼쳤다고 본 것이다. 자유나 다양성을 강조하며 설령 자유민주주의 이념에 배치되는 주장이 나와도 '뭐, 그럴 수도 있지'라고 방치하는 공간이 생기면 반드시 이를 악용하려는 세력이 나타난다.

    그렇기 때문에 역사 교육이라는 것은 누군가를 과장하거나 증오하도록 유도하는 것이 아니라, 사실 그대로를 보여주고 정확하게 알리는 것이 매우 중요하다고 판단했다.

사실 이에 대한 고민은 이전부터 있었다. 2002년부터 시행된 7차 교육과정에서 중·고교 국사 과목 중 근현대사를 따로 빼내어 국정이 아닌 검인정(檢認定)으로 전환하고 역사 교과서를 둘러싼 보혁 논쟁이 벌어지면서다. 일부 교과서가 6·25 전쟁을 남침이 아닌 무력충돌로 기술하고 주체사상을 긍정적으로 설명하면서 정작 대한민국 건국 세력에 대해선 부정적으로 기술했다는 반발이 거세게 쏟아졌다. 2011년부터는 한국사 전 과정이 검인증제로 전환됐고, 이는 논란의 불길에 기름을 부은 격이 됐다.

•

중국은 동북공정 하는데…
교과서 좌편향 논란에 우려

이를 바라보는 나는 착잡했다. 다른 문제도 아니고 역사 교과서를 놓고 좌우로 나뉘어 이렇게 오랜 기간 갈등하고 분열하는 나라가 지구상에 몇이나 있을까 싶었다. 물론 분단이라는 특수한 환경이 이런 씨앗이 뿌려지는 토양이 됐을 것이다. 그렇지만 자라나는 세대들이 역사를 배우는데, 교사와 부모님이 다른 이야기를 하고, 또 인터넷에는 또 다른 시각으로 정리가 되어 혼란을 주는 것은 나라의 미래에도 큰 악영향을 끼칠 것이 뻔한데 이를 그냥 두고만 볼 수는 없는 노릇이다.

7차 교육과정이 시작된 2000년대 초반은 중국이 동북공정으로 고구려 역사를 중국사에 편입시키며 우리 역사를 흡수하려는 야욕을 본격화하던 때였다. 일본도 역사 교과서에서 태평양전쟁 때 저지른 범죄를 축소하려는 극우적 목소리가 강해졌다. 그 어느 때보다도 역사에 대한 관심과 올바른 교육이 필요한 때였던 것이다. 그런데 우리는 한국사 과목을 고교 입시에서 선택과목으로 바꾸고 일부 공무원 임용시험에서도 제외하는가 하면, 정부의 검정을 통과한 역사 교과서가 이념적 편향성 논란이 벌어져 이념 논쟁의 장이 되고 있으니 참 딱한 일이었다.

무엇보다 청와대와 새누리당이 검정 교과서에 대해 우려했던 것은 대한민국의 뿌리라 할 수 있는 건국 과정에 대한 지나

한국사 교과서 8종.(위)

국정 교과서.(아래)

친 폄훼와 북한 정권에 대한 긍정적 묘사 때문이다. 김무성 의원은 2013년 9월 '근현대사 연구교실'이란 모임을 만들었는데 첫 모임 인사말에서 "(좌편향 교과서가) 자랑스러운 역사를 못난 역사로 비하한다"며 "역사교실에서 역사를 바로잡는 방안을 모색해 좌파와의 역사 전쟁에서 승리해야 한다"고 강조했던 것이 당시의 고민을 보여준다. 김 의원은 나와 한 번도 역사 교과서 문제로 이야기를 나눈 적이 없는데도 비슷한 문제의식을 갖고 있었다.

●

고교생 69% "6·25는 북침"…
심각성 느꼈다

이 무렵 '헬조선'이라는 신조어가 유행한 것도 그저 우연히 나온 현상은 아니었을 것이다. 이대로 두면 우리나라 학생들은 기존 교과서로 현대사를 배우면서 '아, 이 대한민국은 태어나서는 안 될 정부고 이건 못난 역사구나'라는 패배주의적 시각으로 생각하게 된다. 정작 외국에 나가 다른 나라 젊은이들을 만나보면 한국보다 가난하고 어려운 환경에 있는 나라인데도 자국에 대해 자부심을 가진 경우가 많았다. 가슴이 답답한 일이었다.

2013년 6월에는 6·25 전쟁 63주년을 앞두고 한 언론사에서 여론조사를 실시했는데 고교생 응답자 중 69%가 6·25 전쟁을 북침으로 알고 있다는 보도가 나오기도 했다. 이것은 우연한 결과가 아니라 나라를 위해 목숨 바친 분들의 희생이 왜곡되고 나라를 지탱하는 기본 가치인 애국심이 흔들리면서 벌어진 현상이라는 우려가 많이 제기됐다. 그래서 나는 2013년 6월 17일 청와대 수석비서관 회의에서 "교육 현장에서 진실을 왜곡하거나 역사를 왜곡하는 것은 절대로 있어서는 안 된다"고 지적했다. 석 달 후인 9월 17일 국무회의에선 "학생들이 보게 될 역사 교과서에 역사적 사실관계가 잘못 기술되는 일이 없어야 한다"며 역사 교과서에 대한 대책 마련을 지시했다.

사실 이때까지만 해도 한국사 교과서를 국정화로 해야겠다는 확신은 없었다. 다양성과 자율성을 존중하는 교육이 중요하다는 생각은 나 역시 마찬가지였다. 다만 학생들이 대한민국이 잘못 태어난 나라이고, 민족의 정통성이 북한에 있다는 식으로 배우는 것은 곤란하니 이런 내용을 바로잡아야겠다고 생각했을 뿐이다. 그런데 이 문제가 좀처럼 진전되지 않았다.

청와대에 들어간 뒤 얼마 되지 않았을 때다. 교육부에 한국사 교과서의 편향성 문제 현황과 이를 바로잡기 위한 방안을 모색해 보라는 지시를 내린 적이 있었다. 그런데 조사 결과 한국사 교과서를 만드는 집필진은 대개 전국교직원노동조합(전교조)이거나 민족문제연구소 등에 연결된 특정 인맥으로 구성돼 있어 대책을 마련하기가 어렵다는 보고가 올라왔다.

●

주체사상을 두고
"주체적 수립한 사회주의 사상"으로 설명한 교과서

검인정제로 전환하면서 '역사 교과서가 무려 7종이나 되기 때문에 다양한 관점에서 역사를 배울 수 있다'고 선전했지만, 실제로는 검정 교과서 집필진의 80%가 편향된 역사관을 가진 특정 인맥으로 구성되어 있기 때문에 겉으로 그렇게 보일 뿐이지 실은 똑같은 시각을 가진 사람들로 돌려막기를 한다는 것이다. 즉 7종으로 구성된 하나의 좌편향 교과서인 셈이었다.

북한에 대해선 긍정적인 이미지를 줄 수 있는 사진을 골라 쓰고, 주체사상을 설명하면서 '주체적으로 수립한 사회주의 사상'이라고만 적고 그에 대한 비판적 평가는 다루지 않는 식이었다. 교육부에서 '이런 기술은 너무 편향적이니 내용을 수정해 달라'고 명령해도 집필진은 이에 반발하며 소송으로 맞섰다.

참고로 2016년 1월 29일 대법원도 교육부의 고교 한국사 교과서에 대한 수정명령은 정당하다는 판결을 내렸다. 남북 분단의 원인이 대한민국에 있다는 식의 오해 소지가 있는 구성, 북한의 주체사상 등 선전 문구를 그대로 인용 수록한 부분에 대한 수정, 6·25 전쟁 발발 배경에 대한 잘못된 인식을 유도할 소지가 있는 자료의 교체 등의 필요성을 인정한 것이다.

나는 청와대 수석비서관 회의나 교육문화수석실, 한국교원단체총연합회(교총) 등의 인사들과 만나 다양한 의견을 청취했는데 비슷한 우려가 많이 나왔다. 검인정제로 전환한 뒤 지난 10여 년 동안 역사 교과서 집필진과 전교조, 출판사들이 카르텔을 형성하면서 역사 서술의 균형과 다양성이 오히려 파괴됐다는 것이었다.

그런 와중에 일어난 '교학사 역사 교과서 파동'은 한국사 교과서 국정화를 고려하게 된 결정적 전환점이 됐다. 2013년 8월 교학사에서 만든 고교 한국사 교과서가 검정을 통과했는데, 학계에선 식민지 근대화론을 긍정하고 이승만·박정희 정부에 대한 부정적 내용이 축소됐다며 연일 비난하는 목소리가 나왔다. 그러자 교학사 교과서를 채택했던 학교들이 이런 분위기에 짓눌려 결정을 잇따라 철회하기 시작했고, 결국 채택률은 0%가 됐다. 이를 두고 김무성 당시 새누리당 대표는 2015년 10월 16일 한 토론회에서 "우리나라 역사학계 좌파가 총출동해서 (교학사 교과서를 채택하려는) 학교에 테러를 가했다"고 했는데, 나 역시 적잖은 충격을 받았다.

물론 교학사 교과서가 완벽한 것은 아니었다. 몇 가지 오류도 발견됐다. 하지만 그것은 수정 보완하면 되는 일이었다. 그런데 전교조 입맛에 맞지 않는 교과서를 채택하자 자율적 선택권을 무시하고 해당 학교에 각종 압박과 협박으로 결정을 취소하게 만든 것이다. 이것은 검인정제의 한계를 보여준 셈이었다. 나는 이렇게 자율적 선택이 무시되고 특정 성향의 역사관이 강요된다면 차라리 국정화가 낫겠다는 생각으로 기울기 시작했다.

간혹 역사 교과서를 개선하는 방법이 국정화뿐이냐는 반박도 있었다. 하지만 검인정 체계에 맡겼더니 결국 제대로 작동하지 못한 것 아닌가. 카르텔로 인해 시장의 장점인 다양성이라는 기능이 살아나지 못하고 실패한 것이 명확한 이상 더 주저할 이유가 없었다.

나의 결심이 확고해지자 정부도 본격적인 실행 준비에 나섰다. 2015년 1월 8일 황우여 교육부 장관은 한국방송기자클럽 초청 토론회에 참석해 "역사 공부하면서 분쟁의 씨를 심고 여러 갈래로 갈라지는 일은 없도록 해야 한다. 역사를 3가지, 5가지로 가르칠 수 없고 학생들을 채점하는 교실에서 역사는 한 가지로 권위 있게 가르치는 것이 국가의 책임"이라고 정부 책임자로서는 처음으로 언급했다.

2015년 7월 22일 삼청동 소재 총리 공관에서 열린 고위 당·정·청 회의에서는 하반기부터 국정 교과서에 대한 준비 작업을 추진하기로 결정했다. 여당으로서는 숨이 가빴을지도 모른다. 당시는 공무원연금 개혁이라는 거대한 산을 막 넘은 상황이었다. 그런데 이를 힘겹게 끝내자마자 다시 또 다른 산을 넘어야 하니 말이다. 김정훈 당시 새누리당 정책위의장이 국회 브리핑에서 이 내용을 밝히지 않은 것도 그런 우려가 작용했던 것 같다. 여권 내부에서는 이듬해 4월 열리는 총선을 마친 뒤 추진하는 게 어떻겠냐는 건의가 나오기도 했다. 사실 청와대에 있는 김상률 교육문화수석이나 정부 측의 황우여·이준식 교육부 장관이야 어떻게든 대통령을 도우려 하지만, 선거를 치러야 하는 여당은 부담을 가질 수밖에 없었을 것이다.

하지만 공무원연금 개혁도 역사 교과서 국정화도 마찬가지다. 그때는 힘들어도, 일단 해놓으면 나중에 '정권 맡아서 한 것이 무엇이냐'는 질문을 받았을 때, 국민들께 드릴 말씀이 있게 된다. 처음에는 정치적으로 손해를 보는 것 같아도 길게 보면 손해가 아니다. 훗날 역사가 그 정당성을 평가하기 때문이다.

이런 상황에서는 역시 대통령이 의지를 갖고 밀어붙여야 한다고 생각한다. 총선 전에 곤란하다면 총선 후에도 곤란한 건 마찬가지다. 그때는 또 누가 선뜻 하려고 하겠나. 대한민국의 대통령은 임기가 5년 단임으로 제한되어 있기 때문에 '정말 중요하다'고 생각한 것은 온 힘을 다해서 노력해야 한다. 나라에 필요한 정책인데도, 인기가 없을 것 같아서 피하려는 포퓰리즘적 유혹이야말로 나라를 정말로 어렵게 만든다. 돌이켜보면 역사 교과서 국정화는 내가 탄핵되면서 결국 무산되고 말았지만, 시작도 하지 않았다면 '아, 내가 그때 왜 망설였을까' 하는 후회가 남았을 것이다.

그나마 다행이었던 것은 교과서를 국정으로 전환하기 위해 법을 개정할 필요까지는 없었다는 점이다. 교육부 장관의 고시를 통해 가능했다. 그러니 여당도 부담을 다소 덜 수 있었다. 당시는 국회선진화법 때문에 여당인 새누리당이 과반 의석을 넘겼는데도 야당이 반대하면 발이 꽁꽁 묶였다. 법안을 바꾸는 일이었으면 사실상 불가능했을 것이다.

●

국정 교과서 발표에
"독재 회귀" 거센 반발

2015년 10월 12일 교육부가 행정예고를 통해 한국사 교과서를 국정으로 전환하겠다고 발표했다. 그러자 야당에서는

'독재 시대로의 회귀'라며 거센 비난이 쏟아졌다. 이런 정도는 예상했지만 국정 교과서 도입 시기를 2017년 3월로 잡은 점에 대해 아버지의 탄생 100주년에 맞춘 것이라는 주장에는 솔직히 어이가 없었다. 그 말을 들었을 때는 '어떻게 나도 생각하지 못한 것을 저렇게 생각했을까'라고 느꼈을 정도다. 이렇게 사실이 아닌 것을 자극적으로 프레임을 만들어버리면 정작 본질이 사라진다. 이전 검정 교과서의 문제는 무엇이고, 국정 교과서에서 바꾸려는 것은 무엇인지가 덮이는 것이다. 차라리 나는 이런 본질을 놓고 치열하게 토론을 했다면 좋겠다는 생각이 들었다.

참고로 2017년 3월로 정한 것은 내 임기가 끝나기 전에 도입을 하기 위해서였다. 우리나라 학기제는 3월에 시작하고, 나는 2018년 2월에 퇴임하기 때문에 이때밖에 기회가 없었다. 만약 무리한 일정이라면 굳이 서두르지는 않았겠지만 교육부 보고에 따르면 2017년 3월까지 준비가 가능하다고 했기 때문에 내 임기 이후로 미룰 이유가 없었던 것이다.

역사 교과서 국정화 방침이 발표되자 교사 1만 명이 참여하는 반대 집회가 열리는 등 전교조를 중심으로 한 교사들의 조직적 반발이 이어졌다. 처음에는 청와대가 나서면 논란이 더 확산될 것 같아서 공식 대응을 자제했다. 하지만 야당이 논란에 적극 가세해 정치권이 이념 논쟁으로 끌고 가려는 것을 보면서 직접 나서기로 했다. 이대로 두면 국론 분열로 더 격화될 것이 뻔한 만큼 직접 나서 논란을 차단해야겠다고 생각한 것이다. 또 국정 교과서 집필진 구성이 마무리되고 있었는데, 자칫 이들이 동요할 수도 있으니 힘을 실어줄 필요도 있었다.

그래서 나는 10월 13일 수석비서관 회의에서 "올바른 역사교육 통해서 우리 역사를 바르게 인식하고 자긍심 갖도록 하는 게 아이들과 나라의 중요한 일"이라고 언급했다. 11월 10일 청와대에서 열린 국무회의에서는 모두발언을 통해 "교과서 문제는 정쟁의 대상이 되어서도 안 되고 될 수도 없다. 자기 나라 역사를 모르면 혼이 없고, 잘못 배우면 혼이 비정상이 될 수밖에 없다"고 말했다. 이 말은 고려말 학자였던 이암 선생이 "'나라'는 인간에 있어 몸과 같고, '역사'는 혼과 같다"고 말한 것을 원용한 것이다.

●

국정 교과서 집필진,
협박에 경찰 신변보호 요청도

내가 물러날 기색을 보이지 않자 교과서 집필진에 대한 좌파 단체와 전교조 등의 공격이 더욱 집요하고 거세졌다. 신상 털기는 기본이고 경찰에 신변보호 요청을 할 만큼 협박이 가해졌다. 이런 분위기다 보니 일부 집필진의 명단은 공개할 수 없는 지경이 됐다. 그 와중에 11월 4일 국정 교과서 집필진으로 초빙된 최몽룡 서울대 명예교수가 사퇴 의사를 밝혔다. 기자들과의 저녁식사에서 벌어진 성희롱 발언 논란으로 "부담을 주기 싫다"며 자진 사퇴한 것이다. 최 교수는 서울대 고고미술사학과 후배들이 '국정 교과서 집필에 합류하지 말라'고 입장문을 발표하는 등 압력에 시달리면서도 꿋꿋하게 자리를 지키겠다고 했던 분이었기에 안타까웠지만 어쩔 수 없는 일이었다.

이런 와중에 남은 집필진은 최선을 다해 교과서를 만들었고 2016년 11월 28일에는 현장 검토본을 공개할 수 있었다. 물론

이 교과서도 완벽할 수는 없었고 개선할 여지가 있었을 것이다. 하지만 어쨌든 어려운 가운데 노력한 결실을 맺은 것이니 의미는 결코 작지 않았다.

기존 교과서를 보면 대한민국은 정부 수립이라고 되어 있는 반면 북한은 조선민주주의인민공화국 수립으로 서술됐다. 그러니까 정통성이 마치 북한에 있는 것처럼 교묘하게 다룬 것이다. 새 국정 교과서는 이를 대한민국 수립, 북한 정권 수립으로 바꿨다. 6·25 전쟁의 책임에 대해서도 검정 교과서들은 남북한 공동책임으로 몰고 간 경우가 많은데, 국정 교과서는 북한의 불법 남침 때문에 발발했다고 분명하게 서술했다. 그리고 일각에서 우려했던 친일 문제는 축소하지 않고 그대로 유지했고, 위안부 문제는 이를 해결하려는 국제사회의 협조에 대해서도 넣었다. 또 독립운동에 대해서는 무장 독립운동 위주로 서술한 검정 교과서와 달리 외교적인 노력과 여성들의 활약상에 대해서도 보완했다.

그다음 노력을 기울인 것은 독도 문제인데, 작은 소주제로 다룬 검정 교과서와 달리 중단원 소재로 확대해 서술을 확대하고 독도가 우리 땅이라는 근거를 확실히 제시했다. 그리고 검정 교과서는 북한의 도발에 대해 아주 짧게 넘어가거나 도발 주체도 불분명하게 넘어갔는데, 새 교과서는 북한의 군사 도발을 소주제로 잡아 천안함 피격 등이 북한의 책임이라는 사실을 분명히 했다.

하지만 공교롭게도 이때는 이른바 '최서원(개명 전 최순실) 씨 사태'로 나라가 혼란에 휩싸였을 때였다. 이준식 교육부 장관은 이 검토본을 온라인에 공개해 모든 국민들이 이를 검증할 수 있다고 알렸지만, 상황이 상황인 만큼 큰 관심을 얻지 못했다. 나 또한 연일 각종 공세에 휘말린 가운데 한·일 지소미아 협정 체결을 한창 챙기던 중이었기 때문에 이 문제까지 제대로 챙길 수가 없었다. 국정 동력은 날이 갈수록 떨어져갔고 야당과 시민단체, 전교조 등은 국정 교과서에 '적폐 교과서'라는 딱지를 붙였다. 하지만 지금도 이 국정 교과서의 내용 중 무엇이 잘못된 것인지 물어본다면 대답할 수 있는 사람들이 거의 없을 것이다. 국정 교과서의 어떤 부분이 그들이 말하는 '적폐'인지 되묻고 싶다.

●

문 정부 출범 3일 만에 교과서 폐기…
눈엣가시였을 것

내가 탄핵된 뒤 문재인 정부는 출범 3일 만에 국정 교과서 폐기를 지시했다. 이때는 소위 '적폐 청산'이라는 명목 아래 모든 것이 부정되던 시기였다지만, 그토록 초고속으로 폐기시킨 것은 민주당 측에 한국사 국정 교과서가 얼마나 눈엣가시 같은 존재였는지를 말해 주는 것이다. 이어 문재인 정부는 역사 교과서 국정화 진상조사위원회라는 것을 만들어 2018년 3월 28일 이병기 비서실장과 김상률 교육문화수석 등이 위법·부당한 수단과 각종 편법을 동원해 국정 교과서를 강행했다고 발표한 뒤 배임, 횡령 등의 혐의로 검찰 수사와 감사원 감사를 의뢰했다. 하지만 이 수사는 문재인 정부 내내 진행되지 않았다. 어디까지나 정치적 목적으로 만들어진 조사였기 때문이라고 생각한다.

역사 교과서 국정화 작업은 공격도 많이 받고, 적폐로 몰렸고, 결국 미완으로 끝나서 이제는 아무것도 남지 않은 일이 됐다. 하지만 지금도 후회는 없다. 나라의 앞날을 위해서, 또 자라나는 세대를 위해서 정말 중요한 일이라는 신념을 갖고 임했기 때문이다. 지금도 옳은 길이었다고 생각한다. 다만 당시애써 만든 국정 교과서가 국민들로부터 제대로 평가받을 기회마저 얻지 못했다는 점은 지금까지도 마음속에 안타까움으로 남아 있다.

정수장학회

나는 1998년 재·보궐 선거에 출마해 정치권에 발을 들인 뒤로 정말이지 온갖 형태의 공격을 받았다. 그중 하나가 정수 장학회와 관련된 논란이다. 공격이 가장 거셌던 것은 2012년 대선 선거운동이 한창이었을 시점이다. 당시 문재인 후보 측 에서는 정수장학회가 내 선거운동을 돕는다거나, 내가 장학회 를 사유화했다고 공세를 폈다.

또 아버지가 고(故) 김지태 씨의 부일장학회를 강탈해 정수 장학회를 만든 것처럼 몰아가기도 했다. 당시 나는 "정수장학회는 부일장학회를 계승한 것이 아니라 새로 만들어진 것이고, 김지태 씨 헌납 재산이 정수장학회 재산에 포함된 것이 사실이지만, 국내 독지가와 해외 동포 등 많은 분의 성금과 뜻을 더해 만든 재단"이라고 해명했다.

실제로 당시 장학기금 모금에서 이병철 삼성그룹 회장, 정재호 삼호방직 회장 등 재계 인사와 각계 인사들이 총 11억 원의 성금을 출연했다. 익명의 독지가 네 분이 각각 1억 원을 출연하기도 했다. 반면 당시 김지태 씨가 헌납한 자산 가치는 3487만 원 정도였다.

정수장학회는 1962년 '5·16 장학회'로 출발해 1982년 아버지의 성함 중 '정(正)'자와 어머니의 '수(修)'자를 따와 명칭을 바꿨다. 1960~1970년대만 해도 머리가 좋고 능력도 있는데 가난 때문에 꿈을 이루지 못하는 학생이 지금보다도 훨씬 많았다. 이들에게 장학금을 줘 꿈을 펼칠 수 있도록 하자는 게 장학회 설립 취지였다. 실제로 정수장학회의 도움을 받은 학생들이 시간이 흘러 자기 분야에서 성공하거나 사회 지도층이 된 사례도 적지 않았다.

이후 아버지가 흉탄에 돌아가셨지만, 정수장학회는 이어졌

2012년 10월 21일 새누리당 대통령 후보 시절 서울 여의도 당사에서 기자회견을 열고 정수장학회에 대한 입장을 밝히는 모습.

다. 1995년부터 10년간 내가 정수장학회 이사장을 맡기도 했다. 아버지의 선한 유지를 이어가고 싶다는 생각뿐이었다.

하지만 이후 대선에 도전하면서 직을 내려놨다. 어떤 형태로든 장학회 운영에 개입하지 않았고, 어떻게 돌아가고 있는지도 전혀 신경 쓰지 못했다. 대통령 재임 동안에도 정수장학회에 어떤 영향력을 행사한 적이 전혀 없다. 또 현재 정수장학회 이사장(김삼천 이사장)과는 개인적인 교류도 없을뿐더러, 연락하는 사이도 아니다.

하지만 최근까지도 내가 뒤에서 정수장학회를 주무른다거나, 영향력을 행사한다는 잘못된 사실이 그럴듯하게 포장돼 시중에 떠돌고 있다. 아마도 정수장학회를 일종의 어마어마한 재산으로 바라보는 시각 때문일 것이다. 하지만 나는 단 한 번도 정수장학회를 개인 재산이라거나, 이득을 누릴 수단으로 생각한 적이 없다.

보수 진영 일각에서는 내가 명예 이사장을 맡는 것이 어떠냐는 의견도 나온 것으로 안다. 하지만 나는 그보다는 정수장학회를 투명하게 관리하고 운영하는 것이 어려운 학생들을 돕는 본래의 취지를 제대로 살리는 길이라고 생각한다. 그렇게 해야만 특정인에게 사유화되었느니 하는 논란도 사라질 것이다. 정수장학회에 대해서는 내가 아무 권한도 갖고 있지 않지만, 머지않은 시점에 내 개인적인 의견을 밝힐 때가 올 것으로 생각한다.

4장

———

어둠을 지나 미래로

"대통령님, 비덱이 뭐예요?"라던 최서원, 그녀를 믿었다

2016년 10월 24일 오전부터 10월 25일 오전까지의 24시간은 내 인생에서 가장 긴 하루였다. 지금 돌이켜보면 이 24시간을 기점으로 내 운명의 항로가 완전히 달라졌다. 하지만 그 전날 저녁 식사를 마칠 때까지만 해도 앞으로 어떤 일이 벌어질지 전혀 짐작하지 못했다.

10월 24일 오전 나는 국회 시정연설을 통해 '임기 내 개헌' 추진을 제안했다. 당시에 내가 국면 전환용으로 개헌 카드를 꺼냈다는 식의 얘기도 나돌았는데 그런 건 전혀 아니었다. 내가 임기 초에 "개헌은 블랙홀"이라며 개헌 논의에 반대했던 이유는 자칫 정치권이 개헌 논의에만 몰두하는 바람에 국정 과제 추진 동력이 상실될 가능성을 걱정했기 때문이다. 개헌 자체가 필요없다는 뜻은 아니었다.

나는 대통령 취임 이전부터 현행 대통령 5년 단임제의 문제점을 잘 인식하고 있었다. 5년 단임제의 가장 큰 폐해는 정권이 교체될 때마다 전 정권의 정책을 폐기하는 탓에 정책이 뿌리를 내리지 못한다는 점이다. 또 여야의 극심한 갈등과 국회 선진화법으로 인해 국회 과반이 찬성해도 법안이 제대로 통과되지 못하고 국정이 표류하는 현실을 보면서 현행 대통령제는 한계에 봉착했다는 결론을 내렸다.

임기 후반부라도 야당의 협조를 얻으며 국정 과제를 무사히 완수하고 싶었다. 당시 성과가 나오기 시작하던 창조경제 정책, 북한의 5차 핵실험과 향후 움직임, 일본과의 지소미아 (GSOMIA, 한·일 군사정보보호협정) 체결 등 대내외적으로 챙겨야 할 과제들이 많았다. 당시 나의 개헌 제안은 오랜 기간의 고민이 반영된 것이었다.

●

"대통령님,
지금 뉴스 보고 계십니까?"

그런데 정국은 내가 전혀 짐작조차 하지 못한 방향으로 흘러갔다. 10월 24일 저녁 식사를 마친 뒤 나는 경제 관련 업무를 살피다가 물어볼 것이 있어 안종범 정책조정수석에게 전화를 걸었다. 장관이나 수석들로부터 대면 보고도 받지만 그때그때 전화로 현안을 논의하는 것도 나의 업무 방식이었다. 시간과 장소의 제약 없이 신속하고 효율적으로 일을 처리할 수있기 때문이다.

그런데 전화를 받는 안 수석의 목소리가 평소와 조금 다르게 느껴졌다. 당황하는 기색이 역력했다. 내 질문을 듣던 그는 "대통령님, 지금 혹시 뉴스 보고 계십니까? JTBC 뉴스에 최순실 씨 관련 의혹 보도가 나오고 있는데 좀 확인해보셔야겠습니다"고 말했다. 나는 일단 안 수석에게 나머지 업무 관련 지시를 마무리한 뒤 보도 내용을 확인해보겠다고 했다.

그 무렵 최서원 원장의 '비선 실세 의혹' 보도가 여기저기서 나오고 있었다. 하지만 2014년에도 언론에서 정윤회 씨와 관련해 사실과 전혀 다른 보도를 냈다가 오보로 확인된 전례가 있었다. 그렇기에 JTBC의 보도가 나올 즈음에도 나는 언론들이 뭔가 잘못된 정보들을 전하는 게 아닌가 생각하던 차였다.

안 수석과의 통화를 마친 뒤 JTBC 보도를 확인해봤다. JTBC 취재팀이 최 원장의 컴퓨터 파일을 입수했는데, 최 원장이 대통령의 연설문을 받아봤고 그 시점은 연설을 하기 전이라는 내용이었다. 나는 최 원장에게 가끔씩 연설문을 보여주고 일반 국민의 눈높이에서 볼 때 이해가 잘 되는지 물어본 적은 있다. 그래서 연설문 작성 과정에서 도움을 받은 것이 국민들 눈에 불편하게 비쳐졌다면 그건 사과를 구할 일이라고 생각했다.

솔직히 말하면 그것이 그토록 큰 문제가 될 일인지는 조금 이해가 되지 않았다. 그동안 최 원장과 관련해 제기돼 왔던 의혹들은 내가 전혀 모르는 일들이었다. 지금 와서 반추해보면 내가 가장 어려웠을 때부터 지근거리에서 도와준 사람이었기에 최 원장에 대한 경계심의 문턱이 낮아졌던 것 같다. 먼저 최 원장과의 인연부터 설명하는 것이 좋겠다고 생각한다.

1974년 어머니가 비명에 가신 뒤 나는 어머니를 대신해 퍼스트레이디로서의 활동을 시작하게 됐다. 감사하게도 그런 나를 위로하고 격려하는 편지들이 전국 각지에서 들어왔다. 편지들을 일일이 읽으며 힘을 얻고 있었는데, 그때 눈에 들어온 것이 최태민 목사가 쓴 장문의 편지였다. 세간에서 추측하듯 영적인 내용은 일절 없었고, 앞으로 내 역할이 막중하다면서 나라와 사회를 위해 어떤 활동을 하면 좋을지에 대해 진심으로 조언하는 내용이었다.

어머니도 생전에 아버지가 미처 살피지 못한 사회의 그늘진 부분들을 많이 챙겼다는 것을 알았기에 나는 그의 조언에 고개가 끄덕여졌다. 그래서 일면식도 없던 그를 만나 이야기를 들어봐야겠다고 생각했다. 1975년 3월 최 목사를 청와대로 불러 대화를 해보니 그는 퍼스트레이디의 역할을 잘 이해하고 있었고, 사회에서 살피고 챙겨야 할 부분들에 대해 여러 가지 조언을 해줬다.

내가 퍼스트레이디로서 역할을 한 것 중에 기억나는 것을 꼽자면 야간 무료 진료 봉사가 있다. 당시에는 의료보험제도가 없었기 때문에 병이 들면 약 한 첩도 못 쓰고 어려움을 겪

는 사람이 많았다. 그래서 의사협회와 결연을 해 퇴근 후 의사
들이 순번을 정해 돌아가면서 무료 진료를 해주는 야간병원
운영을 시작했다.

아버지께서 이를 듣고 "참 좋은 일 한다"며 현장에 직접 와
보신 적도 있는데, 훗날 여기서 치료받는 어려운 사람들을 보
면서 의료보험제도를 서둘러 도입해야겠다는 결심을 하게 됐
다고 말씀하신 적이 있다. 또 이렇게 시작된 야간 무료병원은
1979년 서울 서대문구 북아현동의 새마음병원을 비롯해 몇몇
병원으로 확대됐다.

●

최서원,
최 목사 가족으로 알게 돼

정확하게 기억나지 않지만 1974년 연말에 TV 방송에 출연
해 아버지와 어머니, 그리고 나에 대한 이야기를 했는데 사회
자가 나에게 앞으로 우리 사회에 필요한 것이 무엇이냐고 물
었다. 이에 나는 우리 사회가 물질적으로 풍요해지면 이를 뒷

받침할 수 있는 정신적 토대가 필요하지 않겠느냐는 취지로 말을 하면서 이를 위해 새마음을 갖도록 하는 것이 필요하다고 말했다. 최 목사가 이 방송을 보았는지 내게 새마음 교육을 위해 필요한 조직을 만들면 어떻겠느냐고 조언해 만들어진 것이 '새마음 갖기 운동 본부'였다. 최 목사는 본부장을 맡았고, 나는 '새마음 봉사단'의 총재를 맡아 어려움을 겪는 계층을 돕는 여러 가지 활동을 벌였다.

하지만 그 당시 최 목사의 딸인 최서원 원장에 대한 기억은 없다. 예전에 어느 TV 프로그램에서 나와 최 원장의 인연을 부각하기 위해 1970년대에 그녀가 내 곁에서 안내를 하는 듯한 영상을 내보낸 것을 봤다. 하지만 당시엔 나와 최 원장은 가까운 사이가 아니었다. 다만 최 목사의 딸이라고 소개를 받았던 것 정도는 기억이 난다. 또 최 원장은 스스로 '새마음 대학생 총연합회' 회장을 맡았다고 한 적이 있는데, 정확한 사실관계는 기억나지 않는다.

최 목사 일가와 가까워진 것은 오히려 아버지가 돌아가신 후 청와대를 나온 뒤부터였다. 나는 동생들과 함께 아버지가 대통령이 되기 전 살았던 서울 신당동 자택으로 돌아왔는데,

대부분의 사람이 우리 세 남매와 거리를 두기 시작했다. 그때 최 목사 일가는 나의 어려운 상황을 도와줬다. 특히 최 목사의 부인인 임선이 여사는 나를 애틋하게 여기며 음식이나 생필품 등을 챙겨주곤 했다. 임선이 여사는 내가 '사모님'이라고 불렀다. 연세도 있고, 내가 사적인 일도 믿고 논의할 수 있는 분이었다.

그러면서 자연스레 최순득·최서원 자매와 알게 됐다. 당시 최 원장은 서울 압구정동에서 초이유치원 원장을 하고 있었는데 수완이 좋아 유치원이 잘된다는 정도만 알고 있었다. 나는 그때부터 그녀를 '최 원장'이라고 불렀고, 최 원장이 정윤회 씨와 결혼했다는 이야기도 나중에 전해 들었다.

2007년 한나라당 대선 후보 경선 당시 내가 1990년 서울 장충동 집을 팔고 삼성동으로 이사간 것을 놓고 최 목사와 가까이 있기 위해서였다는 등의 억측이 나돌기도 했다. 어떻게든 나와 최 목사를 엮으려고 한 것이다. 하지만 사실과 다르다. 당시 장충동에서 삼성동으로 이사한 것은 개인적인 이유가 있었다. 그래서 집을 알아보려고 하니 임 여사가 돕겠다고 나섰다. 아무래도 오랜 기간 칩거 생활을 이어왔던 내가 직접 나와서 집을 보러 다니는 것이 걱정됐던 모양이다. 그렇게 해서 임 여사가 맡게 됐는데 자연스레 자신이 살던 집 주변에서 찾았던 것 같다.

정작 삼성동으로 이사한 후에는 최 목사 일가와 한동안 연락이 끊어졌다. 최 목사는 1980년대 육영재단 일을 잠시 돕기도 했지만 1990년을 전후로 그만뒀다. 1994년 최 목사가 세상을 떠났다는 사실도 몇 달 뒤에야 알았다. 가족 쪽에서도 딱히 나에게 연락을 하지 않았던 것이다.

1997년 말 나는 그해 대선 직전에 한나라당에 입당해 이회창 대선 후보를 돕게 됐는데, 그때 선거 현장을 돌아다니려니 옆에서 도와줄 사람이 필요했다. 마땅히 상의할 사람이 없어 결국 임 여사에게 도움을 요청하자 임 여사가 자신의 사위인 정윤회 씨를 소개했다. 그때의 인연으로 내가 이듬해 달성 보궐선거에 출마했을 때도 정 씨와 최 원장이 선거일을 돕게 됐다. 어려울 때 곁에서 일을 도와주다 보니 최서원-정윤회 부부 모두와 가까워졌고, 이 무렵 정호성·안봉근·이재만 비서관도 이들 부부와 잘 알게 됐다.

장충동에 살 때는 임 여사의 부탁으로 가끔 최순득(최서원 원장의 언니) 씨가 오가며 생필품이나 음식을 전해줬는데, 1998년 이후엔 자연스럽게 그 역할을 최 원장이 맡게 됐다. 여성 혼자 살면서 정치인 생활을 하다 보니 개인적인 도움이 필요할 때가 종종 있었다. 사적 영역의 부탁을 동생들에게 할 수 있는 형편도 아니었고, 남성 비서관들에게 맡기기도 힘들었다. 그렇다고 아무한테나 도와달라고 할 수도 없으니 예전부터 알고 지냈던 최서원 원장이 도와주는 쪽이 마음이 편했다. 또 최 원장은 과거에도 특별한 날이면 카드 등을 보내 '도와드리겠다'는 메시지를 여러 차례 전하곤 했기에 나도 심적 부담이 덜했다.

●

최서원이 가져다 준 의상이 뇌물?
모두 내 돈으로 지불

2012년 대통령 선거에서 승리한 나는 과거부터 도와줬던 이들에게 연락을 해서 감사 표시를 했다. 최서원 원장에게는 감사 표시와 함께 청와대로 들어가게 되면서 필요해진 짐 정리 등을 부탁했는데, 결국 청와대에 들어가서도 이전에 그녀가 나를 돕던 역할이 계속 이어졌다. 대통령이 되었어도 개인적인 일을 부탁할 만한 다른 사람을 찾는 것도 그리 쉽지 않았던 탓이다. 또 낯선 사람에게 무언가 맡기고 부탁하는 것이 불편하기도 했다.

어떤 사람들은 2016년 비선 실세 논란이 터지고 나자 차라리 진작에 최 원장에게 공식적인 직함을 주고 일을 시켰으면 어땠겠냐고도 한다. 하지만 당시엔 최 원장 본인이 하는 일도 있었고, 그녀가 자신을 노출시키는 것을 원하지도 않을 것으로 생각했다. 그리고 최 원장에게 맡기는 일이 주로 개인적인 일이다 보니 공식 직함을 준다는 것은 적절하지 않다고 생각했다.

최 원장이 주로 도움을 준 것은 의상이었다. 나중에 언론에서는 내가 최 원장에게 옷을 받은 것을 두고 '뇌물'이니 '경제적 공동체'니 하면서 비난을 했는데, 결론부터 말하자면 옷값은 전부 내 개인 돈으로 지불했다. 내가 일일이 옷의 스타일이라든지 옷감을 고르고 확인할 시간이 없었기 때문에 최 원장이 구매를 대신 해준 것이다. 그녀는 나에게 의상실을 소개하고 그곳에서 옷을 대신 구입해 가져왔을 뿐이다. 이것이 그렇

1979년 6월 10일 '1회 새마음제전' 개회식에 참석한 최서원 씨와 나, 이명박 전 대통령(왼쪽부터). [국가자료원]

게 큰 문제가 될 것이라고는 생각하지 않았다. 영국의 마거릿 대처 총리나 엘리자베스 여왕도 의상을 직접 고르고 구입하지는 않았을 텐데, 의상을 누가 어떻게 도와줬는지는 자세히 알려져 있지 않다.

어렸을 때 청와대의 경험으로는 대통령 의상은 주로 영부인들 몫이었다. 아버지도 마찬가지였다. 나에게는 딱히 이런 것을 부탁할 만한 가족이 없었기 때문에 대통령이 되기 전부터 최 원장이 그런 일을 도와줬다. 의상 때문에 청와대에 따로 직책을 둔다는 것은 지나치다고 생각했다.

최 원장이 '비선 실세'라는 거창한 타이틀로 포장되기는 했지만, 그녀가 청와대 관저로 들어오는 경우는 대부분 옷을 수선하기 위해 의상실에 맡겨야 하거나 외국 순방을 위해 새로운 옷을 구입할 때였다. 세간에서 그녀의 존재를 잘 몰랐다는 점도 오해를 부추기는 결과가 됐지만 일부러 숨기려고 한 것이 아니라 사적인 일을 도우려고 오는데 굳이 요란하게 알릴 필요가 없어서였다. 나중에 최 원장과 그녀의 딸인 정유라 씨가 청와대에서 자고 가기도 했다는 언론 보도를 보고 쓴웃음을 지은 적이 있다. 최 원장을 만난 건 대부분 관저 접견실이었고, 관저에서 식사를 함께 한 적은 단 한 번도 없었다.

최 원장은 강남에서 유치원을 운영한 경험이 있어서인지 사람들이 이해하기 쉽게 표현하는 재주가 있었다. 또 내가 쓴 글들을 모두 숙독한 데다가 옷이나 생필품 구매 등의 일들을 오랫동안 도와주다 보니 나의 생각이나 표현 방식을 잘 이해하는 편이었다.

연설비서관이 연설문을 작성해왔을 때 내가 평소 쓰는 표현과는 뉘앙스가 달라 어색함을 느끼는 경우가 있었는데, 그럴 때 나는 다른 참모들에게 의견을 구하기도 하고 최 원장의 의견을 물어보기도 했다. 그녀는 정호성 비서관 등과도 알고 지낸 기간이 10여 년이 넘다 보니 스스럼없는 관계가 되어 의견을 편안하게 주고받았다. 어쨌든 최 원장의 역할은 어디까지나 일부 문구나 표현 방식에 대한 조언이었을 뿐 연설문의 기본 내용을 바꾼다든지 하는 경우는 없었다.

또 최 원장이 상시적으로 연설문을 고친 것도 아니다. 나중에 고영태 더블루K 이사라는 사람이 "최서원 원장의 취미는 대통령 연설문 고치는 일"이라고 말해서 마치 나의 모든 연설문이 그녀의 손을 거친 듯이 알려지게 됐지만 일부 연설문에 해당되는 것일 뿐이다.

그래서 나는 2016년 하반기부터 여러 언론에서 집중적으로 터져나온 비선 실세 의혹을 보면서 다소 당혹감을 느꼈던 것이다. 내가 알고 있는 바로는 최 원장의 역할은 의상·생필품 구매와 가끔 연설문에 자신의 의견을 보태는 정도였다. 당시 언론에서는 미르재단과 K스포츠재단, 그리고 삼성에서 정유라 씨에게 말을 제공했던 사실까지 추궁하고 있었다. 하지만 이때만 해도 나는 이런 보도들이 과장된 것이라고 생각했다.

•

"대통령님,
비덱이 뭔가요?"

상황이 조금 이상하다고 어렴풋이 느끼기 시작한 것은 10월 12일이다. 이날 안종범 정책조정수석과 우병우 민정수석, 김성우 홍보수석 등이 찾아왔다. 언론 등에서 제기하는 비선 실세 논란이 커지고 있으니 대책을 논의하고 싶다는 것이었다. 아직 내가 최 원장에 대해 정확히 어떤 논란이 벌어지고 있는지 전모를 완전히 파악하고 있지 못했던 때였다. 마침 이 무렵 최 원장은 독일에 가 있어 불러서 물어볼 수도 없었다. 나 또한 하루하루 국정에 신경을 쓰다 보니 이 문제에 매달리기 도 어려웠다.

그럼에도 논란이 커지는 것은 충분히 인식하고 있었고, 불 필요한 오해를 불식시키는 것이 중요하다고 생각했기 때문에 이들의 건의대로 2016년 2월 대기업 총수들과의 단독 면담에 서 이야기했던 내용을 정확히 알리기로 했다.

나는 문화와 스포츠 등에 대해 관심이 많았다. 정치에 발을 담그지 않았으면 어쩌면 한국 문화를 알리는 일에 종사했을지 도 모른다. 실제로 그런 방면에서 일을 해볼까 하는 생각을 한 적도 있었다. 그런데 내가 대통령 선거에 나설 무렵에는 한국 문화가 전 세계로 뻗어나가기 시작하던 때였다. 그래서 후보 시절부터 문화에 대한 공약을 적극적으로 제시했다. 인수위 시절에도 민간 단체가 문화 관련 법인을 손쉽게 설립할 수 있 도록 하는 방안을 추진하기도 했다. 대통령 취임 후에 4대 국 정 기조를 내세우면서 문화 융성을 포함시킨 것도 같은 맥락 이다.

다만 확고한 철학이 있었다. 문화 콘텐트 산업을 정부가 주도해서는 안 된다는 것이다. 문화나 스포츠 진흥을 정부가 주도하면 반드시 한계가 있을 수밖에 없다. 특히 문화 융성의 핵심은 창의적인 아이디어와 인재인데 이것은 어디까지나 민간의 자율성에서 나올 수 있는 것이고, 정부는 이런 것을 뒷받침하면 된다는 게 나의 생각이었다.

이렇게 해서 창의적인 아이디어를 통해 문화 산업이 발전하면 우리 기업의 브랜드 가치나 국가의 이미지도 높아지기 때문에 이것이 다시 관광 수요 등을 일으키면서 새로운 일자리나 먹거리 창출까지 활성화시키는 동력이 될 것이라고 생각했다.

그래서 문화를 후원하는 우수 기업에는 세제 혜택도 주고 최저생계비로 생활하는 예술인은 실업급여 기준에서 월 100만 원씩 최대 8개월간 준다든지 하는 국민의 문화권을 최초로 보장하는 법안 등을 만들기도 했다. 나 역시 문화·체육 활성화를 위한 기업들의 초청행사에도 참석하고 활성화 방안을 논의하기도 했다. 이 외 행사에서 기업인들을 만나게 될 때도 나는 "21세기는 역시 문화가 대세 아니냐. 우리한테는 한류라는 소중한 자산이 있으니 이를 통해 우리나라가 더 많이 발전해 나갈 수 있도록 민간에서 관심을 많이 갖고 호응해 달라. 한류가 세계로 확산되면 결국 우리 기업들도 브랜드 가치가 올라가 좋을 것"이란 취지의 이야기를 자주 하곤 했다. 많은 기업인이 이에 공감을 표시했다.

내가 기업들에 문화와 관련해 부탁한 것은 이것이 전부였다. 그렇기에 이런 부분에 대해 솔직히 말하고 이해를 구하면 국민도 어느 정도 납득하지 않겠느냐고 생각했던 것이다.

다만 안종범 수석이 언론 등에서 제기하는 비선 실세 의혹을 인정하는 것이 어떻겠느냐는 이야기를 꺼냈을 때는 크게 화를 냈다. 왜냐하면 최서원 원장을 '비선 실세'로 인정한다면 그녀가 그만큼 권력을 휘두르고 다닌 것이 사실이라는 이야기이기 때문이다. 그렇다면 왜 민정수석을 비롯한 참모들이 나에게 그런 사실을 보고하지 않았는지 도무지 이해가 되지 않았다. 아무런 보고나 조언도 하지 않다가 언론 보도가 터지니까 그때서야 느닷없이 비선 실세를 인정하자고 하니 어처구니가 없단 생각이 들었던 것이다. 모두 최 원장이 벌이고 다닌 일들을 알고 있으면서 나에게 제대로 알리지 않은 것이냐는 생각이 들면서 배신감마저 느껴졌다.

그럼에도 최 원장의 행적을 정확히 파악했어야 했는데 그러지 않았던 것이 나의 큰 실책이었다. 이때까지만 해도 나는 최 원장이 설마 그런 정도로 엉뚱한 일을 벌이고 다녔을 거라고는 전혀 생각지 못했다. 오랜 세월 봐왔고 내가 어려울 때도 대가를 바라지 않고 도왔기 때문이다.

최 원장이 독일에 비덱 스포츠라는 회사를 세워 삼성으로부터 돈을 받았다는 보도가 10월 중순에 나왔을 때는 사실을 한 번 확인해봐야겠다는 생각이 들었다. 그래서 그녀에게 전화를 해서 "지금 언론에 보도되고 있는 비덱이라는 회사를 아느냐"고 물었더니 최 원장은 나에게 "대통령님, 비덱이 뭔가요?"라고 반문했다. 전혀 모른다는 것이었다. 나는 그렇게 말한 그녀를 믿었다. 그녀가 설마 나에게 거짓말을 할 것이라고는 생각조차 하지 못했다. 이것이 최 원장과의 마지막 통화였다.

얼마 후 언니 최순득 씨로부터 최 원장과 관련한 연락이 왔을 때도 나는 최 원장의 귀국을 종용했다. 돌아와서 모든 것을 소상히 밝히면 국민의 오해도 어느 정도 풀리지 않을까 생각했다.

어쨌든 사회 혼란이 커지는 것을 막고 분위기를 수습해야 한다는 수석들의 요구는 일리가 있었다. 그래서 나는 10월 20일 청와대에서 주재한 수석비서관회의에서 미르·K스포츠 재단 의혹과 관련해 "만약 어느 누구라도 재단과 관련해 자금 유용 등 불법행위를 저질렀다면 엄정히 처벌받을 것"이라고 밝혔다. 또 "저는 오로지 국민들께서 저를 믿고 선택해주신 대로 국민을 위하고 나라를 지키는 소임을 다하고 제가 머물던 곳으로 돌아가는 것 외에는 어떠한 사심도 없다"고 강조했다. 이것은 사실이었다. 나는 퇴임을 하면 자연인으로 돌아갈 계획이었지, 재단을 만들어 무언가를 또 하겠다는 생각은 전혀 하지 않았다. 그러나 10월 24일 저녁 JTBC의 보도가 나오자 상황은 생각지도 못한 방향으로 걷잡을 수 없이 흐르기 시작했다.

"이러려고 대통령을 했나"

JTBC 보도 다음 날인 10월 25일 오전 정호성·이재만·안봉근 비서관 3인, 그리고 안종범 정책조정수석, 우병우 민정수석, 김성우 홍보수석 등과 함께 대책을 논의했다. 모두들 더 늦어지기 전에 최서원 원장 문제에 대해 사과를 해야 한다는 의견이었다. 그렇게 해서 사과문을 발표하기로 결정했는데 결과적으로는 이것이 돌이킬 수 없는 악수가 되어버렸다.

나는 그때만 해도 최 원장을 사적으로 청와대로 부른 일이나 연설 원고를 몇 차례 보여주고 의견을 구한 것 정도만 문제가 된 것이라고 생각한 것이다. 정호성 비서관을 통해 원고를 전하고 의견을 구한 것은 사실이니 내가 계속 모른 체 버티면 결국 정 비서관이 다칠 수밖에 없었다. 그건 나로서는 용납할 수 없는 일이었다. 그래서 이 문제는 내가 국민 앞에 진솔하게 사과를 한다면 되지 않겠냐는 것이 솔직한 심정이었다. 사과문의 초점도 '대통령 취임 후 개인적 인연이 있던 최순실 씨로부터 대통령 일부 자료에 대해 의견을 들은 적이 있는데 이게 국민들에게 심려를 끼쳤다면 송구스럽게 생각한다'는 것이었다.

그러나 정작 사과문을 받아들이는 정치권과 언론의 분위기는 전혀 달랐다. 내가 미처 파악하지도 못한 각종 의혹에 대해 100% 인정한 것처럼 받아들인 것이다. 최 씨가 청와대 비서관들을 자기 집 수족처럼 부렸다든지, 국정에 깊숙하게 개입해 중요한 결정을 했다든지, 나와 공모해 기업들에 돈을 요구했다는 등의 의혹들도 그에 포함됐다. 나는 터무니없다고 여겼지만 사회 분위기는 정반대로 흘러갔다. 여론의 속성을 예견하지 못했던 것이 내 불찰이었다.

어떤 사람들은 10월 25일 대국민 사과로 인해 사실상 나의

2016년 10월 25일 오후 청와대 춘추관에서 연설문과 발언 자료 등이 최서원 씨에게 유출된 것에 대해 대국민 사과를 했다.

탄핵이 결정된 것이라고 말한다. 아닌 게 아니라 그 사과 이후 민심은 순식간에 한쪽으로 기울었다. 지금 와서 생각해 보면 사과를 하더라도 내가 인정할 부분과 내가 모르는 부분은 명확히 선을 그었어야 했다. 또 최 원장 사건의 진상을 파악하려면 시간이 필요한 만큼 사과를 그렇게 서두를 일도 아니었던 것 같다. 실제로 최 원장이 나 모르게 어떤 일을 했는지 제대로 알게 된 시점은 탄핵 이후 구속 상태에서 재판을 받으면서였던 것이다.

10월 27일 김수남 검찰총장이 '비선 실세 국정농단' 사건에 대해 이영렬 서울지검장을 본부장으로 임명해 특별수사본부를 꾸렸다. 특수본은 독립적으로 수사하면서 검찰총장에게만 직접 보고하겠다고 선언했다. 청와대는 고려하지 않고 검찰이 독자적으로 움직이겠다는 메시지였다.

●

우병우·안종범 등 줄줄이 사표 내며
청와대 기능 무력화

10월 24일 JTBC 보도 이후 워낙 많은 의혹이 사실이 아닌 것들과 뒤섞여 터져 나오는데, 나조차도 알 수 없는 일들이 자꾸 보도되는 상황이었다. 나로서도 무엇이 벌어진 것인지 알아야 대책을 세우든 말든 할 텐데 아무것도 알지 못하는 상태이니 수사를 지켜볼 수밖에 없겠다는 생각이 들었다. 거기서 사실과 사실이 아닌 것이 판명 날 것으로 생각했다. 사실 이런 경우에는 우병우 민정수석으로부터 상황에 대한 확인과 검찰의 입장 등을 보고받아야 했지만 우 수석은 "검찰이 자기들끼리 하려는 것 같다"고만 말할 뿐이었다. 이미 청와대의 기능도 심각하게 망가지고 있었다.

결국 10월 31일에는 이원종 비서실장을 비롯해 우병우 민정수석, 안종범 정책조정수석, 김재원 정무수석, 김성우 홍보수석과 이재만·정호성·안봉근 비서관이 모두 사직서를 내고 물러났다. 이재만·정호성·안봉근 비서관은 내가 1998년 정계에 입문을 할 때부터 18년 동안 정치의 생사고락을 함께한 관계였지만 헤어질 때는 개별적으로 짧게 인사를 주고받을 수밖에 없었다. 이후 그들을 다시 만날 수 없었다.

나가는 사정도 각각 달랐다. 정호성 비서관과 안종범 수석은 당시 최서원 원장 문제로 수사 대상이 되어 불가피한 측면이 있었다. '책임을 지겠다'며 나간 인사들도 있지만, 김성우 홍보수석 같은 경우는 내가 "잘못한 게 없는데 나갈 필요가 있느냐"고 붙잡아도 "나갈 수밖에 없는 사정이 있다"고 사퇴를 고집했다. 나가겠다는 사람들을 어떻게 붙잡을 방법이 없었다.

모두가 이렇게 한꺼번에 빠져나가니 청와대는 완전 공백 상태가 됐고 이후 정국 대응에도 많은 어려움을 겪게 됐다. 최서원 원장이 무슨 일을 하고 다녔는지 다소나마 아는 인사들이 사라지니 이에 대한 나의 대응도 계속 문제가 생길 수밖에 없었다.

청와대 분위기는 말할 수 없이 어두웠지만 어쨌든 빨리 후속 인사를 통해 조직을 추스를 필요가 있었다. 우병우 민정수석의 후임으로는 최재경 전 대검 중수부장을 발탁했다. 가까운 정치인으로부터 적격 인사라고 추천을 받았다. 그런데 11월 20

일 검찰이 안종범 수석과 정호성 비서관 등을 기소하면서 나와 공모한 혐의가 있다고 발표하자 최재경 수석도 11월 23일 사의를 표명했다. 임명장을 받은 지 5일 만이었다. 김현웅 법무부 장관 역시 특검법이 통과되면서 사직서를 제출했다.

•

불발로 끝난 김병준 카드…
국회에 총리 추천 부탁해도 묵묵부답

나는 어떻게든 정국 흐름을 바꾸기 위해 11월 2일 새 총리로 김병준 전 부총리를 지명했다. 또 한광옥 인수위 국민대통합위원장을 새 비서실장으로 임명했다. 모두 고심을 거쳐 결정한 인사였다.

김 전 부총리는 노무현 정부 시절 비서실장과 교육부 장관 등을 역임했는데 여권 내 여러 인사에게 조언을 구한 결과 그가 맡는 것이 좋을 것이라는 결론을 내렸다. 한 위원장은 동교동계 출신으로 민주당에서 오래 활동했지만, 2012년 대선에서는 나를 도왔고 정권 초기 국민대통합위원장을 맡기도 했다. 황교안 총리도 한 위원장을 추천했는데, 푸근하고 원만한 인품이 강점이어서 이런 시기에 적격이라고 생각했다. 두 사람 각각 김대중·노무현 정부에서 중용된 경험이 있는 만큼 파격적인 인사라는 평이 있었는데, 야당에서도 어느 정도 이해를 구할 수 있을 것으로 기대했다.

하지만 이후 전개는 희망과 다르게 흘러갔다. 야당에서는 국회와 상의 없이 인선을 결정했다며 반발했고 새누리당 비박계에서도 이에 동조했다.

이들은 거국중립내각이 아니면 받지 않겠다는 입장이었다. 즉, 자신들이 원하는 인사를 총리에 앉히고 내각도 국회가 합의해 구성하겠다는 것이었다. 하지만 이것은 대통령중심제라는 헌법 취지에도 맞지 않고, 내각 구성을 위한 여야 협상 과정이 길어질 수도 있었다. 오히려 혼란이 가중될 수도 있었다. 나의 이런 뜻을 전하기 위해 한광옥 비서실장은 11월 7일 국회를 방문했지만 추미애 더불어민주당 대표를 만나지도 못했다. 여당도 힘을 실어주지 못했다. 대통령비서실장이야 내가 마음대로 임명할 수 있지만, 인사청문회 등을 거쳐야 하는 국무총리는 야당의 협조 없이는 임명이 불가능했다.

그래서 나는 물러설 수밖에 없었다. 나는 11월 8일 국회를 방문해 정세균 국회의장을 만나 "여야가 합의해 총리로서 좋은 분을 추천해 주시면 좋겠다"고 부탁했다. 나라가 굉장히 어지럽고 마치 전복이라도 될 것 같은 혼란한 상황이었고, 그에 대한 무한책임을 느꼈기 때문에 무엇이라도 양보해 일단은 사회가 안정을 되찾을 수 있도록 하는 것이 나의 역할이라고 생각한 것이다. 하지만 이후에도 국회는 딱히 의견을 내놓지 않았고 결국 황 총리로 그대로 이어질 수밖에 없었다.

한편 10월 29일부터 광화문광장에서 열린 촛불 시위는 점점 규모가 커지고 있었다. 1만 2000명(경찰 추산)으로 시작했으나 11월 중순이 되자 200만 명까지 늘어났다는 보도가 나왔다. '어디선가 시위를 조직화하는 것이 아닐까'라는 의구심이 전혀 없었던 것은 아니다. 그래서 이듬해 1월 25일 '정규재 TV'와의 인터뷰에서 "광우병과 이번 사태는 근거가 약했다는 점에서 서로 유사한 점이 있다고 느끼고 있다"고 말하기도 했는데, 다소 흥분된 상황에서 나온 정제되지 못한 표현이었다. 어쨌든 나는 시위 상황을 TV로 보면서 국민들의 분노가 크다는 것을 충분히 실감하고 있었다.

혼란이 점점 확산되는 것을 보면서 나로서는 어떻게든 입장 표명을 또 할 필요가 있다고 생각했다. 10월 25일 첫 사과문을 발표했을 때와는 상황이 많이 달라졌다. 10월 30일에는 최서원 원장이 독일에서 귀국했고 검찰 조사를 통해서도 여러 가지 문제가 확인되고 있었다. 언론도 각종 의혹을 추가로 계속 보도했다.

●

2차 사과문,
"이러려고 대통령 했나 자괴감이 듭니다"

첫 사과문을 발표할 때만 해도 나는 최 원장에 대한 믿음이 조금은 남아 있었고 뭔가 오해가 있었을 거라는 기대가 없지 않았다. 하지만 이제는 그녀가 큰 잘못을 저지른 것이 확실해지고 있었다.

그렇게 해서 11월 4일 발표한 2차 대국민 사과문에서 나는 "최순실 씨 관련 사건으로 이루 말할 수 없는 큰 실망과 염려를 끼쳐드린 점 다시 한번 진심으로 사과드립니다"라고 말했다. 이어 "가장 힘들었던 시절에 곁을 지켜주었기 때문에 저 스스로 경계의 담장을 낮췄던 것이 사실입니다. 돌이켜보니 개인적 인연을 믿고 제대로 살피지 못한 나머지 주변 사람들에게 엄격하지 못한 결과가 되고 말았습니다"라고 잘못을 인정했다. 나는 "필요하다면 저 역시 검찰의 조사에 성실하게 임할 각오이며 특별검사에 의한 수사까지도 수용하겠습니다"고 밝혔다.

이날 나는 "무엇으로도 국민들의 마음을 달래드리기 어렵다는 생각을 하면 내가 이러려고 대통령을 했나 하는 자괴감이 들 정도로 괴롭기만 합니다"라고 했는데 솔직한 나의 심정이었다. 참모진과 논의할 때 이 표현을 빼는 게 좋겠다는 의견도 나왔지만, 나는 직접 이 문구를 넣었다.

다만 내가 최 원장을 불러 굿을 했다든지 사이비 종교에 빠졌다든지 하는 이야기는 정말 사실과 다른 왜곡이었기 때문에 이런 점들에 대해서는 바로잡히기를 바란다고 덧붙였다.

또한 사태가 여기까지 오게 된 데는 물론 내가 주변을 제대로 관리하지 못한 책임이 있지만, 야당이 마치 내가 최 원장과 공모해 사익을 챙기려고 했던 것처럼 몰아가는 것은 납득할 수 없었다. '경제공동체'라는 이야기를 처음 들었을 때도 그랬다. 옷값도 내가 냈고 최 씨로부터 돈을 받은 적도 없는데 왜 '경제공동체'로 묶는지 받아들이기 어려웠다. 그런 만큼 나는 향후 검찰 조사 등을 통해 이런 점들이 명확히 밝혀지길 바랐다.

•

선거 때마다 애타게 찾던 이들도
등 돌려

하지만 국회의 분위기는 검찰 조사 결과를 기다릴 틈이 없다는 양 급박하게 굴러갔다. 내가 겪은 바로는 정치인들은 이해관계에 따라 행태가 변화무쌍하다. 아버지가 돌아가신 뒤로 줄곧 각인된 것이지만 이때도 새삼 느끼게 됐다.

선거 때마다 나에게 많은 이들이 도움을 요청했다. 박빙의 지역일수록 내가 한 번 다녀가면 분위기가 달라져 선거 결과를 뒤집을 수 있었기 때문이다. 대구·경북뿐 아니라 서울·수도권이나 충청 등 전국 곳곳을 돕기 위해 찾아갔다. 하지만 내가 어려워지자 대부분 등을 돌렸다. 선거 때마다 애타게 나를 찾았던 이들도 여지없었다. 나중의 일이지만 탄핵 표결에서 찬성표를 던지고도 안 던진 것처럼 행동했던 이들도 있었다고 들었다.

JTBC의 '최순실 태블릿 PC' 보도가 나온 2016년 10월 24일부터 국회에서 탄핵안이 통과된 12월 9일까지는 고작 47일간이다. 이 짧은 기간 동안 대통령 탄핵이라는 초유의 상황이 진행될 수 있었던 것은 여당의 분열이 큰 요인이었다.

처음 태블릿 PC 보도가 나왔을 무렵 야권에서 요구한 것은 거국중립내각을 구성하고 나에게는 2선 후퇴를 하라는 것이었다. 하지만 중립적 인사라고 판단한 김병준 전 부총리를 총리로 지명하자, 지명 철회와 거국중립내각을 요구하며 하야나 탄핵을 거론하기 시작했다. 내가 정치에서 완전히 물러나는 것 외엔 협상의 여지가 없는 듯했다. 여기에 여당 일부가 야당에 동조하면서 분위기가 이미 탄핵 쪽으로 넘어가버린 것이다.

11월 15일 국회에 제출된 특검법안은 일사천리로 17일 통과됐다. 심지어 특별검사는 여야 합의가 아니라 야당인 더불어민주당과 국민의당이 합의해 2명을 추천하면 내가 1명을 임명하도록 되었다.

박영수 특검 임명,
화천대유 부패 상상 못 해

당시 특검 후보는 박영수 전 서울고검장과 조승식 전 대검 형사부장이 올랐다. 이 두 명 중 박영수 전 서울고검장을 선택한 것은 최재경 민정수석의 추천이었다. 당시 내 처지가 다른 누군가와 더 논의할 상황도 아니어서 그대로 결정했다. 당시엔 박 전 고검장이 화천대유와 엮여 뒤에서 그런 부패를 저지른 인사였을 줄은 꿈에도 생각하지 못했다. 물론 먼 훗날의 이야기지만.

11월 17일부터 국회에서 국정조사가 시작됐다. 12월 6일 1차 청문회에는 이재용 삼성 부회장, 신동빈 롯데 회장, 최태원 SK 회장 등 대기업 총수들이 나왔고, 7일 2차 청문회에는 차은택 전 창조경제추진단장, 고영태 전 더블루K 이사, 장시호(최서원의 조카), 이성한 전 미르재단 사무총장, 정현식 전 K스포츠재단 사무총장 등 최서원 원장 주변 인물들도 나왔다. 청와대에서는 김기춘 전 비서실장이 나갔다. 나도 TV를 통해 국정조사를 지켜봤다.

내가 미처 알지 못했던 내용이 많았다. '고영태'라는 이름이나 얼굴은 이때 처음 봤는데, 미르재단과 K스포츠재단의 설립과 운영 과정에서 내가 전혀 생각지도 못했던 일들이 벌어졌다는 것을 비로소 알게 됐다. 국정조사를 통해 관련자들의 진술이 국민들에게 생생하게 전달되면서 분위기는 더욱 악화됐다. 검찰 조사와 언론 보도도 계속 쏟아지고 있었다. 검찰은 11월 20일 그동안의 수사 결과를 발표하면서 나를 공범으로 명시해 안종범 전 정책조정수석, 정호성 전 비서관을 최서원 원장과 함께 일괄 기소했다.

이 무렵부터 정치권에서는 탄핵 논의가 급물살을 탔다. 검찰이 나를 공범으로 적시하면서 안종범 수석 등을 기소한 날, 문재인 전 더불어민주당 대표와 안철수 전 국민의당 대표, 박원순 서울시장, 안희정 충남지사, 김부겸 의원과 이재명 성남시장 등 야권 대선주자 6명과 정의당 대표 심상정 의원, 국민의당 전 공동대표 천정배 의원을 포함한 8명이 모인 비상시국 정치회의에서 "국민적 퇴진 운동과 병행해 탄핵 추진을 논의해줄 것을 국회와 야 3당에 요청하겠다"고 밝혔다. 처음으로 탄핵 추진을 공개선언한 것이다. 문재인 전 대표는 "박 대통령이 현직 대통령에 대한 특권으로 형사소추를 당하지 않은 것일 뿐 구속될 만한 충분한 사유가 확인됐고, 법적으로 탄핵사유도 충분하다는 사실도 확인됐다"고 말했다.

•

신문으로 접한 '김무성,
탄핵 추진 앞장선다'

11월 21일 더불어민주당은 의원총회를 열어 탄핵을 당론으로 채택했다. 여당 내에서 나를 옹호하는 움직임은 없었다. 이미 국정조사에서도 여당 의원들의 발언 수위가 야당 못지않았다. 11월 23일에는 김무성 의원이 대선 불출마와 함께 탄핵 추진에 앞장서겠다고 발언한 것을 신문 기사를 통해 접했다. 당으로부터는 어떤 언질도 받지 못했다. 그때 심정은 뭐라 형언하기 힘들었다. 하지만 나로서는 할 수 있는 게 아무것도 없었다. 그저 지켜보는 수밖에.

당시 새누리당 대표는 친박계인 이정현 의원이었지만, 당지도부는 이미 모든 힘을 잃은 상태였고, 당이 돌아가는 상황에 대해 어떤 보고나 연락을 받지 못했다. 11월 28일에는 서청원, 정갑윤, 최경환 등 친박계 중진 의원들이 오찬 회동을 갖고 "개헌을 통한 질서 있는 퇴진이 필요하다"는 의견을 모으고 청와대에 전달했다.

나는 이런 의견들을 종합해 11월 29일 3차 사과문을 통해 "대통령직 임기 단축을 포함해 진퇴 문제를 국회의 결정에 맡기겠다. 국회 일정에 따라 대통령직에서 물러나겠다"고 발표했다. 국내외 여건이 어려워지고 있는 상황에서 어떻게 하는 길이 옳은 것인지 고민한 결과였다. 나는 정치권이 논의해 무엇보다도 국정 혼란을 최소화하고 안정적으로 정권을 이양할 수 있는 방안을 국회에서 만들어주는 것이 가장 좋다고 생각했다. 새누리당은 12월 2일 의총을 열어 나의 4월 퇴진과 6월 대선을 결정했다.

만약 임기 단축 제안이 받아들여졌더라면 한국 정치사가 크게 달라졌겠지만, 야당은 나의 임기 단축 제안조차도 받아들이지 않겠다고 했다. 오직 탄핵밖에 없다는 자세였다. 야당은 질서 있는 퇴진보다 나를 탄핵하는 게 정권을 가져오는 데 유리하다고 판단한 듯했다. 촛불 시위 규모가 커지면서 여당 내 강경파도 '4월 퇴진-6월 대선'에 반발하며 야당의 탄핵론에 동조하기 시작했다. 결국 더불어민주당, 국민의당, 정의당 등 야 3당이 12월 3일 오전 대통령 탄핵소추안을 공동발의했다. 표결은 12월 9일로 잡혔다.

•

'4월 퇴진' 수용했지만
새누리당 상당수 탄핵으로 기울어

탄핵 표결을 사흘 앞둔 12월 6일 오후 이정현 새누리당 대표와 정진석 원내대표가 청와대로 찾아와 나와 55분간 회동을 가졌다. '4월 퇴진-6월 대선'에 대한 나의 입장을 듣기 위해서였다. 나는 '4월 퇴진-6월 대선'을 받아들이겠다는 입장을 전했다. 그 뒤 곧바로 이정현 대표는 새누리당 의원총회를 열어 탄핵 부결을 호소했다. 하지만 이미 새누리당에서 상당수 의원이 탄핵으로 마음이 기운 뒤였다.

그래서 나는 탄핵안이 통과될 것이라는 마음의 준비는 어느 정도 하고 있었다. 헌법재판소에서 탄핵안의 정당성에 대해 다퉈보는 수밖에 없었다. 새누리당에서 홍문종 의원 등 몇몇 의원이 탄핵 표결 직전까지 분위기를 바꿔보려 애쓰고 있다는 소식이 들렸지만, 분위기는 이미 결정 난 것이나 다름없었다. 12월 9일 국회 표결에서 탄핵소추안은 찬성 234, 반대 56으로 통과됐다.

돌이켜보면 최서원 원장에 대한 언론 보도가 처음 나왔을 때 사실관계를 확실하게 조사하고 보고를 받았다면 단호한 조치를 취했을 텐데 그러지 못한 것이 가장 후회스럽다. 그랬으면 그 이후 벌어질 온갖 국정 혼란을 막을 수 있지 않았을까 생각한다. 잘 모르는 상황에서 최 원장에 대해 제대로 알아보지 않은 결과, 성급하게 사과문을 발표하기도 하고 여론을 더 악화시키는 악수를 많이 뒀다.

더 거슬러 올라간다면 2016년 총선에서 1당을 놓쳤던 것은 정부와 여당에 대한 국민들의 경고가 한 차례 나온 것이었다. 그에 따라 민심을 겸허하게 받아들이고 바뀌어야 한다는 생각을 했음에도 주변을 제대로 살피지 못했다는 점을 뼈아프게 생각한다.

정세균 국회의장이 2016년 12월 9일 오후 국회 본회의에서 탄핵소추안 가결을 선포하고 있다. 탄핵소추안은 찬성 234, 반대 56으로 통과됐다.

탄핵에
찬성한 의원들

2016년 12월 9일 국회에서 탄핵소추안이 가결됐을 때 나는 청와대 관저에서 홀로 생중계 장면을 지켜보고 있었다. 어느 정도 마음의 준비를 한 상태였기 때문에 심정은 담담했다. 탄핵안 가결 직후 수화기를 들어 국무회의를 소집하라고 참모진에게 지시했다.

"이번 국무회의를 간담회 형식으로 소집하면 좋겠습니다."

나는 그 직후 최재경 민정수석의 사표도 수리했다. 사실 최
수석의 사표를 수리하기까지는 우여곡절이 있었다. 최 수석은
탄핵안이 가결되기 16일 전인 11월 23일 사의를 표명했다. 우
병우 민정수석의 뒤를 이어 10월 31일 임명됐으니 한 달도 채
안 돼 물러나겠다는 뜻을 밝힌 것이다.

●

한 달도 안 돼
물러난 민정수석

최 수석은 검찰 특수수사본부(특수본)가 이른바 '국정농단 사
건'의 중간수사 결과를 11월 21일 발표하면서, 내가 최서원 원
장 등과 상당 부분 공모관계에 있다고 밝힌 것을 두고 "책임지
겠다"고 했다. 하지만 나는 가뜩이나 혼란스러운 시기에 민정
수석이 청와대 내부에서 중심을 잡아줬으면 하는 마음에 "더
계셨으면 좋겠다"고 만류했다. 하지만 최 수석은 자유롭게 외
부에서 재판 등을 돕는 것이 오히려 제약이 없을 것이라고 나
를 설득했고, 나는 사표를 수리하는 쪽으로 마음이 기울었다.

하지만 이 소식을 들은 다른 참모들은 내게 면담을 요청해 최 수석의 사표 수리를 보류해 달라고 요청했다. 한 참모는 "지금 이런 상황에서 민정수석까지 사표를 내고 나가면 마치 가라앉은 배가 된 것같이 외부에 잘못된 인상을 줄 수 있다"고 설득했다. 다른 참모는 "위기인 만큼 일단 민정수석이 자리를 굳건하게 지켜야 실시간 대응이 가능하다"고 말했다.

이런 요청이 이어지면서 나도 당분간 사표 수리를 보류하기로 마음먹었다. 하지만 탄핵안이 국회에서 가결돼 대통령 직무가 정지되면서 사표 수리를 더는 미룰 필요가 없다고 생각했다.

최 수석은 후임으로 조대환 변호사를 추천했다. 처음에는 민정수석을 공석으로 두고 선임비서관인 민정비서관으로 수석 역할을 대행시키면 어떨까 하고 생각했다. 이에 대해 조언을 구하자 한 참모는 "권한 정지가 되면 구체적으로 민정수석이 할 수 있는 일이 한정되기 때문에 군이 수석을 임명하지 않고 민정비서관으로 대행해도 큰 무리가 없을 것"이라고 의견을 줬다. 또한 조 수석 임명을 두고 참모진 내부에서도 반대하는 의견이 있었다. 되돌아 생각해보면 당시 조 수석을 임명하지 않는 것이 옳지 않았나 생각한다.

•

"가슴속에서
피눈물이 흘렀다"

12월 9일 오후 담담한 마음으로 비공개 국무회의를 소집했
는데, 함께 고생한 국무위원들의 얼굴을 보자 감정이 북받치
면서 눈시울이 붉어졌다. 마음을 가다듬고 침착하게 입을 열
었다.

"내 부덕이고 불찰입니다. 국가가 혼란해져 송구합니다. 국회
와 국민의 목소리를 들어 혼란을 잘 수습해 주기 바랍니다. 헌
법과 법률의 절차에 따라 헌법재판소 심판과 특검 조사에 차분
하고 담담하게 임하겠습니다. 합심해서 국정 공백을 최소화시
키고, 취약계층의 삶을 잘 살피고, 민생의 사각지대가 없도록
해 주십시오. 국민은 공직자를 믿고 의지합니다."

국무위원들은 다들 침통한 표정이었다. 유일호 경제부총리
와 이준식 교육부총리, 윤병세 외교부 장관, 한민구 국방부 장

관 등의 순서로 발언했고, 황교안 국무총리도 "송구스럽다"고 밝혔다.

그런 국무위원들을 바라보니 마음이 그렇게 아플 수 없었다. 정치는 모든 것을 아울러야 하고, 정책은 그런 정치의 중요한 부분이다. 정치라는 것은 결국 정책으로 표현된다는 것이 내 신념이었다. 입만 살아서 "국민을 위한다"고 백 번 이야기하는 것보다 국민을 위한 반듯한 정책 하나를 내놓는 것이 정치인과 관료의 자세라고 믿어왔다.

부처 장관들과 나는 탄핵안이 가결될 때까지 그 정책을 제대로 구현하기 위해 쉼 없이 달려왔다. 나는 장관 한 명 한 명이 정책을 실현하기 위해 어떤 노력을 해왔고, 얼마나 열정을 가지고 애써 왔는지를 누구보다 잘 알았다. 국민에게 필요로 하지만 당장은 티가 나지 않는 일들도 혼신의 힘을 다해 노력한 그들을 더는 대통령으로서 도울 수 없다고 생각하니 가슴속으로 피눈물이 흘렀다.

나는 장관 한 분 한 분을 거명해 감사의 뜻을 표하고, 당부의 말도 함께 전했다. 회의장 여기저기서 흐느끼는 소리가 들렸고, 일순간 분위기가 가라앉았다. 나는 다시 한번 미안함을

2016년 11월 18일 청와대에서 열린 신임 정무직 임명장 수여식에서 최재경 민정수석에게 임명장을 수여했다. 최 수석은 임명장을 받고 닷새 뒤인 11월 23일 사의를 표명했다. (위)

2016년 12월 9일 국회에서 탄핵소추안이 가결된 직후 청와대에서 국무위원 간담회를 소집했다. (아래)

전했다.

"마음이 아플 줄 알았지만, 마음속 피눈물이 이런 것이라는 것을 느낍니다. 대통령으로서 국정 과제를 하지 못하게 되고, 힘이 돼주지 못해 피눈물이 납니다. 이제 대통령 몫까지 여러분이 최선을 다해 주십시오. 내가 가야 할 길은 멈췄지만, 여러분은 그렇지 않습니다. 흔들림 없이 해주십시오."

회의가 끝나고 자리를 돌면서 일일이 참석자들과 악수하는데, 마음이 편치 않았다. 돌이켜보면 그때가 장관들과 사실상 마지막으로 얼굴을 마주한 날이었다.

●

탄핵 찬성 명단 보고 새삼 느낀
정치의 무정함

관저에서 머물면서 마음을 추스르는데, 탄핵안이 가결되기 직전의 상황이 떠올랐다. 가결 3일 전쯤 이정현 새누리당 대표와 정진석 원내대표가 청와대를 찾아와 면담한 일이 있다. 이 자리에서 두 사람은 탄핵안 표결을 당론으로 정하지 않고, 자유투표에 맡기겠다는 뜻을 전했다. 이 대표와 정 원내대표 모두 안타깝다는 표정이었다. 거기에 대고 대통령으로서 무슨 말을 할 수 있었겠는가. 그냥 묵묵히 듣고 있는 방법밖에는 없었다.

며칠 뒤 탄핵안이 가결되고, 찬성한 의원 62명의 명단이 시중에 나돌았다. 과거 이른바 '친박 무소속 연대' 소속이었고, 이후 친박임을 자처하며 활동해 온 3선의 A의원이나, 내가 새누리당 비대위원장이던 2012년 총선에서 자신이 위태롭다고 지원 유세를 간곡하게 부탁해 곁에서 도왔던 수도권 재선인 B의원 등이 찬성 명단에 들어있는 것도 마음을 쓸쓸하게 만들었다.

이 외에 2012년 총선 때 경기 지역에서 내가 시장통을 구석구석 돌며 유세를 도왔던 재선 정책통 C의원, 그리고 역시 '친박 무소속 연대' 소속으로 친박임을 강조하던 4선의 D의원의 이름도 나를 힘들게 했다.

당시 탄핵안 표결은 당론 없이 자율투표로 진행됐고, 나 역시 표결 결과를 존중하고 결과를 겸허하게 받아들였다. 대통령으로서 국회에 미안함도 적지 않았다. 하지만 앞서 말한 의원들은 누구보다도 '친박'임을 강조하면서 이를 발판으로 선거에서 승리하고 의원직을 이어갔던 이들이었다. 정치란 참으로 무정하다는 것을 새삼 느끼는 순간이었다.

•

탄핵안 가결 직후
칼 빼든 검찰

검찰은 탄핵안 가결 직후부터 본격적으로 칼을 빼들었다. 12월 11일 이른바 '최순실 게이트' 수사 결과를 발표하면서 최 원장을 구속기소했다. 이를 지켜보며 많은 생각이 들었지만, 검찰이 절차에 따라 수사하고 있는데, 내가 어떤 식으로든 개입할 문제는 아니라고 생각했다.

5일 뒤인 12월 16일에는 새누리당에서 이정현 대표가 사퇴했고, 최고위원들도 일괄 사퇴했다. 사실 이 대표가 어느 시점에서 물러날 것이라고는 예상했지만, 그렇게 곧바로 사퇴할 것이라고는 생각하지 않았기 때문에 실망스러운 감정이 몰려왔다. 하지만 직무정지 상태에서 관저에 칩거하고 있었기 때문에 어디에 하소연할 곳도 없어서 답답했다.

관련자들에 대한 법적 절차는 속전속결로 이뤄지는 듯했다. 12월 19일 최서원 원장과 안종범 전 정책조정수석, 정호성 전 비서관에 대한 첫 공판준비기일이 열렸다. 나 역시 헌법재판소의 탄핵 심판에 대비하느라 눈코 뜰 새 없이 바빴다.

12월 29일에는 탄핵심판 법률 대리인단 9명 전원을 상견례 차 청와대로 초청해 만났다. 이동흡 전 헌법재판관도 고문 자격으로 참석했다. 대리인단은 사표를 내고 물러난 최재경 전 민정수석이 구성했다. 최 수석은 청와대 밖에서 나름대로 애써서 대리인단을 구성했지만, 결과적으로는 아쉬운 부분이 있었다. 당시 최 전 수석과 대리인단은 탄핵심판과 특검 수사를 분리해 대응하자고 주장했다. 하지만 돌이켜보면 대리인단 측과 이른바 특검에 대응하는 변호인단을 분리하지 말고 통합하는 게 나았을 것 같다. 양측을 분리한 뒤 재판이나 탄핵심판을 진행하면서 여러 차례 소통 문제가 불거졌기 때문이다. 그뿐 아니라 사건에 대한 이해도가 양측의 변호인단이 제각각이라

협력하는 데도 애를 먹었다. 변호인단은 각자 위치에서 최선을 다했지만, 어쨌든 초기에 양측을 분리하자는 건의를 받아들인 건 나의 오판이었다는 생각이 든다.

•

김무성·유승민 신당 창당, 고질적 이합집산

탄핵안 가결 뒤 정치권도 술렁대기 시작했다. 2016년 12월 27일 김무성 전 대표, 유승민 전 원내대표 등 현역 의원 29명이 새누리당을 집단 탈당해 개혁보수 신당을 창당하겠다고 선언했다.

이 소식을 듣고 나는 또다시 한국 정치의 고질적인 이합집산 행태가 벌어진다고 생각했다. 만약 일반 회사라면 구성원들이 이념·가치가 달라도 얼마든 함께 일하고 목표를 실현할 수 있다. 하지만 정당은 구성원 간에 세부적으로는 의견 차이가 있을 수 있더라도, 적어도 추구하는 큰 틀의 가치와 이념은 일치해야 하지 않을까. 또 싸우더라도 당을 깨고 나갈 것이 아니라 정당의 틀 안에서 싸우고, 의견을 조율하는 것이 맞지 않을까. 시간이 흘러 2020년 총선에서 이들이 다시 미래통합당으로 복귀한 것을 보고 내 판단이 틀리지 않았음을 확인할 수 있었다.

당시 혼란스러웠던 보수 진영을 언급할 때 반기문 전 유엔 사무총장 이야기도 빼놓을 수 없다. 나는 예전부터 반 전 총장을 참 괜찮은 분이라고 생각했다. 탄핵 사태 전부터 나는 그가 보수 진영의 차기 대선 주자로 떠오를 재목이라고 생각했다. 당시 보수 진영에서 확실한 차기 주자로 떠오르는 사람이 없던 상황이라, 반 전 총장이 그 역할을 할 수 있을 것이라고 기대했다.

실제로 탄핵안이 가결되고 정국이 소용돌이에 휘말리면서 보수 진영에서는 반 전 총장을 차기 대선 주자로 만들어 위기를 타개하려는 움직임이 일었다. 새누리당의 책임 있는 위치에 있는 한 정치인이 탄핵 전 미국으로 건너가 반 전 총장을 만났다는 소문도 돌았다.

●

귀국 후에야 전화 온
반기문

그렇게 해가 바뀌어 1월 1일이 됐다. 반 전 총장은 원래 새해가 되면 청와대로 전화를 걸었고, 서로 안부를 묻곤 했는데 이날은 무슨 일인지 전화를 하지 않았다. 아무래도 당시 내가 직무정지 상태였기 때문에 그런 것으로 이해했다.

이후 반 전 총장의 움직임이 빨라졌다. 1월 12일 귀국해 인천공항에서 A4 용지 2장 분량의 입장문을 읽으며 사실상 대선 출마를 선언했다. 그는 "정치적 대통합, 경제·사회적 대타협을 이뤄야 한다"고 강조했다. 1월 14일에는 서울 광화문 도심에서 이뤄지던 촛불집회에 참석할 의향이 있느냐는 취재진의 물음에 "기회가 되면 참석하겠다"고 말했다. 반 전 총장 본인의 판단에 따른 답변이었지만, 내 입장에서는 착잡함이 없지 않았다.

16일 반 전 총장으로부터 뒤늦게 전화가 왔는데, 아무래도 형식적인 대화밖에는 나눌 수 없었다. 이전 신년에 통화했을 때는 남북 문제 등 여러 현안에 관해 이야기를 나누면서 10분 이상 대화를 한 적도 있지만, 이날 대화는 2분을 넘기지 않았던 것으로 기억한다. 통화 내용도 잘 기억이 나지 않을 만큼 형식적인 통화였다.

반 전 총장은 그렇게 대선 주자로서 시동을 걸었지만, 좌파 진영의 거센 공격에 직면했다. 그리고 귀국한 지 채 한 달도 되지 않았던 2월 1일, 정치 교체의 뜻을 접겠다며 불출마를 선언했다. 반 전 총장의 불출마 선언으로 보수 진영에서는 아노미에 가까운 혼란 상태가 이어졌다. 당시 탄핵에 찬성했던 보수 정치인 중 상당수가 반 전 총장 캠프에 몸담았는데, 반 전 총장의 급작스러운 사퇴로 엄청난 충격을 받았다고 전해들었다.

하지만 반 전 총장이 나와 출마에 대해 상의한 것도 아니었고, 당시에는 다소 거리가 멀어진 상태였기 때문에 내가 의견을 낼 상황은 아니었다. 반 전 총장의 낙마보다도 탄핵안 가결 뒤 한 치 앞을 내다보기 어려울 만큼 혼란스러웠던 국내 상황이 안타까울 뿐이었다.

●

아쉬운 신년 기자간담회와
유튜브 인터뷰

직무정지 상태로 맞은 새해 첫날, 청와대 출입기자들과 신년 간담회를 열었다. 당시 배성례 홍보수석이 "언론인들과 만나 진솔하게 심경을 밝히시는 게 어떻겠냐"고 건의했고, 고심 끝에 받아들였다.

당시 나는 최서원 원장이 대체 어떤 잘못을 저질렀는지, 언론에 보도된 의혹 중 어떤 것이 사실인지 완벽하게 파악하지 못하고 있었다. 하지만 단 한 가지, 내가 삼성 측으로부터 뇌물을 받았다는 의혹은 반드시 짚고 넘어가야 했다. 다른 누구의 문제도 아닌 내 문제였기 때문에 어떤 식으로든 뇌물을 받지 않았다는 사실은 목숨을 걸고 맹세할 수 있었다. 하지만 당시 허위 의혹이 마치 사실처럼 퍼지고, 잘못된 뉴스가 확산하는 것을 보고 빨리 바로잡아야겠다는 생각이 들었다. 그래서 간담회를 열었다.

당시 나는 내가 파악하고 있는 선에서 여러 의혹이나 취재진의 궁금증에 관해 설명했다. 하지만 지금 돌이켜보면 당시 간담회를 열었던 것은 다소 성급했다는 생각이 든다. 당시 나는 최 원장의 일탈 등 전체적인 그림에 대해서는 제대로 파악하지 못한 상태에서 나의 의혹을 해명하는 데 집중했다. 하지만 이후 검찰 조사를 받거나 재판이 진행되면서 알게 된 최 원장의 범죄 혐의는 충격적이었다. 내가 이런 사실을 사전에 제대로 파악하고 간담회에 임했다면 하는 아쉬움이 있다.

2017년 1월 25일 진행한 유튜브 '정규재TV' 인터뷰도 마찬가지였다. 이 인터뷰도 홍보수석실의 건의로 이뤄졌고, 탄핵심판 변호인단도 적극적으로 출연을 건의했다. 다만 변호인단 중 한 분만 내가 정규재TV와 인터뷰하는 것을 반대했다. 당시 그는 내가 아직 구체적인 사실관계에 대한 파악이 되지 않았고, 또 최 원장이 대통령 몰래 어떤 일을 했는지 알 수 없기 때문에 지금 방송에서 이와 관련된 이야기를 하는 것은 오히려 사태를 악화시킬 수 있고 위험부담도 크다고 만류했다. 하지만 나는 이미 인터뷰하기로 약속했기 때문에 지금 와서 취소는 어렵다고 양해를 구했다.

사실 당시 주류 언론에선 나의 입장이 제대로 반영되지 않았기 때문에 유튜브 채널을 활용한 측면도 있다. 하지만 이 역시 결과적으로 사건의 전모를 모르는 상태에서 성급하게 인터뷰에 응했다는 생각이 든다. 아무래도 전체적인 사건의 맥락을 제대로 파악하지 못하다 보니 국민께 전하고 싶었던 메시지가 효율적으로 전달되지 못했다.

●

이재용 구속,
"다음 타깃은 나구나" 직감

특검 수사에 속도가 붙으면서 안타까운 일도 벌어졌다. 1월 17일에는 김기춘 전 비서실장과 조윤선 전 장관이 문화예술계 블랙리스트 작성 혐의로 조사를 받고 21일 구속됐다. 당시 나는 김 전 실장과 조 전 장관이 어떤 뇌물을 받은 것도 아닌데, 저렇게 구속까지 된다는 게 참 의아했고, 충격이 컸다. 재임 동안 옆에서 애쓴 분들이라는 것을 알기에 더 마음이 아팠다. 두 사람은 6년이 지난 지금까지 재판의 고통에서 벗어나질 못하고 있으니 안쓰럽기 그지없다.

구속된 이는 또 있었다. 특검은 1월 16일 이재용 당시 삼성전자 부회장에 대한 구속영장을 청구했다가 기각됐다. 하지만 3주 만에 증거를 보강해 영장을 재청구했고, 2월 14일 이 부회장이 구속됐다. 이 부회장 구속 뒤 우리 변호인단에서도 긴장감이 감돌았다. 나 역시 그때부터 마음의 준비를 했다. 특검은 이 부회장을 뇌물 공여자로 보고 구속했고, 동시에 내가 뇌물을 받았다고 주장하고 있었다.

"이제 다음 타깃은 나일 테고, 나를 구속하는 것은 어찌 보면 당연한 수순이겠구나…."

이런 생각이 절로 들었다. 물론 나는 결백했다. 삼성물산과 제일모직의 합병 과정에서 내가 의결권이 있는 국민연금공단에 찬성표를 던지라고 지시하고, 그 대가로 최 원장과 함께 433억 원(기소 때는 592억 원으로 증가)대의 뇌물을 받았다는 게 특검의 주장이었다. 하지만 전혀 사실이 아니었다. 나는 합병과 관련해 공단이나 참모진에게 어떤 지시도 한 적이 없고, 어떤 형태로든 관여한 적이 없다. 단 한 푼의 뇌물도 받은 적이 없다.

또한 보건복지부를 통해 공단이 어떤 결정을 하리라는 보고를 사전에 받거나 그것에 대해 내 의견을 제시한 적도 없다. 단지 사후 보고를 받았을 뿐이다. 또한 당시 복수 여론조사에서 합병에 찬성하는 국민 여론이 더 우세했던 것으로 기억한다. 하지만 특검에서는 어떻게 해서든 나를 뇌물죄로 엮으려고 했고, 나는 특검이 어떻게 나오는지 한번 보자는 생각으로 담담히 기다리는 수밖에 없었다.

당시 특검이 나를 뇌물과 연결짓는 데 혈안이 된 것을 두고 정치권에서는 "박 대통령을 탄핵시키려면 반드시 뇌물죄가 필요하기 때문"이라는 말이 돌았다. 이렇듯 나를 향한 특검의 칼날이 가까워지고 있음을 느끼면서 긴장도 됐지만, 동시에 함께 일했던 이들이 붙잡혀 들어가 고초를 치르는 모습을 보면서 마음이 편치 않았다. 우리 역사에서 도대체 이 정도의 사화(士禍)가 있었나 싶었다.

당시 특검의 수사 및 언론 대응 방식도 문제가 있다는 생각이 들었다. 당시에는 하루가 멀다 하고 팩트가 확인되지 않은 특검발 기사들이 쏟아졌고, 특검에서도 수사 진행 상황이나 의혹 등을 홍보하듯 공개했다. 특검이 한마디 할 때마다 나라가 들썩댔고 국민이 흥분했다.

•

너무나 급하게 진행된
헌재의 탄핵 변론

그런 와중에 헌재의 탄핵심판 변론은 쉼 없이 진행됐다. 1월 13일 1차 변론기일을 시작으로 2월 27일까지 무려 17차 최종 변론까지 이어졌다. 이 기간 나는 변론에 직접 참석하지 않았고, 대신 서면 의견서를 냈다.

변론에 불참한 것을 두고 일각에서는 해명할 기회를 스스로 포기했다는 비판이 나온 것으로 안다. 몇몇 탄핵심판 변호인 사이에서도 최종변론에는 내가 직접 참석하는 게 어떻겠냐는 의견이 나왔다고 한다. 하지만 변론에 참석하지 않은 이유가 있었다.

당시 나는 사건의 실체를 정확하게 파악하지 못한 상태였다. 최서원 원장이 대체 바깥에서 어떤 일을 벌이고 다닌 것인지, 또 거기에 누가 연루돼 있는 것인지 알지 못했다. 언론에서 매일 최 원장과 관련한 의혹 보도를 쏟아내는데 정작 나는 처음 듣는 내용이라 "대체 이게 무슨 말이지"라며 황당해하는 일이 반복됐다. 이런 상황에서 섣불리 변론에 나간다면 사건에 대해 정확한 입장을 밝힐 수도 없고, 오히려 국민을 혼란스럽게 할 우려가 있다고 생각했다.

헌재의 탄핵심판은 너무 급하게 진행된다는 인상을 받았다. 특히 이정미 재판관이 임기 만료를 앞두고 있었기 때문에, 이 재판관의 임기가 끝나기 전에 선고를 마무리지어야 한다는 주장이 빗발쳤다. 하지만 나는 이런 주장을 납득하기가 힘들었다. 재판은 무엇보다도 공정하고 정확하게 진행되는 것이 중요한데, 특정 재판관의 임기에 재판 일정을 짜맞춰야 한다는 게 대체 무슨 말인가 싶었다. 탄핵심판을 앞두고 청와대 내부에서는 재판관 8명 중 4대4 또는 5대3으로 탄핵이 기각될 것이라고 전망한 보고도 있었고, 반드시 인용될 테니 미리 마음의 준비를 해야 한다는 보고도 있었다. 보고 내용이 제각각이라 크게 마음에 두지는 않았다. 일단 헌재의 결정을 기다려 보자는 생각이었다. 운명의 순간이 성큼성큼 다가오고 있었다.

"왜 더러운 사람을 만들려고 하냐"에
중단된 조사

시간은 생각보다 빠르게 흘렀고, 2017년 3월 10일 헌법재판소의 탄핵심판 선고일이 다가왔다. 나는 당시 청와대 관저에서 생중계를 지켜보며 담담히 결과를 기다렸다. 사실 마음속으로는 헌재 심판도 결국 큰 틀에서 정해진 각본대로 흘러갈지 모른다는 우려를 하고 있었다.

이정미 재판관은 20분 넘게 탄핵심판 결정문을 낭독했다. 중계를 지켜보는 내내 마음을 다스리려고 했지만, 이 재판관이 전혀 사실이 아닌 부분을 마치 사실인 것처럼 확정적으로 발언할 때는 어이가 없었다. "피청구인의 행위는 최서원의 이익을 위해 대통령의 지위와 권한을 남용한 것"이라거나 "피청구인은 최서원의 이권 개입에 직간접적으로 도움을 줬다. 최서원의 사익 추구에 관여하고 지원했다"는 대목이 특히 그랬다.

이런 내용은 사실이 아니다. 최서원 원장은 나를 속였다. 그리고 그의 위법행위들을 제대로 인지하지 못한 데 대해서는 내게 큰 책임이 있으며, 지금도 국민께 매우 송구스럽게 생각한다. 하지만 내가 최 원장에게 어떤 이익을 줄 목적으로 대통령의 지위와 권한을 남용한 적은 결코 없다. 그렇기 때문에 최 원장의 이익을 위해 권한을 남용했다는 헌재의 결정문은 납득할 수가 없었다.

헌재가 "피청구인은 대국민 담화에서 진상 규명에 최대한 협조하겠다고 했으나 검찰과 특검의 조사에 응하지 않았다"며 "헌법 수호 의지가 드러나지 않는다"고 판단한 대목도 사실과 다른 부분이 있다.

●

특검 조사 거부?
靑에 검사 흡연실까지 설치했다

원래 나는 당시 적극적으로 특검 조사를 받으려고 했다. 박영수 특검은 당시 윤석열 수사팀장을 통해 유영하 변호사와 조사 일정을 조율했다. 처음에는 전화로 조율하다가 2017년 2월 초순경 두 사람이 직접 만나서 조사와 관련된 사항을 협의하고 합의했다. 유 변호사는 윤석열 팀장을 만난 다음 날 내게 윤 팀장과의 합의 내용을 설명해주었다. 유 변호사는 "윤 팀장과 조사 일시만 미정으로 둔 채 나머지는 다 합의를 했다. 조사 장소는 청와대 비서동(위민2관)으로 하고, 특검보 2명과 부장검사 2명, 검사 1명이 조사에 참여하기로 했다. 조사 형식은 참고인 조사로 진행하며, 조사 내용에 대해서는 녹음·녹화는 하지 않기로 했다"고 전해주었다.

또한 "조사를 받는다는 사실은 조사가 시작되기 전에는 비공개로 하되, 조사 당일 오후 10시 이후에는 조사 중인 사실이 공개되더라도 청와대에서 양해하기로 했다"고 합의 내용을 설명했다. 나는 보고를 받은 후 유 변호사에게 특검조사팀이 조사 도중 쉴 수 있는 휴게실을 마련하고 다과 및 음료도 제공하도록 준비해 불편함이 없도록 하라고 말했다. 그 후 특검 측에서 검사 중에 담배를 피우는 사람이 있다고 전해 와, 그 직후 청와대 내부에 임시 흡연 공간을 마련하기까지 했다.

며칠 후인 2월 7일 나는 유 변호사에게 '2월 9일에 조사를 받겠다'고 특검에 전달하라고 말했다. 유 변호사는 그 자리에서 바로 윤석열 팀장에게 조사 날짜를 통보했다. 그때 시간이 2월 7일 오후 5시쯤이었던 것으로 기억한다.

그런데 그날 저녁 8시가 되기 전에 유 변호사가 내게 전화를 했다. 조금 전 윤석열 팀장이 유 변호사에게 전화해서 "SBS 8시 뉴스에 '2월 9일 청와대 위민관에서 대통령을 직접 조사한다'는 내용이 보도된다고 해서 지금 특검 사무실로 들어가고 있다. 나중에 보도를 보고 난 뒤 다시 전화하겠다"고 말했다는 것이다. 나는 SBS 뉴스를 본 후 유 변호사에게 전화해서 "조사받는다는 내용이 보도됐는데 어떻게 된 것인지 정확한 경위에 관해 확인하라"고 말했다.

다음 날 청와대로 들어온 유 변호사는 내게 "SBS 보도 후 저녁 8시 45분경에 윤석열 팀장이 전화해서 '특검팀에 확인했더니 특검에서 조사 날짜가 유출된 것은 아닌 것으로 확인됐다'고 말했다"고 전했다. 그러나 유 변호사가 이름을 밝힐 수 없는 SBS 관계자에게 보도 경위를 확인해 보니 그 인사는 "특검에서 조사 사실을 확인해주었고, 취재원은 일반 수사관이 아닌 검사 이상의 고위직"이라고 말했다고 한다.

나는 유 변호사에게 특검에 연락해서 조사 일시를 비보도하기로 해놓고 사전에 언론에 유출한 것은 신뢰를 깬 것이므로 예정된 2월 9일 조사는 연기하고 다시 날짜를 조율하자고 통보하라고 지시했다.

그 후 특검팀에서는 윤석열 팀장이 아닌 박충근 특검보를 협상 당사자로 지정하고 조사 일시와 장소, 방법 등을 다시 협의하자고 통보해 왔다. 유 변호사는 윤석열 팀장과는 예전부터 잘 아는 검찰 선배이기 때문에 편하게 이런저런 이야기를 나누었고 기 합의도 큰 이견 없이 했는데, 갑자기 상대가 바뀌는 게 조금은 걱정된다고 했다.

유 변호사를 만난 박 특검보는 당초 윤 팀장과 합의한 내용과는 달리 "대면조사를 비공개로 하기가 어려워졌으므로 조사도 청와대가 아닌 제3의 장소에서 진행하고, 청와대에서 대면조사를 할 경우 조사 내용을 녹음·녹화해야 한다"고 새 제안을 냈다고 한다. 이에 유 변호사는 "특검이 조사 일시를 사전 공개하길 원하면 그 문제는 전향적으로 검토하겠다"면서도 "조사 장소를 청와대 경내로 한다는 점과 녹음·녹화를 하지 않는다는 것은 이미 합의된 사항으로 변경이 불가능하기 때문에 이에 대한 특검의 명확한 입장을 밝혀 달라"고 말했다고 한다.

하지만 그 후 특검에서는 '조사의 공정성, 투명성을 보장하기 위해서라도 녹음·녹화가 필요하다'는 입장을 굽히지 않았다. 반면에 유 변호사는 "조사의 공정성과 투명성은 조사받는 사람이 문제를 제기하는 것이지, 조사자가 제기할 사안이 아니다"며 "특검 조사의 공정성과 투명성에 대해 어떤 이의를 제기한 사실이 없으며, 앞으로도 이의를 제기하지 않겠다는 의견을 이미 공문을 통해 수회에 걸쳐 특검에 전달했으므로 수긍할 수 없다"고 회신했다. 그 후 특검은 대면조사 시 녹음·녹화를 요구했으나 대통령 측에서 이를 거부해 대면조사가 무산된 것으로 언론을 통해 주장했지만, 그 내막은 이런 과정을

거친 것이다. 결국 이런 신경전이 계속 이어지다가 특검 조사
는 무산되고 만 것이다.

●

갑자기 녹음 고집한 특검,
지금도 의문

지금 돌이켜봐도 왜 특검에서 갑자기 녹음·녹취를 하겠다
고 고집했는지 의문이다. 굳이 녹음이나 녹취를 하지 않아도
조사는 충분히 진행될 수 있었다. 의무 사항이 아니었고, 내게
는 이를 거부할 권리가 있었다.

주변에서는 내가 특검 조사를 거부한 것 같은 모양새를 만
들기 위해 특검 측에서 무리한 요구를 한 것 아니냐는 의견도
나올 정도였다. 실제로 헌재는 내가 특검 조사에 응하지 않았
다는 것을 근거로 "헌법 수호 의지가 드러나지 않는다"고 말
했다. 이 기회를 통해 그렇지 않았다는 점을 분명히 말씀드리
고 싶다.

결국 헌재는 재판관 8명 전원의 일치된 의견으로 "피청구인 대통령 박근혜를 파면한다"고 선고했다. 어느 정도는 각오한 상태였지만, 이 짧은 문장은 관저에서 생중계를 지켜보던 내 가슴에 비수처럼 날아와 박혔다. 아프고 참담했다.

내가 헌재의 결정을 지금에 와서 받아들이지 못하겠다고 할 수는 없다. 헌재의 결정으로 나는 대통령직에서 물러났고, 그런 역사적 사실은 흘러간 강물처럼 되돌이킬 수 없다. 하지만 나를 파면시키기 위해 헌재가 제시한 논거에 대해선 여전히 유감스럽게 생각한다. 먼 훗날에 역사가 탄핵의 정당성에 대해 평가해줄 것이라고 믿는다.

탄핵심판 당일 발생한 안타까운 일에 관해서도 이야기하고 싶다. 그날 탄핵 반대 집회에 참석한 분 중 네 분이 사망하고, 한 분은 의식불명 상태로 고생하다가 후에 돌아가셨다는 소식을 전해 듣고 너무나 마음이 아팠다. 사람이 여러 명 사망했는데도 당시엔 언론에 사건 경위 등이 제대로 보도조차 되지 않았다. 지금도 그 일만 생각하면 심경이 무거워진다. 유족들께 심심한 위로의 말씀을 드린다.

●

"빨리 靑 비워라"
민주당 압박, 참모진 힘들었을 것

탄핵 결정이 난 뒤 얼마 안 있어 강석훈 경제수석으로부터 연락이 왔다. 강 수석은 무거운 목소리로 한광옥 비서실장 등 참모진과 함께 관저에 들르겠다고 말했다. 나는 완곡하게 거절했다.

"굳이 안 오셔도 됩니다. 오셔도 별로 할 말이 없지 않으시겠어요?"

하지만 오후에 다시 꼭 만나고 싶다는 연락이 왔다. 다시 거절하는 것은 도리가 아닌 것 같아서 자리를 마련했는데, 다들 침통한 표정으로 누구 하나 말을 잇지 못했다. 침묵은 오랫동안 이어졌고, 무거운 분위기를 전환하기 위해 내가 부드러운 표정으로 입을 열었다.

"보세요. 제가 오셔도 별로 할 말이 없을 거라고 하지 않았어요?"

하지만 무거운 분위기는 여전했다. 나는 안타까워하는 수석들을 위로하고 미안한 마음을 전했다. 이후 나는 마음을 추스르고 청와대를 떠나기 위해 이삿짐부터 정리했다. 일부 비서진이 짐 정리를 도왔는데, 나도 모르게 이런 말이 나왔다.

"일하느라 자신을 돌아볼 시간이 없었어요."

이삿짐을 싸는 대로 청와대를 떠나려고 했는데, 간단치가 않았다. 당시 청와대 관계자가 내게 이렇게 알려왔다.

"삼성동 사저의 보일러가 고장 났는데, 수리가 마무리되지 않은 상황입니다. 당장 들어가기는 어려울 것 같습니다."

사정은 이랬다. 사저를 몇 년간 빈집으로 놔뒀으니 자연히 보일러가 고장 난 지는 오래됐는데, 실무진 입장에서는 탄핵이 결론 나기도 전에 미리 보일러를 고치기가 쉽지 않았다고 한다. 보일러를 수리한다는 사실이 외부에 알려지면 마치 청와대가 탄핵을 기정사실화한 것처럼 비칠 수 있기 때문이었다. 그래서 수리가 늦어졌다는 것이다.

불편한 마음으로 수리가 끝나길 기다리고 있는데, 민주당은 지금이라도 당장 청와대를 비우라고 압박해 왔다. 온몸으로 민주당의 공격을 방어한 청와대 참모진은 참 힘들었을 것이다. 참모들의 부담을 덜어주기 위해 조금이라도 빨리 나가야겠다 싶어 준비를 서둘렀다. 3월 12일 강석훈 수석으로부터 직통 전화로 연락이 왔다. 전화를 받았는데, 수화기 너머로 침묵만 이어졌다. 강 수석은 나를 생각하는 마음에 총대를 메고 전화를 한 것이다. 그런데 청와대를 빨리 떠나야 한다는 얘기를 차마 입 밖으로 꺼내지 못하는 것 같았다. 강 수석이 민망할 것 같아서 내가 먼저 농담 투로 이야기했다.

"지금 빨리 나가 달라는 이야기지요?"

강 수석은 말을 잇지 못했다. 나는 강 수석을 진정시키고 서

둘러 준비를 마쳤다. 그날 오후 청와대를 떠나는데, 관저 주방 등에서 일하는 직원들이 응접실에 모여 작별인사를 했다.

"여러분이 잘해 주신 덕분에 건강하게 지내고 갑니다."

관저를 나서니 청와대에서 근무하던 비서진과 참모 등 수백 명이 배웅을 위해 나와 있었다. 지나가면서 얼굴을 보니 한 사람 한 사람 다 소중한 기억이 났다.

"여러분 그동안 참 고생이 많았습니다. 여러 가지로 수고해 줘서 너무 고맙습니다."

일부 비서진이 눈물을 흘리는 모습을 보며 내 마음도 편치 않았다. 그렇게 차를 타고 청와대를 떠나 삼성동 사저로 이동했다. 삼성동 사저에는 새누리당 의원 10여 명과 지지자들이 마중 나와 있었다. 의원들과 따로 만난 자리에서 나는 이렇게 말했다.

"저에게 주어졌던 대통령으로서의 소명을 끝까지 마무리하지 못해 죄송하게 생각합니다. 모든 결과는 제가 안고 가겠습니다. 시간이 걸리겠지만, 진실은 반드시 밝혀진다고 믿고 있습니다."

사저에 도착하니 보일러가 제대로 작동하지 않아서 몹시 추웠다. 거실에 장작을 때는 벽난로가 있어 임시방편으로 장작을 땠다. 하지만 오래된 벽난로라 연기가 제대로 빠지지 않아 집 안이 온통 메케한 연기로 가득 찼다. 하지만 집 밖에는 내 모습을 사진에 담으려는 취재진이 가득해 함부로 창문이나 커튼을 열 수도 없었다. 유 변호사가 변론 준비 때문에 삼성동에 왔을 때 뿌연 연기 때문에 힘들어하던 기억이 난다.

●

"왜 더러운 사람 만드나" 테이블 서류 밀쳤다

사저에 갇힌 듯한 삶이 이어졌다. 사저에 도착한 지 3일 뒤인 3월 15일, 검찰은 21일까지 서울중앙지검으로 출두하라고 통보했다. 6일간 짧은 준비를 마치고, 3월 21일 오전 서울중앙지검에 도착하니 취재진 등 인파로 붐볐다. 조사가 시작되기 전 노승권 중앙지검 1차장의 방에서 어색한 티타임을 가졌다. 찻잔에는 입도 대지 않았다.

1차장 방을 나선 뒤 유영하, 정장현 변호사와 함께 조사실에 들어섰고, 검찰 측에서는 한웅재, 이원석 부장검사가 조사를 담당했다. 21시간에 걸친 밤샘 조사였다.

두 분 부장검사는 최대한 예우를 갖춰 조사를 진행했고, 태도도 깍듯했던 것으로 기억한다. 하지만 다른 것은 몰라도 마치 내가 뇌물을 받은 사람처럼 질문하는 것은 도저히 견디기 힘들었다. 최서원 원장의 비행(非行)을 인지하지 못하고 막지 못한 것은 내 책임이 분명했지만, 나를 뇌물을 받아먹은 사람으로 비치게 하는 것은 참을 수가 없었다. 순간적으로 참았던 분노가 치밀었다. 8시간쯤 조사가 진행됐을 때 나도 모르게 손을 뻗어 테이블 위에 놓여 있던 서류와 필기도구를 확 밀쳐내며 소리를 질렀다.

"내가 이런 더러운 짓을 하려고 대통령을 한 줄 아십니까. 왜

2017년 3월 21일 첫 검찰조사를 받기 위해 서울 서초구 서울중앙지검에 도착했다.

이렇게 있지도 않은 일을 만들어서 사람을 더러운 사람으로 만드십니까.”

서류 일부가 바닥에 떨어졌다. 내가 격한 감정을 표출하자 검찰 측도 당황한 것 같았다. 조사가 중단됐다. 곁에 있던 유 변호사는 내게 마음을 진정하라고 조언했다. 약 30분간 조사실 옆에 있는 공간에서 휴식을 취한 후 조사실로 돌아가, 수사 검사에게 “흥분해서 미안하다”는 말을 전하고 다시 조사를 받기 시작했다. 조사 열람을 마치고 새벽 6시쯤 검찰청을 나와 귀가했다. 장시간 조사로 심신이 지쳐서 사저에 도착한 뒤에 아무것도 할 수가 없었다.

결국 검찰은 3월 27일 구속영장을 청구했다. 3월 30일 영장 실질심사를 받기 위해 서울중앙지법에 출두하기 전에 동생 박지만 EG 회장이 올케와 함께 삼성동 집으로 왔다. 대통령 취임 뒤 한 번도 만나지 못하다가 탄핵으로 물러난 후 영장심사를 앞두고서야 동생의 얼굴을 처음 보는 내 마음은 뭐라 형언할 수 없었다.

정말로 아끼고 사랑하는 동생인데 내가 대통령으로 있을 당시 보지 않았던 것은 대통령 주변 사람을 가만히 두지 않고 어떻게든 이용하려는 사람이 많다는 것을 알고 있었기 때문이다. 동생을 보호하기 위해서라도 재직 중에는 만나지 않는 것이 좋다고 생각했다. 무거운 분위기를 풀기 위해 박 회장이 "구치소 식사가 입에 맞지 않을 수 있다"고 조언할 때는 잠시나마 미소를 지을 수 있었다. 눈시울이 붉어진 박 회장을 바라보니, 머리가 희끗희끗했다. 언제 이렇게 세월이 흘렀나 싶었고, 뒤이어 아버지와 어머니 생각이 났다. 덩달아 내 눈시울도 붉어졌다.

박 회장의 배웅을 받고 사저를 떠나 서울중앙지법으로 이동했다. 8시간 40분에 걸쳐 영장실질심사를 받았다. 당시 영장심사에는 유 변호사와 채명성 변호사가 참여해 검사들과 치열하게 공방을 벌였다. 영장실질심사가 끝난 뒤에 나는 검찰 수사관들과 함께 서울중앙지검 10층에 위치한 조사실로 돌아왔고, 유 변호사는 영장전담판사가 요구한 구두 변론 내용을 추가 의견서로 작성해 법원에 제출한 후 저녁 9시쯤 조사실로 들어왔다.

앞서 검찰 조사와 법원 심문 과정을 거치며 구속이 불가피하다는 분위기를 느꼈기 때문에, 구속에 대해서는 마음의 준비는 하고 있었다. 새벽이 다가왔지만, 눈을 붙인다는 것은 상상조차 하기 힘들었다.

•

새벽에 날아든
구속 소식

3월 31일 새벽 3시가 조금 지났을 때였다. 유영하 변호사가 굳은 표정으로 조사실로 들어와서 말했다.

"대통령님, 영장이 발부된 것 같습니다."

예상하던 일이었다. 나는 담담하게 고개를 끄덕이고 유 변호사에게 말했다.

"알겠습니다. 밖으로 나서기 전에 준비할 시간을 가질 수 있을까요."

나는 화장실로 가서 화장을 지우고 머리핀도 빼서 머리를 풀었다. 나는 그렇게 구치소에 들어가기 전 마지막 준비를 했다. 노승권 차장이 입감 절차에 관해 설명했는데, 귀에 들어오지 않았다. 중앙지검 청사에서 새벽 4시 30분쯤 차를 타고 나와 경기도 의왕시 서울구치소로 향했다. 구치소 정문 앞에 도착하기까지는 시간이 얼마 걸리지 않았다. 구치소 인근에는 이미 취재진이 몰려 있었고, 곳곳에서 카메라 플래시가 터졌다.

나는 그렇게 구속됐고, 구치소 생활이 시작됐다. 내가 구속된 후 일각에서는 변호인이 대응을 잘못해서 내가 구속된 것이라고 변호인들을 비난하는 목소리가 있었다고 들었다. 하지만 나는 누구보다도 당시 변호인으로 구속영장을 막기 위해 혼신의 힘을 다했던 유 변호사와 채 변호사의 노력을 알고 있다. 사실 탄핵 결정 전에 나는 주변의 조언을 받고 변호인단을 보강하기 위해 다양한 법조인과 접촉했다. 먼저 청와대 관저에서 우리 정부의 국무총리였던 정홍원 전 총리를 만나 변호를 부탁했는데 개인 사정이 있어 곤란하다며 고사했다. 또 재임 당시 검찰 고위직에 있던 A 변호사에게도 부탁했지만, 당시 그는 퇴임 후 법무법인에 몸담은 직후라, 법무법인의 허락

구속영장이 발부된 2017년 3월 31일 새벽, 서울중앙지검에서 검찰 차량을 타고
경기도 의왕시 서울구치소로 이동했다.

없이 개별적으로 움직이기 힘들다고 했다.

한번은 유 변호사를 통해 고법 부장판사 출신의 B 변호사에게 변호를 부탁한 적이 있다. B 변호사는 자신이 변호하고 싶지만 그러려면 팀을 만들어야 하는데 상당한 비용이 불가피하다고 했다. 충분히 이해됐다. 당시 삼성동 집을 팔고 난 뒤 돈이 있었지만, 앞으로 항소심이나 대법원까지 재판이 진행되려면 그 돈을 1심 재판에만 사용할 수는 없었다. 결국 그분을 선임할 수 없었다.

자칫 특정인에 대한 구설이 될까 봐 자세히 이야기하지는 못하지만, 나와 가깝다고 생각했던 고위급 법조인 중 상당수가 부탁을 외면했다. 정계나 법조계가 원래 냉혹한 곳이라지만, 연이어 거절당할 때는 씁쓸했다. "내가 이미 죽은 사람 취급을 당하는구나"라는 생각마저 들었다. 하지만 누군가를 탓하고, 잘못을 다른 곳으로 돌리자면 한도 끝도 없을 뿐 아니라 무의미하다고 마음을 고쳐먹었다.

대통령에서 구속자 신분이 되는 건 순식간이었다. 구속 후 검찰에서 4회에 걸쳐 구치소에서 추가조사를 했고 그때는 유 변호사 홀로 입회했다. 유 변호사는 내게 "앞으로 재판이 진행되면 변호사가 많이 필요한데 부탁을 해도 모두 거절한다"며 많이 걱정했다. 나는 구치소에서 검찰 조사를 받으면서 유 변호사와 채명성 변호사만 제외하고 나머지 변호인들을 해임했다. 처음부터 유 변호사와 채 변호사는 특검에 대비해 선임했던 변호인이고, 다른 분들은 탄핵 변론을 담당했던 분들이었는데 그분들께 더 신세를 지는 것은 미안했다. 그래서 사임을 부탁드렸는데 여러 사정상 해임해 달라고 해서 해임계를 제출한 것이다.

서울구치소에서 기나긴 재판의 막이 오르기를 기다리던 중 유 변호사가 '한반도 인권과 통일을 위한 변호사모임'에 소속된 변호사들이 돕겠다는 연락이 왔다고 전해주었고, 그분들을 선임했다. 제일 먼저 도움을 준 것은 이상철, 이동찬, 김상률 변호사이고, 그 후 도태우 변호사가 변호인으로 참여했다. 그리고 아무런 대가 없이 기록을 검토해준 몇 분의 변호사도 있었다고 전해 들었다. 그분들께 이 자리를 빌려 감사의 말씀을 드린다. 2017년 봄은 이렇게 시작되었다.

아직 진실을 말하지 않는
최서원

특검에 이어 수사를 진행한 검찰이 나를 기소하면서 적용한 죄목은 뇌물수수, 직권남용, 강요 등 18개였다. 앞서도 언급했지만, 그중에서도 검찰이 가장 공들인 것은 나를 뇌물죄로 기소하는 것이었다. 직권남용 등으로는 탄핵을 정당화시킬 수 없다는 판단 때문이었다고 생각한다. 검찰은 내가 최서원 원장과 결탁해 기업들로부터 무려 592억 원 상당의 뇌물수수를 시도했고, 이 중 298억 원을 실제로 수수했다고 주장했다.

나는 옆에 있는 사람을 경계하지 못한 것 때문에 인생에 지울 수 없는 큰 오점을 남겼고, 그로 인해 국가에 혼란을 가져오고 국민을 실망시켰다는 점에 대해서는 정말 죄송하게 생각한다. 하지만 기업들에 돈을 요구하고 사익을 챙기려 했다는 검찰의 주장만큼은 도저히 수긍할 수 없었다. 왜냐하면 전혀 사실이 아니기 때문이다. 검찰의 수사는 처음부터 '뇌물수수'라는 목표를 정해 놓고 그를 향해 전진할 뿐이었고, 뇌물수수를 인정하는 답변을 끌어내는 데만 초점을 맞추는 것처럼 느꼈다. 그래서 나는 재판을 통해 시시비비를 가려 적어도 뇌물 문제만큼은 명명백백하게 진실이 밝혀지기를 바랐다. 하지만 재판 역시 기울어진 운동장이라는 것을 확인하는 데는 그리 오랜 시간이 걸리지 않았다.

첫 재판이 열린 2017년 5월 23일은 잊을 수가 없다. 밖에서는 이날이 노무현 전 대통령의 기일이라며 얼마 전 대선에 승리한 문재인 대통령과 재판을 받는 나의 처지를 대비하기도 했던 모양이지만 솔직히 나는 그런 것을 의식할 겨를도 없었다.

변호인단은 내가 호송차를 탈 때 수갑을 차게 한 것에 대해 이전 다른 대통령들의 사례와 비교해 봐도 가혹한 처사라고 분개했다. 나는 그런 것을 하나하나 따지고 싶지는 않았다. 다만 이례적으로 재판석에 대한 촬영을 허용한 것을 보면서 재판부가 다른 의도를 가진 것은 아닌가 하는 우려가 들었다.

사실 이런 문제보다 재판 과정에서 더 힘들었던 것은 한때 내 편이라 믿고 함께했던 이들의 낯선 모습을 마주하는 것이었다. 나를 이용해 사익을 취했던 추한 면모가 드러나기도 했고, 자신의 잘못을 덮기 위해 내가 하지 않은 말을 했다고 증언하는 경우도 있었다.

•

법정서 대면한 최서원,
사익 추구는 쏙 빼냈다

내 재판은 앞서 진행됐던 최서원 원장의 뇌물죄 및 알선수재 등을 다루는 재판과 병합됐다. 그에 따라 나는 최 원장과 같은 법정에 서게 됐다. 솔직히 나는 그녀의 입에서 어떤 말이 나올지 궁금했다. 검찰 조사에서 알게 된 그녀의 모습은 내가 알던 최서원과는 다른 사람이었기 때문이다. 내 기억 속 그녀는 대가를 바라지 않고 사심 없이 나를 도와준 사람이었다. 그랬기에 마음 한편에서는 그녀가 사실대로 말하고 진실을 밝히는 모습을 기대하는 마음도 있었다.

하지만 법정에 선 그녀는 "대통령은 뇌물을 받지 않았다"고 강조하면서도 가장 중요하고 원칙적인 이야기는 하지 않았다. 즉 자신이 나를 속이고 나 모르게 자신의 이익을 추구했다는 부분은 언급을 쏙 빼놓았다. 더는 그녀의 모습을 보고 싶지 않았기에 법정에서는 이후 눈을 마주친 적도 없었다.

애당초 우리는 그녀와의 변론 분리를 요구했다. 왜냐하면 최 원장 재판 과정에서 무슨 이야기가 오갔는지 모르는데, 변론이 병합되면 최 원장 재판의 진술서나 공판조서가 나의 재판에서도 법정 증거로 인정받기 때문이다. 그런 증거가 우리에게 불리하게 작용할 수도 있는데도, 우리는 그에 대해 알 수도 없고 반대신문도 할 수 없었다. 그래서 변론 분리를 요구했음에도 받아들여지지 않았다.

내가 재판을 받을 당시 서상기 전 의원, 허원제 전 정무수석, 김재수 전 농림부 장관 등 과거 함께했던 참모진들이 법정에 오곤 했는데 답답한 재판 과정을 묵묵히 지켜보던 장면이 지금도 기억에 생생하다.

검찰은 내가 대통령이라는 자리를 이용해 대기업으로 하여금 미르재단과 K스포츠재단에 774억 원에 달하는 기금을 출연하도록 강요했다고 주장했다. 그리고 이러한 검찰의 주장 때문인지는 모르지만 내가 퇴임 후를 대비해 이 같은 재단을 설립했다고 믿는 사람도 많다. 내가 두 재단의 설립을 추진했던 것은 사실이지만, 이를 둘러싼 진실은 세상에 알려진 것과는 전혀 다르다.

•

기업 총수 독대가 뇌물 청탁?
전혀 아니었다

정부가 들어선 초기에는 아무래도 경제가 중요하게 다뤄질 수밖에 없다 보니 문화·체육 정책들은 우선순위에서 조금씩 밀려날 수밖에 없었다. 그래서 내가 구상했던 문화 융성에 대한 계획을 추진할 수 있게 된 것은 집권 3년 차인 2015년이 되어서였다. 이 무렵에는 지역별 창조경제혁신센터가 성공적으로 개소식을 마치면서 나는 창조경제에 대해 어느 정도 자신감과 확신을 가질 수 있었고, 이제는 문화에 대해서도 힘을 쏟아야겠다고 마음을 먹었다.

그래서 나는 2015년 1월 안종범 당시 경제수석을 불러 문화·체육 활성화를 위한 방안들에 대해 연구해 보라고 지시했다. 이렇게 해서 나온 것이 기업들이 공동으로 문화·스포츠계를 지원하는 미르재단과 K스포츠재단의 설립이었다. 한국을 대표하는 주요 기업들이 공동으로 운영하는 문화재단을 설립하면 정부가 이를 지원하고 해외 순방 등에서 적극 활용해 국익과 기업 가치가 함께 증진할 수 있도록 하자는 것이 주요 구상이었다. 문화 발전과 기업 가치, 국익 등을 동반 성장하게 하는 좋은 아이디어라고 생각했다. 그래서 안 수석에게 이를 추진하라고 지시했다.

나는 재임 동안 대기업 총수들과 몇 차례 독대를 가졌다. 검찰 조사와 재판 과정에서는 내가 마치 직권을 남용하고 부정한 뇌물을 청탁하는 자리로 활용한 것처럼 몰아갔지만, 그런 성격의 자리가 전혀 아니었다. 당시는 4차 산업혁명의 바람이 거세게 불어올 때였다. 외국에서는 각종 규제를 풀어주고 기업 하기 좋은 환경으로 만들어주는데 우리는 여전히 불필요한 규제가 많았고, 우리 기업들이 역차별을 받는 경우도 많았다.

그래서 나는 대기업 총수들을 만나 기업의 현황과 애로 사항 등을 듣고 정부 차원에서 합법적으로 도울 수 있는 부분이 뭔지를 논의하고자 했다. 대기업 입장에서는 규제 완화나 해외 진출 애로 사항 등 절실히 필요한 것들이 있는데, 공개적인 자리에서는 이야기를 꺼내기가 어렵기 때문이다.

2015년 7월 24, 25일 이틀에 걸쳐 현대·CJ·SK·삼성·한화·LG·한진 등 7개 기업의 총수들과 만났던 것도 그런 목적을 위해서였다. 검찰은 내가 이날 면담에서 '재단을 만드니 기금을 내라'는 식으로 압박했다고 하는데, 나로서는 정말 어이가 없는 이야기다. 분명히 말하건대 그런 이야기를 한 적이 없다. 이때뿐만이 아니라 나는 일생 동안 기업인들에게 "돈을 내라"는 말을 한 적이 단 한 번도 없다. 국회의원 시절에도 가장 거부감을 느꼈던 것 중 하나가 과거 정부에서 기업에 이런저런 명목으로 돈을 내도록 하는 것이었다. 그런 것을 보면서 '나라면 그런 부담을 주지 않고 기업인들이 맘껏 기업을 운영할 수 있도록 할 텐데'라는 아쉬움을 느꼈고, 다른 한편으로는 언젠가 그런 환경을 조성하겠다고 다짐하곤 했다.

●

문화재단 필요성 짧게 꺼냈지만,
출연금 거론 안 해

이날 내가 대기업 총수들을 압박했다고 검찰이 제시한 증거 중 하나가 청와대 정책조정수석실에서 만들어진 A4용지 한 장짜리 보고서다. 10개 기업에서 30억 원씩 차출해 300억 원을 마련하는 내용이 담겨 있는 그 보고서다.

재판을 받으면서 유 변호사가 이 보고서를 보여줬는데 청와대에서 내게 보고하는 문서 양식으로 작성된 것도 아닐뿐더러, 아무리 생각해 봐도 이러한 보고서를 본 적이 없었고 이런 내용의 보고를 안 수석으로부터 받은 기억도 없다. 무엇보다 나는 대기업 총수들을 만날 때는 이 보고서의 존재 자체도 알지 못했다. 나중에 변호인이 확인한 바에 따르면 이 보고서는 방기선 당시 정책조정수석실 행정관이 만들었는데, 파일 기록에서 2015년 7월 24일 밤에 완성된 것으로 확인됐다. 나는 이미 7월 24일 낮부터 대기업 총수들과 만나고 있었으니, 이 보고서라는 것이 만들어지지도 않았을 때다.

2017년 3월 22일 피의자 신분으로 검찰 조사를 마치고 서울중앙지검 청사를 떠나고 있다. 전날 9시 24분 서울중앙지검에 도착한 지 21시간 20여 분 만이었다 (왼쪽은 유영하 변호사).

다만 내가 이날 면담에서 정확하지는 않지만, 어느 분에게는 재단 설립에 대한 이야기를 꺼냈던 것으로 기억한다. 문화재단을 만들어 활성화시키면 이를 통해 기업 이미지와 국가 브랜드도 높일 수 있어 서로에게 도움이 되지 않겠냐는 내용이었다. 좋은 취지였던 만큼 기업 총수들도 환영했고, 이것은 이날 대화에서 채 5분도 되지 않았다. 그날 기업인들과 만나 나눈 이야기의 대부분은 각 기업이 처한 어려움과 건의 사항, 그리고 정부가 할 수 있는 지원 및 협조에 대한 아이디어였다. 재단에 대한 출연금 이야기는 당연히 나오지도 않았고 내가 구체적인 액수를 거론한 적은 더더욱 없다.

다만 청와대 정책조정수석실에서 이러한 내용의 문서가 만들어진 것만큼은 사실인 것 같다. 그 경위에 대해서는 정말 알지 못한다. 지금 내가 기억하는 것은 안 수석으로부터 기업들이 자발적으로 재단 설립에 도움을 주고 있다는 취지의 보고를 받았다는 것이다. 그러나 안 수석이 언제 내게 그런 보고를 한 것인지, 그 시기가 정확히 언제인지 기억나지는 않는다. 기업들이 자발적으로 모금에 동참했다는 식의 보고만 믿고 기업인들을 만날 때마다 "국정 기조에 공감하고 도와주셔서 감사하다"고 인사까지 한 것이다. 다만 청와대가 주도해서 재단을 설립한다고 하면서 전경련에 그에 필요한 자금을 도와 달라고 했다면 기업 입장에서는 적잖은 압박감을 느꼈을 것으로 생각하고, 그 점에 대해서는 정말 미안한 마음이다.

검찰은 안 수석이 그처럼 서두른 이유에 대해 내가 2015년 10월 리커창 중국 총리의 방한에 맞춰 미르재단이 설립되도록 독촉했기 때문이라고 했다. 하지만 검찰의 이런 주장은 맥락상 어색한 부분이 많다. 만약 정말로 내가 이런 목적으로 작심하고 2015년 7월부터 안 수석을 시켜 재단을 설립하고자 했으면 3개월이 지난 10월까지 안 만들어졌겠는가. 내 성격상 그 진행 상황을 꼼꼼히 챙기고 확인했을 것이기 때문에 내가 7월에 지시한 것을 안 수석이 10월이 되도록 아무것도 하지 않도록 방치하지 않았을 것이다.

재단 설립 과정서 靑 무리한 정황은 분명… 다 내 불찰

되돌아보면 2015년 9월 내가 중국을 방문했을 때 시진핑 주석과 정상회담을 하면서 한·중 양국 공동으로 2000억 원 규모의 문화 콘텐트 개발을 위한 벤처 펀드를 조성하기로 합의한 적이 있었다. 그런데 중국은 내심 한류 확산을 우려하는 기류가 있었고, 그 때문에 정부 대 정부보다는 민간 대 민간 차원으로 교류하기를 바랐다. 그래서 나는 10월 리커창 총리가 방한해 문화 교류를 위한 양해각서를 체결할 때 정부 대신 민간 차원에서 체결하는 것이 한류 확산에 도움이 되지 않을까 생각했고, 이런 생각을 안 수석에게 전했다.

이 말을 들은 안 수석은 재단 설립을 서둘렀던 것 같다. 만약 안 수석이 기업마다 구체적 액수를 요구하고 돈을 받는 식으로 재단을 만든다는 것을 알았다면, 나는 절대로 못 하게 했을 것이다. 그렇게 기업들의 팔을 비틀어 돈을 받아 재단을 만들 이유가 없기 때문이다.

나는 지금도 안 수석이 무엇 때문에 그렇게까지 했는지 잘 이해가 되지 않으며 진심으로 안타깝게 생각한다. 2015년 10월 리커창 총리 방한에 맞춰 재단 설립을 지시했다고 해도, 그때 재단 설립이 전혀 준비되지 않았다고 내게 보고했다면 다른 방법을 찾을 수도 있었을 것이라는 아쉬움이 있다. 어떻게든 빨리 성과를 내고 싶어 과욕을 부렸던 건지, 아니면 또 다른 사정이 있었던 건지 알 수 없다. 그럼에도 불구하고 재단 설립 과정에서 청와대가 주도해 여러 가지 무리한 정황이 벌어진 것만큼은 분명하며, 미처 그런 부분까지 챙겨 보지 못한 것은 전적으로 나의 불찰이다. 그 부분에 대해선 내가 어떤 질책도 달게 받아야 한다고 생각한다.

---◇ ◇ ◇---

"한 가지만
사실대로 말하지 않았다"

어떤 사람들은 미르재단 등이 최서원 원장을 위해 설립된 것이 아니냐는 이야기도 하는데, 솔직히 쓴웃음이 나올 정도다. 나는 일생 동안 옷이든 집이든 모두 내 돈으로 지불했고, 최 원장으로부터 도움을 받은 사실이 없다. 그런데 내가 왜 그녀를 위해 재단을 만든다는 말인가? 그녀와 나의 관계를 실제로 봐 온 사람이라면 절대로 이렇게 생각하지 못할 것이다.

다만 나는 그녀와 오랜 기간 교류하면서 그녀가 문화와 체육에 대해 상당히 관심이 많다는 정도로 알고 있었다. 그녀는 간혹 문화에 대한 이야기가 나오면 눈을 빛내면서 의견을 내곤 했는데, 그중에는 상당히 참신하다고 여겨질 만한 것들도 있었다. 그것이 자신의 평소 생각인지 아니면 주변의 문화계 인사들로부터 들은 이야기였는지는 지금의 나로서는 알 수 없다. 어쨌든 당시 나는 최 원장이 문화에 식견이 있다고 생각했고, 2015년 문화 융성에 대한 구체적인 방안을 구상할 때도 최 원장의 이야기들이 내게 일부 영향을 미쳤을 수도 있다.

내가 민간 차원에서 문화 스포츠 재단을 추진한다는 이야기를 최 원장에게 했을 때 최 원장은 관심을 보였던 것으로 기억한다. 그녀의 문화에 대한 관심을 아는 나로서는 그것이 딱히 이상하다고 생각하지는 않았다. 심지어 그녀가 이것을 이용해 무언가를 할 것이라고는 꿈에도 생각하지 못했고, 그저 선의로 나를 도우려는 줄만 알았다. 재단이 설립된 뒤에도 최 원장이 간혹 재단과 관련된 이야기를 꺼낸 적이 있었는데, 나는 그때도 의심하지 않았다. 그녀가 재단 홍보 담당자와 아는 사이라서 우연히 전해들은 것처럼 말을 했기 때문에 그 말을 그대로 믿었던 것이다. 이때 조금 더 그녀에 대한 정보가 있었더라면 비극을 막을 수 있지 않았을까 후회가 든다.

●

재단 이사진 최서원에게 추천받아…
한스러운 큰 실수

이때 내가 그녀의 의견을 듣기만 하는 수준에서 그쳤으면 좋았을 텐데 정말로 한스러운 큰 실수를 한 것이 있었다. 미르재단과 K스포츠재단의 이사진을 구성할 때 최 원장으로부터 이사진을 추천받은 것은 사실이다. 미르재단은 기업에서 출연해 만들어 민간이 주도하는 재단이긴 해도 정부에서 아이디어를 내고 지원하는 재단이었다. 그렇기 때문에 정치나 이념으로 논란이 있는 인사들이 들어오는 것은 곤란하다고 생각했다. 문화계에 좌편향적인 인사들이 카르텔을 형성해 부당하게 이권을 행사하는 일들이 많이 벌어진다는 보고를 여러 군데서 받고 있던 나는 이념이나 정치와 무관한 인사들로 이사진을 구성해야 한다고 생각했다. 그런데 막상 이런 인사들을 구하는 것이 쉽지 않았다.

그러던 차에 최 원장이 나와 이야기하던 도중에 이런 말을 했다. 그녀는 "재단 이사들을 모두 전경련에서 추천받아서 선임하면, 기업에서는 정치나 이념에 대해서 잘 모르기 때문에 자칫 한쪽으로 편향될 수 있다는 이야기들이 나오는 것 같다"면서 "제가 알고 있는 문화·체육계 인사들로부터 추천을 받아볼 테니 참고해보는 게 어떻겠냐"고 했다. 실제로 그런 고민을 하고 있었던 만큼 나는 "주변에서 좋은 분을 추천받으면 명단을 보내보라"고 했다. 그렇게 해서 정호성 비서관을 통해 최 씨가 보내온 인사들의 명단을 받았다.

처음 최 원장에게 이사진 추천 명단을 받았을 때만 해도 이들을 그대로 쓰려는 생각은 아니었다. 당연히 다른 경로를 통해 크로스체크하도록 지시했는데, 그 결과 각 분야에서 상당히 명망도 있고. 이력도 흠잡을 데 없는 괜찮은 인사들이라는 점이 확인됐다. 예를 들어 정동춘 K스포츠재단 이사장의 경우 언론에서는 '최서원의 마사지사'라고 희화화되기도 했지만, 실제로는 서울대 체육교육과에서 박사 학위를 받고 건국대 한국건강영양연구소에서 책임연구원으로 일하는 등 전문성을 인정받은 인사였다. 만약에 정말 경력이 형편없는 사람이라면 그런 자리까지 갈 수는 없었을 것이다.

나는 이 명단을 안종범 수석에게 넘기면서 전경련에도 일러주라고 했다. 지금 돌아보면, 그때 재단 이사 추천이나 재단운영 자체를 전경련이 주도하도록 했으면 아무런 일도 일어나지 않았을 텐데 하는 후회가 가슴을 친다. 내가 왜 최 원장에게 추천 제안을 받았을 때 이런 문제를 그리 가볍게 지나쳤는지 지금 생각해봐도 모를 일이다. 당시 큰 의미 없이 했던 이 행동이 나중에 내가 최 씨와 공모했다는 검찰 측의 유력한 근거가 됐다. 나로서는 변명의 여지가 없는 실수였다.

•

검찰 조사 때
사실대로 진술하지 않은 딱 하나

사실 나는 추천 명단을 안 수석에게 전달했다는 사실을 검찰 조사 때는 부인했었다. 당시 검찰이 나의 진술은 하나도 믿어주지 않고 나를 뇌물죄의 주범처럼 단정하고 있다고 생각했다. 이런 상황에서 내가 명단 전달 사실을 인정하면, 앞뒤 맥락은 다 자르고 진술을 언론에 흘려 뇌물죄를 기정사실로 몰고 갈 거라고 판단했다. 나중에 법정에서 차분하게 전후 관계를 설명하면서 검찰에서 부인한 내용을 바로잡을 생각이었다. 내가 검찰 조사때 사실대로 진술하지 않은 건 이 대목이 유일했던 것으로 기억한다.

최 원장은 오랫동안 나를 도왔던 사람이기에 경계의 끈이 다소 느슨해져 있었던 것이 사실이다. 그녀가 내가 대통령이 되기 전 나와의 관계를 이용해 이득을 취한 적이 있었다면 그렇게 믿지는 않았을 것이다. 그래서 나중에 검찰 조사를 통해 최 원장이 K스포츠재단의 사무총장 면접까지 보고 다녔다는 것을 들었을 때는 좀처럼 믿기지가 않았다. 최 원장이 김종 문체부 2차관 같은 이들을 만나고 다니고 여러 사안에 개입해 개인적 이익을 도모하는 것은 꿈에도 상상하지 못했던 일이다. 나중에 최 원장이 검찰 조사에서 '대통령이 재단 일을 좀 봐달라고 했다'는 취지로 진술했다는 이야기를 듣고 정말 기가 막혔다.

앞서 말했지만, 2016년 10월 중순 최 원장이 독일에 비덱스포츠라는 회사를 세워 삼성으로부터 돈을 받았다는 보도가 나왔을 때, 그녀가 비덱에 대해 전혀 모른다는 취지로 내게 말을 했던 것을 떠올리면 지금도 전율이 인다. 검찰 조사와 재판을 받으면서 나는 '그토록 오래 봐왔던 최서원이라는 사람의 진짜 모습은 과연 무엇일까. 내가 너무 사람을 믿었던 건가'라는 생각에 사로잡혀 황당하고 참담한 기분이 들 때가 많았다.

•

내가 삼성물산-제일모직 합병 도왔다?
검찰의 무리한 억측

검찰은 나를 뇌물죄로 기소하면서 내가 최 원장 일가와 특수관계라는 점을 근거로 들었다. 가장 유명한 것이 2014년 9월 15일 대구 창조경제혁신센터 개소식에서 이재용 당시 삼성전자 부회장을 만났을 때 얘기다. 그 자리에서 내가 삼성이 대한승마협회를 맡아 정유라를 지원해줄 것을 요구하고, 그 대가로 이 부회장이 경영권 승계를 위해 필요했던 삼성물산과 제일모직의 합병 건을 도와주는 이른바 '묵시적 청탁'이 이뤄졌다는 것이 검찰 주장이다. 그러나 이는 검찰이 나를 뇌물죄로 기소하기 위해 만든 무리한 억측에 지나지 않는다.

애초에 이날 만남은 창조경제혁신센터 때문이었다. 이 부회장은 센터 설립에 많은 애를 썼는데, 센터가 제 역할을 하려면 앞으로도 삼성 같은 대기업과 중소기업과의 연계가 꼭 필요했다. 그래서 그간의 고마움을 전하면서 향후 협력에 대한 이야기를 나누면 좋겠다는 생각에서 잠깐 만났던 자리였던 것이다. 이날 이 부회장과 이런저런 이야기를 나누는 와중에 나는 삼성이 승마협회를 맡으면 좋겠다는 말과 함께 승마 선수들을 도와달라는 이야기를 꺼낸 것은 사실이다.

정치를 하면서 때로는 비공식적인 경로로 들은 이야기도 대화에 반영할 때가 있는데 이때가 그런 경우였다. 최 원장은 나를 만나러 올 때면 승마를 하는 딸 정유라 씨의 이야기를 간혹 하곤 했는데, 대한승마협회와 관련된 화제를 올릴 때도 있었다. 그 무렵 대한승마협회 내부가 분열돼 운영에 문제가 있었던 것 같다. 최 원장은 도쿄 올림픽을 앞두고 지원이 잘 안 된다며 염려하는 이야기를 했다. 그런데 마침 나는 다른 루트를 통해서도 비슷한 이야기를 들었다. 그래서 나는 삼성이 대한승마협회를 맡아 지원하면 이런 난맥상이 개선되지 않을까 생각했다. 특히 삼성이 과거 대한승마협회를 지원했던 적이 있다고 하니 올림픽을 앞두고 맡아준다면 한국 승마계를 위해 더할 나위 없이 좋겠다는 생각도 들었다. 혹자는 내가 이런 말을 한 것이 최 원장의 부탁을 받고 최 원장 딸인 정유라 씨를 지원하기 위해서 우회적으로 삼성에게 승마협회를 맡아달라고 한 것이라고 주장하기도 하지만, 전혀 근거가 없는 일방적인 억지다.

나는 이재용 부회장에게 정유라 씨를 언급하면서 도와달라고 한 적은 맹세코 없다. 나는 정유라 씨가 승마를 한다는 것은 알았지만, 그 구체적인 내용도 몰랐고, 단지 어릴 때 본 기억만 있었다. 최 원장이 내게 딸의 이름을 정유라로 개명했다는 것을 말해 주지 않았기 때문에, 이 사건이 나기 직전까지 나는 정유라 씨의 이름을 예전 이름인 정유연으로 기억하고 있었다. 무엇보다 나는 최 원장의 딸을 위해 삼성에 그런 부탁을 할 이유가 전혀 없었다. 이 부회장 역시 훗날 재판에서 내가 정유라 씨를 도와달라고 부탁한 적이 없다고 증언했다.

그래서 최 원장이 나 몰래 독일에 비덱스포츠라는 승마 관련 회사를 설립한 뒤 삼성으로부터 77억 9700만 원을 받았다는 것을 검찰 조사에서 알게 됐을 때 느낀 배신감과 허탈감은 이루 말할 수 없었다. 최 원장은 2016년 가을 독일에 갈 때도 그곳에 가 있는 딸(정유라)이 아파서 엄마로서 간호하고 돌봐주러 가게 됐다고 말했다. 그래서 검찰 조사에서 정유라 씨가 삼성에서 말을 받고 승마대회를 나갔다는 이야기를 듣고 '아프다는 딸이 어떻게 말을 탔다는 거지? 이야기가 어디서 잘못 전해진 것은 아닌가? 삼성이 78억 원을 왜 지원한 것이지?' 같은 의문이 머릿속에 남아있었다. 청와대 민정수석실이나 국정원에서도 최 원장에 대한 보고가 들어오지 않아 언론에서 제기된 의혹이 잘못됐을 것이라는 생각이 더 강했다.

그렇더라도 나와 이 부회장 사이에 있었던 일은 내가 분명하게 기억하고 있다. 이 부회장은 법정 진술을 통해 2015년 7월 25일 나와 개별 면담을 했을 때 내가 "삼성이 승마협회 운용을 잘 못하고 있다. 한화보다 못한 것 같다. 선수들 해외 전지 훈련도 안 보내고 좋은 말도 안 사주고 있다"고 질책했다고 말했다. 또 박상진 전 삼성전자 사장(당시 승마협회장)은 이 부회장이 나와 만난 뒤 측근들에게 "신문에서 대통령 눈빛이 레이저 빔 같다고 한 게 있었는데 무슨 말인지 알겠더라"고 말했다고 진술했다. 변호인을 통해 이런 얘기를 처음 전해들었을 때는 솔직히 어처구니가 없었다.

내가 부탁해서 어렵게 승마협회까지 맡은 이 부회장에게 고맙다고 하지는 못할망정 어떻게 질책을 할 수 있겠는가. 완전히 정반대다. 2015년 7월 25일 면담은 무척 화기애애한 분위기였다. 당시 내가 이 부회장에게 삼성에서 파견한 승마협회 임원들 중 2명이 문제 있다는 이야기가 있다는 말은 전한 것으로 기억한다. 그렇지만 '레이저 눈빛'을 보내거나 이 부회장을 질책한 사실은 없다. 이 부회장도 나중에 안종범 수석을 통해 '오늘 너무나 즐거웠다. 이런 자리를 마련해줘서 감사했다'고 전해왔을 정도다. 당시 내가 기억하는 면담 분위기는 이 부회장이 법정에서 진술했다는 말과는 너무 다르다.

그날 분위기 좋게 담소를 나눈 이 부회장이 왜 내가 역정을 냈다고 증언했는지 오랫동안 이해가 되지 않았다. 내가 만나본 이 부회장은 바르고 정직한 사람이었다. 그럼에도 불구하고 그가 이렇게 이야기한 것은 나름의 이유가 있지 않았을까 생각한다. 이 부회장도 최 원장 문제에 엮여 구속되고 검찰 조사를 받는 등 고초를 많이 겪었다. 당시에는 나와 최 원장과 관련된 사람들은 모두 처벌돼야만 하는 분위기였다. 그런 험악한 분위기 속에서 그는 '대통령의 강압에 의해 어쩔 수 없이 한 것'이라는 식으로 말해야 뇌물공여죄가 아닌 강요죄의 피해자가 되어 처벌을 면할 수 있다는 법률적 조언을 받은 것이 아닐까. 어디까지나 짐작일 뿐이지만, 사실과 달랐던 그의 발언을 나는 그렇게 이해하고 싶다.

또 검찰은 이 부회장이 정유라 씨를 지원하고 미르재단과 K스포츠재단에 수백억 원을 출연하는 대가로 얻은 것이 삼성물산과 제일모직의 합병 성사라고 한다. 역시 말도 안 되는 이야기다. 이 부회장으로부터 그런 부탁을 받은 적도 없고 내가 관여한 것도 없다. 당시 국민연금공단이 삼성물산의 최대 주주이긴 했다. 그리고 언론 등에서도 국민연금 측이 어떤 입장을 취할지가 초미의 관심사였다는 것은 알고 있다.

하지만 나는 합병에 대해 국민연금공단에 어떤 지시도 하지 않았다. 공단을 관할하는 것은 보건복지부인데, 문형표 당시 복지부 장관의 이야기도 마찬가지다. 문 전 장관은 특검 조사에서 합병과 관련하여 "대통령이 합병에 찬성하도록 지시한 사실이 없다. 대통령이 시키지도 않은 것을 어떻게 인정하냐"라는 취지로 항변했다고 한다.

내가 삼성물산과 제일모직의 합병 건에 대해서 기억나는 것이 있다면 당시 삼성 임직원들이 수박을 들고 소액주주 집을 방문하며 합병 승인에 찬성해달라고 호소했다는 기사 정도다. 법원은 양측의 합병에 찬성하라고 청와대가 지시했다는 검찰의 기소 내용을 받아들여 이 부회장과 나에게 유죄를 선고했다. 이는 당연히 사실이 아니기도 하거니와, 합병으로 손해를 입었다며 미국계 헤지펀드 엘리엇이 한국 정부를 상대로 낸 소송과 관련해 2023년 6월 1심 판결에서 정부가 690억 원을 배상하라는 판결이 나오기도 했다. 검찰이 삼성물산-제일모직 합병에 정부가 부당하게 개입했다는 쪽으로 몰고 가서 결국 얻은 것이 과연 무엇인지를 반문하지 않을 수 없다.

검찰은 내가 기업 총수들과 만났을 당시 기업의 애로사항과 기업이 출연한 어떤 것을 결부시켜 대가성이 있다고 했다. 하지만 내가 재임기간 중 어느 시점에 어느 기업 관계자를 만나도 기업이라는 곳에는 늘 애로사항이 있기 마련이다. 또 기업이 사회공헌이나 자선을 베풀었을 때 내 국정기조 중 어느 하나와는 결부시킬 수 있을 것이다. 그런 식의 논리라면 역대 대통령 중 어느 누구도 대가성 논란을 피할 수 없을 것이다.

●

정유라 2등 하자 내가 감사 지시?
사실 아냐

정유라 씨와 승마에 대한 말이 나온 김에 짚고 넘어가고 싶은 것이 한 가지 더 있다. 2013년 4월 경북 상주에서 열린 승마대회에서 정 씨가 2등을 해서 내가 승마협회에 대한 감사를 지시했고, 이 과정에서 문화체육관광부 소속의 노태강 체육국장과 진재수 체육정책과장이 대기발령을 받고 교체됐다고 세상에 알려져 있다. 그런데 나는 당시 정 씨가 2등을 한 것은커녕 상주에서 승마대회가 열린 것도 몰랐다. 앞에서도 언급했지만 나는 정 씨에 대해서 잘 알지도 못했고 도와줄 생각을 한 적도 없다.

일각에서는 내가 2013년 7월 국무회의에서 '체육계 비리' 척결 지시를 내린 것을 이 대회와 연결 짓기도 하는데, 실제로는 당시 한 태권도 대회에서 선수 아버지가 판정에 대한 억울함을 호소하는 유서를 남기고 자살한 사건 때문에 내린 지시였다.

이를 계기로 체육계 비리에 대한 대책 마련을 지시했는데 이후 보고가 제대로 올라오지 않았다. 그래서 당시 민정수석실에 관련 지시를 했다. 조응천 당시 공직기강비서관이 이에 대한 조사를 했는데, 조 비서관은 '노 국장과 진 과장이 일을 제대로 수행하지 않아서 방치돼 있다. 이들에 대한 교체가 바람직하다'고 보고서를 올렸다. 또 국무총리실 암행감찰관이 감사를 벌인 결과 노 국장은 유명 바둑기사의 사인이 새겨진 고가의 바둑판을 받은 사실도 드러났다.

•

내게 '노태강 교체' 이의 제기했다는 유진룡…
실소했다

그래서 나는 8월 유진룡 문체부 장관이 대면 보고를 하러 왔을 때 그에 대해 인사 조치하는 것이 좋겠다고 말했던 것이다. 유 장관은 이후 검찰에서 8월 보고 당시 나에게 "정말 죄송하지만, 과장·국장에 대해 가장 잘 아는 사람은 장관이니 부정확한 정보를 가지고 인사 지시를 하는 것은 상당히 무리가 따를 것이기 때문에 장관인 저에게 맡겨 달라"고 말했다고 진술했다. 나는 그 말을 듣고 실소했다. 당시 내 지시를 받은 유장관은 아무런 이의를 제기하지 않고 나갔기 때문이다.

다만 진재수 과장이 2013년 7월 승마협회 내부 갈등과 비리를 조사한 뒤 청와대에 '승마협회 내에 박원오 전무를 놓고 친박원오·반박원오 파벌이 있고 둘 다 문제가 있다'는 취지의 보고서를 노태강 국장을 통해 제출했는데 "청와대에 보고서가 제출된 지 몇 시간 지나지 않아 박원오의 항의전화를 받았다"고 재판에서 진술한 것에 대해선 나도 정확한 경위를 잘 모른다. 박원오 전무는 최서원 원장과 가까운 사이였는데, 민간인인 그에게 공문서 내용이 빠져나갔다면 분명히 큰 문제였다. 나 모르게 청와대 비서관들이 벌인 일인지 잘 모르겠지만, 당시 이런 개입 사실을 알았다면 나는 분명히 문책을 했을 것이다.

내가 이후에도 노태강 국장을 표적으로 삼아 집요하게 보복인사를 했다고 알려져 있는데 이 역시 사실과 다르다. 2016년 한·불 수교 130주년 행사가 있었는데 당시 국립중앙박물관이 프랑스 박물관 측과 함께 프랑스 장식미술전을 준비했다. 그런데 그 과정에서 프랑스 측은 자국의 명품 제품 몇 점을 전시에 포함시키고 싶어 했다. 하지만 국립중앙박물관은 시중에 판매되고 있는 제품을 전시하는 건 곤란하다고 거절해 협상이 오가다가 결국 전시회가 무산되는 일이 있었다. 보고를 받고 나는 '전통이 발전해서 현대로 연결되는 것인데, 왜 그렇게 경직된 해석을 했을까'라는 아쉬운 생각이 들었고 외교문제로도 비화될 수 있다는 생각에 담당자에게 책임을 물으라고 했다.

그런데 공교롭게도 그 실무 담당자가 노태강 당시 국립중앙박물관 교육문화교류단장이었다. 일부러 그를 노린 것은 아니었지만 그렇다고 해서 책임을 묻지 않을 수도 없었다. 그래서 그를 산하기관 임직원으로 보내도록 한 것이었고, 그는 스포츠안전재단 사무총장으로 가게 됐다.

나중에 김종덕 문체부 장관은 재판에서 사실과 다른 이야기를 했다. 자신이 노 국장을 국민체육진흥공단 본부장으로 보내려고 보고했더니 김상률 청와대 교육문화수석이 말하기를 "누가 그렇게 좋은 자리로 보내라고 했느냐며 대통령이 언짢아 하셨다"는 것이다. 전혀 그런 기억이 없다. 나중에 김상률 수석도 재판에서 "대통령께서 그런 말씀도 하지 않으셨고, 따라서 저도 김종덕 장관에게 그런 전달을 하지 않았습니다"라고 지적했지만, 마치 내가 일부러 노태강 국장을 찍어서 감정적으로 보복 인사를 한 것처럼 부풀려져 세상에 알려졌다. 재판 과정에선 이런 일들이 비일비재했다.

문화계 블랙리스트 의혹을 다룬 재판 때였다. 증인으로 출석한 김종덕 장관은 2015년 1월 내가 "잘못된 영화 때문에 젊은 사람들이 잘못된 생각을 한다"며 문체부 차원에서 건전한 콘텐트를 지원하라고 지시했다고 말했다. 그러나 나는 구조적 문제를 언급했을 뿐 구체적으로 무언가를 하라고 지시한 적은 없다. 왜 자꾸 이런 일이 벌어지는지 재판 내내 속이 답답했다.

장관이나 수석들이 대통령과 면담 후에 내용을 적는데, 시간이 지나면 그것이 대통령의 발언인지, 아니면 이야기를 들으며 떠오른 자기 생각을 적은 것인지 모호해질 때가 있다. 블랙리스트 논란도 그런 차원이라고 본다. 시간이 지나면 사실관계가 밝혀지리라 생각한다.

주 4회 재판,
야만의 시간

　재판은 심리적으로도 힘들었지만 육체적으로도 굉장히 힘든 과정이었다. 매주 3회씩 열렸는데 매번 10시간이 넘는 강행군이었다. 심지어 2017년 6월부터는 매주 4회(월·화·목·금)로 진행됐다. 나는 당시 허리와 어깨 통증 등으로 잠도 제대로 이루지 못하던 상황이었기 때문에 체력적으로 너무 지친 상태였다. 특히 허리 통증으로 10시간 가까이 재판정에 나와 앉아 있는 것이 마치 독침에 쏘인 것처럼 고통스러웠다.

　검찰이 나를 기소하면서 냈던 증거만 12만 쪽이 넘었는데,

그중 대부분은 내가 보지도 듣지도 못한 문서들이었다. 변호인들과의 충분한 상의는 차치하더라도 그 내용이 무엇인지는 파악하도록 해줘야 최소한의 방어권이 보장될 수 있다. 하지만 나는 구속 상태였고, 변호인들 역시 주 4일 아침부터 밤늦은 시각까지 재판을 하고 돌아가 밤새 증거기록을 보면서 재판을 준비하고, 다시 아침이면 재판정에 출석했다. 그것을 몇 달 동안 반복해야 했다.

변호를 맡았던 이상철 변호사는 "66세의 고령인 연약한 여성이 주 4일 법정에 출석해 재판을 받는 것은 체력적인 면에서 감당하기 어렵다"고 호소했으나 재판부는 받아들이지 않았다. 그러면서 "주 3일 재판을 하면 심야까지 진행될 수도 있으니, 주 4일 재판을 하며 업무시간 내에 충분한 휴식을 취하는 것이 피고인들의 건강에 유리하다고 판단한다"고 답했다. 솔직히 말하면 재판부는 내 건강을 신경 쓰기보다 어떻게든 구속영장 만료기간인 10월 16일 이전에 판결을 내리는 것에만 초점을 맞추는 듯했다. 변호인단도 나와 생각이 같았다.

한 달도 안 돼 물러난
민정수석

　그러다가 6월 30일 오후 6시 30분경 나는 갑작스럽게 현기증이 온 데다 고질적인 허리 통증 때문에 너무나 힘이 들어서 도저히 앉아있을 수가 없었다. 나도 모르게 책상으로 몸이 기울어졌는데 그것을 보고서야 재판부는 남은 일정은 다음에 진행하겠다며 재판을 중단했다. 육체도 육체지만 재판을 하면서 기가 차고 답답한 상황들이 많아 나는 심신이 극도로 쇠약해진 상태였다. 나의 몸에서는 이상 경고음이 심각하게 울리고 있었다. 변호인단은 "주 4일 재판 일정은 부당하다"며 "주 4일 재판을 진행하면 피고인의 방어권이 충분히 보장될 수 있는지 의문이고, 재판부도 실체적 진실이 발견될 수 있을 정도로 정밀하게 숙지하실 수 있는지 감히 의문이 남는다"고 재차 항의했다. 하지만 재판부는 여전히 받아들이지 않았다.

　이런 상황 속에서 구치소에서 발가락을 심하게 다치면서 몸에 또 문제가 생겼다. 몸의 기능이 저하돼서인지 나는 구치소

독방에서 왼발 발가락을 문턱에 자주 부딪히곤 했다. 원래 대통령 재임 중에도 발가락이 좋지 않았다. 처음엔 대수롭지 않게 여겼는데 부딪히는 것이 반복되다보니 나중에는 신발을 신으면 통증 때문에 걷기가 힘들 정도가 됐다.

7월 10일에는 이재용 당시 삼성전자 부회장이 증인으로 출석했는데, 발가락 문제 때문에 걷기가 힘든 지경이어서 재판에 나갈 수가 없었다. 당시 내가 이 부회장과의 대면을 피하기 위해 불출석한 것 아니냐는 말이 돌았다는데, 그건 전혀 사실이 아니다. 나는 오히려 이 부회장을 꼭 만나보고 싶었다. 나와 만난 다음에 왜 측근들에게 '레이저' 같은 이야기를 한 것인지, 정말로 면담 분위기를 그토록 안 좋게 느꼈는지 등을 물어보고 싶었다. 나로서는 너무나 황당한 이야기였기에 어떻게해서 그런 말이 나온 것인지 정말 궁금했다.

내가 출석할 수 없는 상황이 되자 유영하 변호사가 자신도 병원에서 수술하고 퇴원한 다음 날이었는데 그 재판에 출석했다. 내가 만류했지만, 자신이 대신 물어보겠다고 하면서 무리를 한 것이다. 하지만 이날 이 부회장은 일체의 증언을 거절했기 때문에 내가 설령 재판에 나갔다 하더라도 대답을 듣기는 어려웠을 것 같다.

그 후, 8월 25일 이 부회장이 1심에서 징역 5년형이 선고됐다는 것을 알게 됐을 때는 진심으로 안타까웠다. 그날 재판 도중, 유영하 변호사가 연필로 '이재용 부회장 5년 나왔습니다'라고 메모지에 적어서 보여줬다. 사실 이 부회장은 아무런 죄가 없다는 것을 누구보다 내가 잘 알기 때문에 착잡한 심경이었다. 안타까움에 나도 모르게 손으로 조용히 가슴을 두드릴 수밖에 없었다.

발가락 통증이 나아진 나는 7월 14일부터 다시 재판에 출석했다. 허리 통증은 여전했고 무릎과 어깨 등 몸 곳곳이 망가졌지만 재판부는 재판 출석을 종용했다. 하지만 내가 좋지 않은 컨디션임에도 악착같이 재판에 나갔던 것은 이를 통해 적어도 사익을 추구했다는 뇌물죄 혐의만큼은 떳떳하다는 것을 증명하고 싶었기 때문이었다. 2016년 가을부터 국정조사와 특검, 그리고 검찰에 이르기까지 국가기관이 가능한 모든 수사 역량을 동원했지만, 내가 최서원 원장이나 그 어디로부터도 단 1원도 취한 사실이 없다는 것이 명백하게 드러나고 있었다. 또한 내가 최 원장과 공모했거나 경제공동체라는 증거도 나오지 않았다.

●

구속영장 만료일 다가오자,
이해되지 않는 재청구

그런 가운데 2017년 9월 26일 검찰은 구속영장 만료일(10월 16일)이 다가오자 기존 구속영장에는 기재하지 않았다가 기소할 때 공소장에 담았던 혐의에 대해 추가로 구속영장을 발부해달라고 법원에 청구했다. K스포츠재단이 SK그룹에 89억 원을 요구했다는 혐의와 K스포츠재단이 롯데그룹으로부터 70억 원을 받았다가 돌려준 혐의였다. 그런데 SK 관련 혐의에 대해서는 이미 심리가 다 진행이 되었고, 롯데 관련 혐의는 기존 영장범죄사실에 기재돼 있었다. 구속이라는 것은 범죄혐의가 어느 정도 소명된 상태에서 증거인멸이나 도주의 우려가 있을 때 발부되는 것인데, 이미 SK나 롯데와 관련된 재판이 거의 다 진행이 되었는데, 무슨 증거를 인멸할 우려가 있다는 것인지 이해가 되지 않았다. 검찰은 정말 내가 증인을 회유하거나 증거를 인멸할 것이라고 생각해서 영장 청구를 한 것인지 되묻고 싶은 심정이었다.

추가 구속영장 청구에 대해 유영하 변호사는 "검찰이 추가로 영장을 청구한 롯데 70억 원의 제3자 뇌물수수죄는 기존 영장의 범죄사실과 사실관계가 동일하고, SK에 대한 뇌물요구죄는 관련자들의 증언과 관련 증거에 대한 조사를 마쳐 심리가 사실상 다 끝났는데, 피고인이 어떤 증거를 인멸할 우려가 있다는 건지, 어떤 방법으로 이를 인멸할 수 있는지 납득이 되지 않는다. 형사법의 대원칙은 무죄추정과 불구속 수사다. 정권이 바뀐 후 소위 '적폐청산'이라는 이름 하에 전 정권에 대한 무차별적인 정치보복이라는 우려를 불식시키기 위해서라도 구속영장을 발부하지 말아달라"라고 요청하였지만, 소용없었다.

검찰이 문제 삼는 SK나 롯데와의 문제 역시 앞서 다른 기업들과의 사례와 비슷하다. 검찰은 2016년 2월 내가 쉐라톤 그랜드 워커힐 호텔 면세점 특허 재심사에서 탈락한 최태원 SK그룹 회장과 만나 면세점 특허 갱신과 동생 최재원 SK 부회장의 가석방 청탁을 받으면서 K스포츠재단의 가이드러너 지원

사업·해외 전지훈련 지원 사업 명목으로 89억 원을 요구했다
고 주장했다.

그러나 당시의 진상은 이렇다. 나는 2016년 2월 16일 청와
대 안가에서 최 회장을 만나 창조경제혁신센터에 대한 이야기
를 주로 나눴다. SK는 대전 창조경제혁신센터를 돕고 있었는
데, 스마트 팜 등 좋은 아이디어로 센터 활성화에 크게 기여했
고 나중에는 세종 창조경제혁신센터까지 맡았다. 이날도 최
회장이 좋은 아이디어를 많이 내놓아서 나는 안종범 수석에
게 연락해 면담 중간에 동석시킨 뒤 최 회장의 이야기를 참고
하도록 했다. 그러던 와중에 안 수석에게 SK가 미르·K스포
츠재단에 111억 원을 출연했다는 말을 듣고 감사를 전했을 뿐
이다.

그리고 최 회장이 워낙 아이디어가 많고 추진력이 뛰어나니
시각장애인을 돕는 가이드러너 사업에 SK처럼 대기업이 도와
주면 참 좋을 것 같다고 이야기했다. 다만 89억 원에 대한 언
급은 꺼낸 적이 없다. 가이드러너 사업은 K스포츠재단에서 진
행하는 사업이었는데, 의미 있는 사업이라고 생각해 적극 추
진하고 싶었다. 이 사업을 나에게 알려준 최서원 원장은 재단

의 홍보 관계자를 통해 들었다고 이야기했는데, 좋은 취지의 사업이라고 생각했기 때문에 SK 측에 제안한 것이지, 최서원 원장 측의 이권이 개입된 사안인 줄 알았다면 나는 절대로 거론하지 않았을 것이다. 참고로 면담 당시 최 회장은 "동생(최재원 당시 SK 수석부회장)이 아직 못 나와서 조카들 볼 면목이 없다"며 수감 중이던 동생 얘기를 완곡하게 꺼냈던 것으로 기억한다. 하지만 최 회장이 직접적으로 가석방을 언급한 적은 없고, 나 또한 최 회장의 얘기를 그냥 듣기만 했을 뿐 가석방에 대해 어떤 지시도 내린 적이 없다.

가이드러너 사업은 나중에 실무 진행 과정에서 SK그룹 담당자가 K스포츠재단 측이 요구한 금액이 너무 많아서 난색을 표했다고 한다. 이에 K스포츠재단 측에서 처음 요구했던 89억 원을 감액하고 절충하는 과정을 거쳐 최종적으로는 30억 원을 지원하기로 합의했다고 한다. 그런데 갑자기 K스포츠재단에서 SK 관계자에게 자신들이 지원을 요구한 것은 없던 것으로 하자고 연락이 와서 없던 일로 된 것이라고 한다. 나중에 검찰 조사와 재판 과정에서 그런 사실을 자세히 알게 되어 최 회장에게 가이드러너 이야기를 건넨 것을 뒤늦게 후회했지만,

내가 세심하게 살펴보지 못한 불찰이라고 생각한다. 이러한 것을 제대로 챙기지 못한 것에 대해서는 국민들에게 거듭 죄송할 따름이다.

롯데가 미르재단과 K스포츠재단에 45억 원을 출연하고 난 뒤 2016년 3월 14일 청와대 안가에서 신동빈 롯데 회장과의 독대 자리가 있었다. 여기서 내가 롯데의 면세점 신규 특허 취득을 대가로 K스포츠재단의 하남 체육시설 건립에 70억 원을 추가 출연토록 강요했다는 검찰 주장도 나로서는 황당한 이야기다.

당시 내가 신 회장에게 하남 체육시설에 대한 이야기를 한 적은 있지만 구체적인 금액을 말한 사실도 없고, 더욱이 면담 중에 신 회장으로부터 면세점 관련 청탁을 받거나 다른 어떤 청탁을 받은 적이 없다. 신 회장도 내게 기업 관련 부탁을 한 사실이 전혀 없다. 내가 기억하기로는 당시 신 회장과는 고용 창출 문제와 평창 동계올림픽 등에 관한 이야기를 나누었다. 나중에 롯데가 추가로 K스포츠재단에 건넨 돈이 70억 원이고 기업에 너무 많은 부담을 주는 것 같다는 말을 전해듣고, 이를 철회시키라고 안 수석에게 지시한 것으로 기억한다.

●

"재판부에 대한 믿음,
더 이상 의미가 없다는 결론"

어쨌든 이 문제는 기존 재판에서 다뤄지고 있었음에도 검찰이 구속영장에 빠져있었다는 이유로 이 두 건을 추가해 구속영장을 다시 받겠다고 나선 것이다. 변호인단은 검찰의 추가 구속영장 청구는 다른 공소 사실 재판을 위한 "별건 구속"이라고 항의했다. 하지만 10월 13일 법원은 검찰이 청구한 영장 내용 중 SK그룹에 뇌물을 요구했다는 점에 대해 증거인멸 우려가 있다는 이유로 추가 구속영장을 발부했고, 최장 6개월간 구속이 연장됐다.

이로써 재판을 통해 결백함을 가려보고자 했던 나의 기대는 완전히 사라졌다. 이 재판은 애초에 뇌물죄를 확정짓기 위한 하나의 요식 행위에 불과하다는 생각이 굳어졌다. 그래서 나는 향후 재판에 불참하기로 결정했고 변호인단에게 모두 사임을 요구했다.

10월 13일 재판에서 나는 다음과 같은 입장문을 읽었다.

"구속돼 주 4회씩 재판을 받은 지난 6개월은 참담하고 비통한 시간들이었습니다. 한 사람에 대한 믿음이 상상조차 하지 못한 배신으로 되돌아왔고, 이로 인해 저는 모든 명예와 삶을 잃었습니다.

무엇보다 절 믿고 국가를 위해 헌신하시던 공직자들과 국가 경제를 위해 노력한 기업인들이 피고인으로 전락한 채 재판 받는 모습을 지켜보는 건 참기 힘든 고통이었습니다.

하지만 염려해주신 분들께 송구한 마음으로, 그리고 공정한 재판을 통해 진실을 밝히고자 하는 마음으로 담담히 견뎌 왔습니다. 사사로운 인연을 위해서 대통령의 권한을 남용한 사실이 없다는 진실은 반드시 밝혀진다는 믿음과, 법이 정한 절차를 지켜야 한다는 생각에 심신의 고통을 인내했습니다.

저는 롯데, SK뿐만 아니라 재임기간 그 누구로부터도 부정한 청탁을 받거나 들어준 사실이 없습니다. 재판 과정에서도 해당 의혹은 사실이 아님이 충분히 밝혀졌다고 생각합니다.

오늘은 저에 대한 구속 기한이 끝나는 날이었으나 재판부는 검찰의 요청을 받아들여 지난 13일 추가 구속영장을 발부했습니다. 하지만 검찰이 6개월 동안 수사하고, 법원은 다시 6개월 동안 재판했는데 다시 구속 수사가 필요하다는 결정을 저로서는 받아들이기 어려웠습니다.

변호인들은 물론 저 역시 무력감을 느끼지 않을 수 없었습니다. 그리고 오늘 변호인단은 사임의 의사를 전해왔습니다. 이제 정치적 외풍과 여론의 압력에도 오직 헌법과 양심에 따른 재판을 할 것이라는 재판부에 대한 믿음이 더 이상 의미가 없다는 결론에 이르렀습니다.

향후 재판은 재판부의 뜻에 맡기겠습니다. 더 어렵고 힘든 과정을 겪어야 할지도 모르겠습니다. 하지만 포기하지 않겠습니다. 저를 믿고 지지해주시는 분들이 있고, 언젠가 반드시 진실이 밝혀질 것이라고 믿기 때문입니다.

법치의 이름을 빌린 정치 보복은 저에게서 마침표가 찍어졌으면 합니다. 이 사건의 역사적 멍에와 책임은 제가 지고 가겠습니다. 모든 책임을 저에게 묻고, 저로 인해 법정에 선 공직자들과 기업인들에게는 관용이 있기를 바랍니다."

이것을 다 읽고 나자 법정은 고요해졌다. 재판부는 다소 놀란 듯 "잠시 휴정을 하겠습니다"라고 휴정을 선언했다. 나는 바로 법정에서 퇴장해 구치소로 돌아갔다. 이후 재판은 내가 불참한 궐석 재판으로 진행됐다. 변호인단이 전원 사임해 국선 변호인이 접견을 요청했지만 나는 모두 거절했다. 국선 변호인에 대한 불신이 아니라 재판에 대한 불신 때문에 더 이상의 법적 절차가 의미가 없다고 본 것이다.

해가 바뀌었다. 2018년 2월 13일 최서원 원장이 1심에서 징역 20년, 벌금 180억 원을 선고받았다는 소식을 접견을 온 유 변호사를 통해 들었다. 나는 '나도 비슷한 판결을 받겠다'는 생각이 들었다. 예상대로 4월 6일 1심에서 첫 판결이 나왔는데 검찰이 제시한 18개 혐의 중 16개가 유죄로 인정되어 징역 24년에 벌금 180억 원이 선고됐다. 이는 나중에 대법원(2021년 1월 14일)에서 징역 20년, 벌금 180억 원, 추징금 35억 원으로 확정됐다.

사실 판결을 전해 들었을 때 징역이 30년이든 100년이든 어차피 나는 의미를 두지 않았기 때문에 별다른 느낌도 없었다. 어차피 최 원장과 나를 공동정범으로 묶어서 뇌물죄를 만들려 했던 재판이니 말이다. 이것은 이 재판에서 건드릴 수 없는 원칙이 되어 있었다. 그랬기에 항소도 포기했다. 내가 잘못한 게 있다면 재판정에서 진실을 가릴 수 있다고 믿었다는 것이다. 시간이 흐른 뒤 역사의 법정에서 이 모든 것에 대한 진실이 밝혀질 것으로 믿는다.

일러두기

박근혜 전 대통령 형량

박근혜 전 대통령의 재판은 크게 국정농단 의혹, 국정원 특활비 상납 의혹, 새누리당 공천 개입 의혹 사건으로 나눠 진행됐다. 국정농단 사건 1심은 박 전 대통령에게 징역 24년, 벌금 180억 원을 선고했다. 대기업에게 모금한 미르·K스포츠재단 출연금과 최서원(개명 전 최순실) 씨의 딸 정유라 씨에게 삼성이 준 승마 지원비 일부를 뇌물로 인정했다. 2심은 최 씨 일가와 연관된 한국동계스포츠영재센터에 삼성이 건넨 후원금까지 제3자 뇌물로 추가했고, 박 전 대통령의 형량은 징역 25년, 벌금 200억 원으로 늘었다.

특활비 상납 의혹 사건 1심 재판에서는 징역 6년, 2심에서는 징역 5년이 선고됐는데 2019년 대법원이 국정농단 의혹 사건과 특활비 상납 의혹 사건의 원심을 깨고 서울고법으로 돌려보내면서 두 사건이 병합됐다. 이후 2020년 7월 10일 파기환송심에서 박 전 대통령의 강요죄, 문화예술계 블랙리스트 의혹과 관련한 직권남용 권리행사방해 혐의가 무죄로 뒤집히면서 징역 20년, 벌금 180억 원으로 형량이 줄었다.

대법원 3부는 2021년 1월 14일 재상고심에서 징역 20년을 선고한 원심 판결을 확정했다. 여기에 2018년 11월 21일 공천 개입 의혹 사건 항소심에서 공직선거법 위반 혐의로 선고된 징역 2년을 더해 박 전 대통령의 총 형량은 징역 22년으로 확정됐다.

"최서원이 모든 인사를 했다"는
거짓 선동

　내가 탄핵당할 무렵 언론에서는 국정농단을 벌인 최서원 원장이 공직자 인사를 좌지우지한 것처럼 보도했다. 하지만 최 원장에게 추천을 받아 임명했던 장·차관은 김종 문체부 2차관이 유일하다. 김종 차관도 별도의 검증과정을 거친 것은 물론이다. 지금 생각하면 김 차관 한 명 임명도 큰 실수였다고 후회하지만, 최 원장이 마치 모든 인사권을 쥐고 있었던 것처럼 이야기하는 것은 사실 왜곡이라는 점을 분명히 하고 싶다.

　나는 대통령이 되기 전부터 문화·예술 등에 관심이 많았기 때문에 펼치고 싶었던 정책도 많았다. 이를 위해 문화부에 국정철학을 힘있게 추진할 수 있는 인사를 기용하려 했으나 인선이 생각만큼 잘 안 되었다. 그러던 차에 이전부터 문화 방면에 관심을 드러냈던 최 원장이 자신과의 사적인 인연은 밝히지 않았지만, 소신껏 일을 잘할 만한 인사가 있다면서 추천한 사람이 김종 2차관이었다. 검증을 해보니 경력도 하자가 없고, 나름 전문성을 갖춘 인사였다.

●

최서원이 추천한 김종, 차은택…
전문성 있어 임명했지만

그렇게 해서 문화부 차관으로 임명한 것인데 그의 딸이 최 원장의 딸 정유라 씨의 친구라는 것은 나중에 최 원장 문제가 터진 뒤에야 알았다. 그걸 몰랐던 것도 나의 잘못이지만, 만약에 당시에 그런 밀착 관계를 알았다면 절대로 임명하지 않았을 것이다.

김종 2차관은 최 원장의 부탁을 거절하지 못하고 도움을 준 것으로 나중에 알게 됐다. 최 원장의 조카 장시호 씨가 삼성으로부터 후원을 받아 세운 한국동계스포츠영재센터에 문체부 예산 6억 7000만 원을 배정하는가 하면, 김재열 제일기획 스포츠사업 총괄사장을 찾아가 청와대의 관심사라면서 장시호 씨를 돕게 했다.

그리고 내가 최 원장의 추천으로 임명한 사람이 차은택 감독이다. 2015년 4월 문화창조융합본부를 설립하면서 이를 끌고 갈 인사를 찾고 있을 때 소개받았다. 그는 예전부터 가수 싸이, 왁스, 조수미 등의 뮤직비디오를 제작해 유명한 인물이었고, 이전에도 대통령 직속 문화융성위원으로서 여러 가지 좋은 아이디어를 낸 적이 있었기 때문에 큰 의심 없이 임명했다.

실제로 그는 2014 인천 아시안게임 영상감독과 밀라노 엑스포 전시관 영상감독으로도 활약했는데, 특히 밀라노 엑스포에서는 장독대를 활용해 한식을 선보이는 영상을 만들어 호평을 받았다고 보고받기도 했다. 차 감독의 실력을 너무 믿었던 나머지 나는 그의 추천을 받아 김종덕 전 홍익대 교수를 문체부 장관으로, 김상률 전 숙명여대 교수를 청와대 교육문화수석으로 임명했다. 김종덕 장관이 차 감독의 대학원 은사라는 것은 알고 있었지만, 문화계가 워낙 좌파 성향의 인사들이 힘을 쥔 곳이다 보니 임명할 수 있는 인력 풀이 제한적이었던 측면도 있다.

언론에선 차 감독을 비롯해 최서원 원장이 개입된 각종 의혹에 대해 2016년 9월 집중 보도를 했다. 공교롭게 당시 나는 경주 지진 사태 때문에 현장을 방문하고 뒷수습을 챙기느라 최 원장 관련 보도를 잘 챙겨 보지 못했다. 이것도 최 원장 문제에 대한 대처가 늦어진 요인 중 하나가 됐는데 지금 생각해도 후회스러운 대목이다.

●

최서원 일탈,
보고 못 받고 못 살핀 것 모두 내 잘못

나는 지금도 왜 이런 일들이 당시 청와대 민정수석실이나 국가정보원 등에 체크가 돼 보고가 이뤄지지 않았는지를 이해할 수가 없다. 나도 모르게 누군가 중간에서 이 같은 보고를 가로챈 것일까. 아니면 최 원장의 일탈을 알고 있었음에도 개인적인 인연 때문에 나에게 이야기하지 않은 것인가? 풀리지 않은 수수께끼 같은 것이지만 어렴풋이 짐작 가는 부분은 있다. 그 당사자들은 이유를 알 수 있을 것이다. 탄핵으로 대통령직을 내려왔으니 이런 부분에 대해 확실히 짚고 넘어갈 수가 없지만 언젠가 그 이유가 밝혀지지 않을까 생각한다.

내 임기 동안에는 한류가 한창 국제무대로 뻗어 나가는 시기였다. 나는 해외 순방에서 외국 청년들이 한류에 얼마나 매료됐는지, 한류가 얼마만큼 세계 곳곳으로 뻗어 나가고 있는지를 직접 목도했다. 그래서 민간이 주도해 문화 · 체육재단을 설립하고, 이것이 제대로 설 수 있도록 정부 차원에서 조금만 도와준다면 우리 문화가 세계로 진출하는 데 큰 보탬이 될 것이라고 생각했다.

그리 되면 한국에 대한 호감도가 상승하면서 결과적으로는 기업도 번성하고 나라도 잘될 수 있다고 생각했다. 그런데 오히려 내 생각과는 너무나 다른 결과가 나온 것을 보니 참담할 따름이다. 그러나 지금 와서 내가 누구를 탓하고 원망하기 전에 최 원장의 그런 일탈이 나에게 보고조차 되지 않았고, 살피지 못했다는 점은 나의 부덕이고 내 잘못이다.

또한 한순간의 판단 착오로 인해 맡겨진 국정을 끝까지 책임지지 못하고 이로 인해서 결국은 나라를 혼란에 빠뜨린 점은 무슨 말로도 변명이 되지 않는다. 다시 한번 국민께 죄송스럽게 생각한다.

●

내 옷값, 최서원이 한 번,
특활비로 또 한 번 결제?

검찰이 애초에 나를 수사했던 것은 최서원 원장이 개입된 국정농단 혐의였다. 그러나 검찰은 2018년이 되자 국정원 특수활동비 문제(국고 손실 등의 혐의)와 2016년 총선 개입 논란(공직선거법 위반 혐의)까지 수사 대상에 추가했다.

국정원 특활비 상납 논란은 내가 3명의 국정원장(남재준·이병기·이병호)으로부터 2013년부터 2016년까지 3년에 걸쳐 36억 5000만 원의 국정원 특활비를 상납받았다는 내용이다. 사실 나는 그 이전 대통령들도 모두 국정원으로부터 특활비 지원을 받은 것으로 알고 있었고, 그래서 법적인 문제가 불거질

줄은 전혀 짐작조차 못 했다. 청와대의 관례라고 생각했기 때문에 검찰이 이 부분까지 문제 삼을 줄은 꿈에도 생각하지 못했다.

국정원으로부터 특활비를 지원받았다고 하니까 이상하게 들릴 수는 있다. 결론부터 말하자면 이 돈은 대통령 개인을 위해 쓰이는 것이 아니고, 청와대 운영비를 지원하는 용도로 사용됐다. 액수를 밝히기는 곤란하지만, 대통령에게는 매달 지원되는 특활비가 있다. 검찰은 국정원 특활비로 내가 최서원 원장의 의상실 관리비, 측근 격려금, 삼성동 사저 관리비, 기치료·주사와 같은 비선 진료비 등으로 지불했다고 주장했지만, 이는 사실과 다르다.

다만 국정원 특활비와 관련해서 아쉬운 점은 있다. 처음에 부속실 관계자가 '국정원에서 지원할 수 있는 돈이 있다. 역대 정부도 이를 지원받아 운영비로 사용했다'라는 취지로 보고했을 때, 이 내용을 민정수석실에 전달해서 관례라고 하지만 법적으로 문제가 없는지 검토시키지 않았다는 점이다. 당시에는 관례상 지원이 되었고 내가 개인적으로 사용하는 것은 아니기 때문에 문제가 된다고는 생각조차 하지 못했다. 그래서 이를 지원받아 필요한 곳에 사용하라고 한 것인데 내가 깊게 생각하지 못해서 여러 사람이 고초를 겪은 점에 대해서는 정말 너무나 미안하게 생각한다.

옷값 얘기가 나온 김에 재미있는 얘기를 하나 더 보태자면 특검은 처음에 최서원 원장이 내 옷값을 댔다고 주장했다는 점이다. 국정원 특활비로도 옷값을 결제하고, 최 원장도 결제했다면 내 옷값은 두 번씩 결제가 됐단 말인가.

내가 받는 특활비는 대개 군부대나 각 기관 격려금, 또는 금일봉 등으로 나가기도 하고, 대통령이 지원하는 단체 등에 보내기도 한다. 지출이 만만치 않지만 그렇다고 국정원으로부터 지원을 받을 정도로 부족한 것은 아니었다. 나중에 이원종 비서실장이 비서실 업무를 하는데 경비가 좀 부족하다고 해서 이를 지원할 수 있도록 이병호 국정원장에게 추가로 부탁한 적이 있었는데, 내가 너무 가볍게 생각했다.

내가 특활비 재판에서 가장 안타까웠던 부분은 전임 대통령 때부터 내려왔던 관례적인 일을 마치 내 개인 비리처럼 다룬 것이다. 처음에는 변호인을 선임해서 법정에서 시비를 가려보려고도 했지만, 이내 포기했다. 어차피 법원이 알아서 판단할 것으로 생각하고 재판에 참석하지 않았다. 결국 이 사안은 국선 변호인이 맡는 궐석 재판으로 진행됐다.

다만 2018년 3월 28일 국정원 특활비 4차 공판 준비기일에 나는 국선 변호인에게 종이 1장 분량의 자필 답변서를 보냈다.

"2013년 3, 4월경 '국정원에서 청와대에 지원하는 예산이 있다. 지난 정부에서도 이를 지원받아서 사용했다'는 보고를 받았고, 그래서 부속실 비서관에게 '국정원에서 청와대에 지원하는 예산이 있다고 하는데 확인해보고 지원을 받을 수 있으면 받아서 업무에 활용하라'고 지시를 한 사실이 있다. 비서관들이 지원받은 예산을 사적으로 사용하지 않고 필요한 업무에 사용할 것으로 생각해서 그 사용처나 사용 내용에 대해서는 보고를 받거나 확인을 한 사실이 없다"는 취지로 검찰이 제기한 혐의를 전면 부인했다. 자꾸 국정원장들이 나에게 뇌물을 준 것처럼 몰아가는 것을 보면서 그분들을 위해서라도 어느 정도의 사실을 밝혀야겠다고 생각한 것이다.

검찰은 2016년 추석을 앞두고 국정원에서 지원한 2억 원도 문제 삼았다. 추석을 앞둔 어느 날 저녁 정 비서관이 관저로 2억 원을 가지고 왔다. 그래서 어떤 돈이냐고 물었더니 "국정원장이 추석에 대통령님께서 격려금으로 필요할 때 사용하시라고 하면서 보냈다"고 보고했다. 돌려주라고 말을 하려다가 국정원장도 여러 생각 끝에 보낸 것으로 생각해서 이를 당시 청와대 직원들의 격려금으로 사용하라고 했다. 나중에 기록을 통해 확인된 것은 당시 안봉근 비서관이 이헌수 기조실장을 통해 이병호 국정원장에게 이야기해서 보낸 것이라고 한다. 이 실장이 안 비서관에게 먼저 이야기를 한 것인지 안 비서관이 이 실장에게 이야기한 것인지는 모르겠지만 두 사람 모두 쓸데없는 일을 벌였다고 생각한다.

특활비 사건은 나중에 파기환송심까지 거쳐 징역 5년에 추징금 27억 원이 선고됐다. 뇌물 혐의는 무죄로 판결했지만, 국고손실죄가 적용된 것이다. 그 판결도 받아들이기 힘든 부분이 있었지만, 그나마 직무에 대한 대가성이 없었던 만큼 뇌물이 아니라는 사실이 밝혀진 게 조그만 소득이었다.

대통령 총선 관심은 당연하지만…
친박 당선 위한 여론조사 지시 안 해

검찰이 내가 총선에 개입했다며 공직선거법 위반이라는 혐의를 적용한 것은 더욱 이해하기 힘들었다. 검찰은 2018년 2월 1일 "2015년 11월부터 2016년 3월까지 제20대 총선에서 친박 정치인을 대거 당선시킬 목적에서 선거운동 기획, 여론조사, 새누리당 공천관리위원회에 각종 자료 전달, 친박 후보자들의 출마 지역구 선정 및 경선 유세 관여 등을 했다"며 나를 기소했다.

물론 대통령도 정치인이니 총선에 관심을 갖는 게 당연하다. 역대 대통령 중에 정무수석으로부터 총선 관련 보고를 받지 않는 대통령이 한 명이라도 있었겠나. 또한 청와대는 전반적인 국정 현안에 대한 민심을 파악하기 위해 여론조사를 하기도 한다. 하지만 그렇다고 선거 관심 지역에 대해 여론조사를 하라는 지시를 내릴 수는 없다.

2016년 총선에서 일부 친박 의원들이 대구·경북에서 '진박

2016년 6월 26일 새누리당 공직후보자추천관리위원회가 서울 여의도 새누리당 당사에서 4·13 총선 대구, 경북지역 공천 신청자 면접을 실시하고 있다.

감별사'를 자처하며 다녔던 것은 나와 교감 없이 벌어졌던 일이다. 그래서 당시에도 현기환 정무수석을 통해 친박 그룹에 주의하라는 메시지를 보낸 적이 있었다. 이한구 의원이 공천관리위원장을 맡은 것도 당에서 결정한 뒤 나에게 연락이 왔을 뿐이었다. 이 재판에도 나는 검찰에 항의하는 뜻에서 일절 출석하지 않았다.

나중에 기록을 통해 알게 되었지만, 보안 유지를 위해 여론조사를 모 업체에 맡겼다든지, 여론조사 미납 비용을 국정원에서 내주고 5억 원이라는 돈이 오갔다는 등의 얘기는 내가 알지도 들어보지도 못한 내용이다.

모든 걸 내려놓고
참고 견디었다

처음 서울구치소에 들어갔을 때는 구치소 담당 여성 계장이 쓰던 사무실을 비우고 그곳에 병원 간이침대를 놓고 이틀간 있었다. 구속영장이 발부될지 안 될지 확정되지 않은 상황이었는데, 그렇다고 나를 일반 수감자들과 함께 둘 수 없으니 구치소 측에서 임시로 마련한 장소였다. 그 방에는 CCTV가 설치돼 있었고, 며칠 후 옮긴 독방에도 CCTV가 있었다. 나로서는 식사부터 수면까지 24시간 내내 감시받는다는 것이 너무나 정신적으로 힘들어 이것을 치워달라고 요청했으나 받아들여지지 않았다. 규정상 CCTV를 설치하는 것은 흉악 범죄 등을 저지른 수감자들에게 적용된다고 한다. 그런데 이를 나에게 적용하는 것은 너무 심하다는 생각이 들었다. 유영하 변호사가 구치소 측에 강하게 항의해서 CCTV는 가리는 것으로 결정이 됐다. 처음 며칠 동안은 잠을 이루지 못했다. 낯선 환경탓도 있었지만 앞으로 어떤 일들이 기다리고 있을지에 대한이런저런 생각으로 도무지 잠을 청할 수가 없었다. 잠을 자지못하니 조금은 멍한 상태로 매일 접견을 오는 유 변호사를 만나 재판 진행에 대한 이야기를 나누면서 조금씩 구치소에 적응을 해가려고 노력했다.

낯선 환경에 잘 적응하는 데 가장 중요한 것이 음식이라는생각이 들었다. 나는 평소 음식을 싱겁게 먹었다. 그런 내게 구치소 음식은 상당히 자극적이었고 짜다고 느껴졌다. 처음 며칠간은 거의 반찬을 먹지 않고 맨밥만 조금 먹었고, 반찬을 물에 씻어 조금씩 먹었다. 구치소는 수용자들의 평균적인 입맛에 맞춰 음식을 준비할 수밖에 없고, 또한 남자 수용자들이 많기 때문에 아무래도 바깥의 음식보다는 간이 셀 수밖에 없을것이라고 생각했다. 구치소에서 가끔씩 수감자들에게 음식에 대한 불편 사항을 묻는 설문지를 돌리곤 했는데 그때마다 나는 음식을 좀 짜지 않게 해달라고 적어냈지만, 별 효과가 없었다.

그나마 몸 상태가 좋을 때였다면 짠 음식도 어떻게든 잘 먹었을 것이다. 그러나 나이도 나이인 데다 구치소에서 몸 이곳저곳이 나빠지다 보니 식사를 하고 나면 소화가 영 시원찮았다. 평소 위가 좋지 않아 알약도 잘 먹지 못하던 나였기에 짠 음식은 위에 많은 부담을 주었다. 결국 끼니때마다 나오는 식사를 다 먹지도 못하고 3분의 1 정도만 먹고 잔반통에 버리는 것이 반복되었다. 그러다 보니 점점 입맛을 잃었고 소화기능도 저하됐다. 밥 대신 미숫가루를 타 먹거나, 컵라면을 구매해서 물을 많이 부어 최대한 싱겁게 먹는 것으로 대신하기도 했다. 구치소에 들어오기 전 나는 평소에 라면을 먹은 적이 거의 없었다. 하지만 구치소에서는 달리 방법이 없었고, 그나마 싱거운 라면만이 먹을 만했다. 라면으로 끼니를 때우는 날이 이어지다 보니 결국 다른 병이 생기고 말았다.

나중에 출소한 뒤에 만난 몇몇 분들과 구치소 이야기를 하던 중에 내가 음식이 입에 맞지 않아서 고생했다고 하자, 내게 사식(私食)을 시켜서 먹지 그랬냐고 했다. 그분들은 구치소에도 사식이 들어갈 수 있는 것으로 알고 있었다. 구치소 규정상 바깥 음식은 일절 재소자들에게 들어갈 수가 없다. 다만 구치소 안에서 수용자들이 제한된 범위 내의 물품을 신청해 먹을 수는 있다. 햄이라든지 멸치 무침, 오징어채, 조미 김 같은 것들을 사먹을 수 있었다. 다만 이것도 나에겐 마찬가지로 자극적이었다. 식사나 수면 부족으로 건강이 눈에 띄게 나빠지기 시작해 구치소 안에서 판매하는 종합비타민을 구입해서 먹으면서 어떻게든 견디려고 노력했다.

구치소는 여름과 겨울 지내기가 특히 어렵다. 바깥보다 냉난방 시설이 잘 갖춰져 있지 않기 때문에 많은 분들이 내가 여름이나 겨울을 어떻게 날지 걱정하는 편지를 보내주셨다. 나는 다른 사람보다 더위를 많이 타지는 않지만, 반대로 추위를 심하게 타는 체질이라서 겨울을 나는 것이 상당히 고통스러웠다.

내가 있는 방은 복도 끝이어서 외풍이 다른 곳보다 심했다. 너무 추웠지만 뾰족한 방법이 없어 구치소에서 구매할 수 있는 기모 소재의 옷을 입고 그 위에 두툼한 재킷을 껴입고 견뎠다. 목에는 타월로 목도리를 대신해 감았다. 잘 때도 양말을 신은 채로 잠을 청했고, 추위에 잠을 깨서 그대로 밤을 지새운 적도 많았다. 온수는 샤워할 때만 이용할 수 있었는데 샤워실이 난방이 되지 않아 빨리 샤워를 하고 방으로 돌아와서 머리를 말리곤 했다.

구치소에서 가장 힘든 것은 역시 건강 문제였다. 건강 유지를 위해 안에서 간단한 운동이라도 하고 싶었지만, 방이 비좁기도 했고 몸 상태가 좋지 않아 방안에서는 운동을 할 수가 없었다. 하루 1시간 정도 다른 재소자들과 구분되어 있는 작은 공터에서 가볍게 걷는 것으로 운동을 대신했다. 입에 맞지 않아 제대로 먹지 못하는 상태에서 운동도 제대로 할 수가 없자 점점 몸이 지쳐가고 망가져가는 것을 느낄 수 있었다. 좁은 방에서 오래 지낸 탓인지, 아니면 나이 탓인지 어깨와 허리를 비롯하여 무릎, 팔, 발목 등 근골격계 여러 군데에서 참기 힘든 통증이 나타났다. 몸이 너무 안 좋으니까 누군가 와서 "같이 가자"며 내 몸을 잡아당기면 몸이 다 부스러질 것 같은 생각마저 들었다. 살면서 그런 약한 생각이 들었던 것은 처음이었다. 그런데 60세가 넘은 내가 아무 탈이 없을 수는 없었다. 구치소에 와서 들은 이야기인데, 튼튼한 장정이 와도 1년이 지나면 몸이 망가져서 나간다고 한다.

허리, 무릎도 좋지 않았지만 왼쪽 어깨는 정말 끊어질 듯 아팠다. 조금이라도 무거운 책을 들거나 무언가를 옮기려고 하면 '탁' 하고 통증이 왔다. 밤에도 이 때문에 잠을 제대로 자기가 어려웠다. 한참 상태가 안 좋을 때는 팔을 들어 올리는 것도 힘들어서 교도관에게 내 방에 걸려있는 빨랫줄을 내려달라고 부탁했을 정도였다. 도저히 팔을 올려 빨래를 널 수가 없었다. 어깨 때문에 팔을 제대로 쓰기가 어려우니 운동이라고 해봐야 팔을 최소한의 반경으로 움직이는 수준이었는데, 이조차도 여간 힘든 게 아니었다. 접견 온 유 변호사에게 내 상태를 설명하자 유 변호사는 내게 아픈 곳이 있으면 참지 말고 있는 대로 교도관에게 이야기하라고 했다. 그러다가 정말 큰 병이 되면 서로가 불편해지고 곤란한 상태가 올 수 있다고 했다.

나는 처음 구치소로 오는 날부터 나로 인해 교도관들이 힘들어지면 안 된다고 생각해서 될 수 있는 한 개인적인 부탁은 하지 않았다. 그래서 아파도 참으면서 견딜 수 있을 때까지 견디어보자고 생각을 했던 것이다. 유 변호사의 말을 듣고 난 다

322

음부터는 내가 아프다는 것을 교도관들에게 이야기한 것 같다.

내가 어깨 통증을 호소하자 2018년 5월 서울 구치소 측에서 처음에는 외부 병원 진료 의뢰라는 것을 이용해 서울성모병원으로 가서 진료를 받게 해주었다. MRI촬영 결과 회전근개 파열과 관절염 증세가 발견돼 통증 부위에 스테로이드 치료를 받았다. 하지만 통증이 가시지 않고 계속돼 1년 이상 말로 표현할 수 없는 통증이 지속되었다. 정말로 '불에 덴 것' 같은 통증과 '칼로 살을 베는 것' 같은 통증이 목과 어깨 부위에 나타났고, 다리 부분은 저려서 밤에 잠을 이룰 수가 없었다.

해가 바뀌어 2019년이 되자 통증은 점점 심해졌고, 결국 다시 외부 진료를 나가 통증 부위에 대한 정밀 검사를 받았다. 그 결과 어깨뿐만 아니라 고관절, 무릎, 발목 등 여러 부위에 병변이 발견됐고 그 부위에 다시 스테로이드 주사를 맞았다. 특히 좌측 어깨 부분에는 2018년 11월과 2019년 5월에 두 차례에 걸쳐 관절경 내 스테로이드 주사를 맞았지만 왼쪽 팔은 점점 더 경직이 되고 들어올리기조차 힘들었다.

결국 나는 의료진의 권고를 받아들여 어깨 수술을 하기로 결정하고 이를 구치소 측에 알렸다. 그래서 유 변호사가 구치

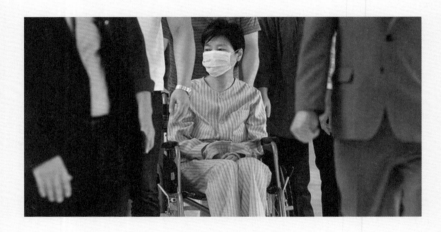

2017년 8월 30일 서울성모병원에서 진료를 받고 이동하는 모습. 수감생활 동안 허리, 무릎도 좋지 않았지만, 왼쪽 어깨 통증이 너무 악화해 결국 2019년 6월 서울성모병원에서 수술을 받았다.

소 의료과장과 서울성모병원 의료진과 상의해 수술 날짜를 잡았다. 수술을 받기 위해서는 집행정지가 필요하다고 해 2019년 9월 초에 검찰에 집행정지를 신청했다. 그전에도 집행정지를 신청했지만 불허된 적이 있어 조금은 걱정됐지만 수술하기 위해서 신청하는데 불허될 것이라고는 생각하지 않았다.

검사가 구치소로 와서 구치소 의무과장이 입회한 자리에서 여러 가지 질문을 했다. 검사가 검진에 대한 보고서를 작성해서 제출하면 형집행정지심의위원회에서 이 보고서를 토대로 집행정지 여부를 결정한다. 유 변호사는 "검사가 의사 자격이 있는 분이고 매우 진지하게 문진하는 것으로 봐서 좋은 결과가 있을 것"이라고 나를 위로했다.

하지만 결과는 불허였다. 수술이 필요해서 신청한 것인데 이것마저 불허되자, 순간적으로 가슴속에 한스러운 감정이 솟구쳤다. 당시에 뼈저리게 체험한 것인데 심한 통증이 계속되면 사람의 머릿속은 오로지 통증에 대한 생각으로 가득 차게 된다. 불에 덴 것 같은 통증과 칼로 살을 베는 듯한 통증, 저림 증상으로 정상적인 수면을 하지 못해 하루하루가 너무 힘들었다. 게다가 언제 구치소를 나갈지 아무런 기약도 없는데, 끝이

안 보이는 고통을 무조건 참고 견디려니 형용할 수 없이 비참한 기분이 들곤 했다. 수술 날짜는 잡혔는데 집행정지가 불허되자 구치소 측도 무척이나 당황하는 것 같았다.

결국 어깨는 날로 상태가 악화돼 도저히 버티기 어려운 상황이 됐지만 더 이상 형집행정지를 신청할 수는 없었다. 그러던 중 구치소 측에서 외부 병원 진료를 상부에 건의하겠다고 했다. 그 후 법무부 측에서 이를 받아들여 2019년 9월 16일 어깨 수술을 위해 서울성모병원에 입원하게 됐다. 당시 나의 어깨 수술은 김양수 교수가 담당했다. 김 교수가 어깨에 대한 정밀검사를 한 결과 왼쪽 어깨 근육이 거의 다 끊어져서 "참혹한 수준"이었다고 한다. 다행히 수술은 잘 끝났고, 김 교수는 그 이후에도 세밀하게 치료해주었다. 수술 후 재활치료도 성모병원에서 최선을 다해주었고, 식사도 영양사가 신경을 많이 써 준 것으로 전해 들었다. 다들 너무 고마운 분들이고 이 자리를 빌려 감사의 말씀을 드린다.

병원에 입원했을 때 잊을 수 없는 일도 있었다. 미국 시애틀에 거주하는 한 교민 부부는 내가 입원한 후 미국에서 들어와서 성모병원 맞은편에 있는 메리어트 호텔 방을 잡고 한 달간 매일 내가 있는 병실을 바라보았다고 한다. 너무나 고마워서 유 변호사에게 그분들을 만나 감사하다는 말씀을 전해달라고 부탁도 했다.

　내가 입원해 있을 당시 내 건강이 걱정돼 연락해 온 분도 있었다. 내가 재판받을 때 하루도 빠지지 않고 방청했던 서상기 전 의원, 허원제 전 정무수석과 김재수 전 농림부 장관이 먼 발치에서나마 나를 보고 싶다는 말을 유 변호사를 통해서 전해 왔다. 그래서 입원하고 한 달이 지날 무렵 병원 창가에 서서 병원 입구 쪽을 바라보자 세 분이 병원 입구에서 내가 있는 병실을 올려다보고 있는 모습이 눈에 들어왔다. 너무 고맙고 감사하면서 오랜만에 사람에 대한 정을 느꼈다.

　약 70일간의 치료를 마치고 12월 3일 구치소로 돌아왔다. 병원 측에서는 내가 아직 회복이 되지 않았다며 재수감되는 것을 완곡하게 반대했다. 이 과정에서 주치의에게 항의가 많이 들어오고, 구치소 측은 구치소대로 나의 장기 입원에 대한 세간의 시선 때문에 매우 입장이 곤란했던 것으로 기억한다. 그리고 병실에서 함께 생활할 수밖에 없는 교도관들도 많이 힘들고 고생하는 것을 알고 있었다. 물론 조금 더 재활치료를 받았으면 하는 마음은 있었지만, 다시 구치소로 돌아오는 것에 대해 어쩔 수 없다고 생각했다.

지금도 나는 어깨 관리에 많은 신경을 기울인다. 조금만 무리하면 통증이 찾아오기 때문이다. 처음에 수술을 했을 때만 해도 다시 정상으로 돌아갈 수 있다고 생각했었다. 주치의의 말대로 어깨 근육이 끊어지고 많이 망가지기 전에 수술을 받았더라면 지금보다 상태가 훨씬 나았을 것이라고 생각하지만, 이미 지난 것을 되돌릴 수는 없다.

허리도 옥중에서 많이 나빠졌다. 처음 구치소에 들어갔을 때 의자를 주지 않아서 맨바닥에 앉았더니 점점 상태가 좋지 않은 것을 느낄 수 있었다. 재판이 주 3~4회씩 강행군으로 이어진 것도 허리에 무리를 줬다. 하루 10시간가량 불편한 자세로 앉아 있으니 한 번 재판을 받고 나면 허리에 통증이 밀려왔다. 무릎도 퉁퉁 부어 잘 구부려지지 않았다.

입감 초부터 구치소 측에 의자를 요청했는데 구치소에서는 상부에 의자 반입에 대한 보고를 했는데 허가가 나지 않는다며 미안해했다. 유 변호사는 "의자는 의료 보조기구라서 충분히 넣어줄 수 있고, 과거 김대중 전 대통령도 감옥에 있을 때

의자가 허용됐는데 왜 반입해 주지 않느냐"고 몇 차례 구치소 측에 항의했다. 하지만 상부에서 허가하지 않는데 실무자들이 할 수 있는 일은 한계가 있었고, 그들도 뾰족한 해결책을 찾을 수 없었다. 위에서 허락하지 않는데 구치소에서 이를 어기면서까지 의자 반입을 해 줄 수는 없었으리라 생각하며 참고 견뎠다. 그렇다고 해도 의자 하나 넣어주는 것이 그렇게 자신들의 입장이 곤란해지는 일인지 당시에는 너무 야속했다.

내가 계속해서 허리 통증을 호소하고 의자에 대해 이야기하자 하루는 유 변호사가 헌책방에서 커다란 국어대사전 3개를 구해서 넣어주었다. 그 위에 담요를 깔고 의자 대용으로 사용했다. 아쉬운 대로 그 위에 앉아 낮은 간이 탁자에 책을 놓고 독서하곤 했는데 조금 책을 읽다 보면 사전이 미끄러지면서 자세가 흐트러지곤 했다. 문재인 정부로 정권이 바뀌고 난 뒤인 2017년 7월 하순경 상부에서 허락했다고 하면서 구치소 측에서 의자를 들여 보내줬다. 그리고 의자에 맞춰 구치소 측에서 책상도 새로 만들어 반입해줬다. 예전보다는 한결 편하게 책을 볼 수 있어서 허리와 무릎 상태가 전보다 나아졌다.

문재인 정부에서는 의자 반입을 허락했는데, 황교안 총리가 권한대행으로 있던 정부에서는 구치소 측에서 의자 반입을 하게 해달라고 수회에 걸쳐 보고했음에도 끝내 이를 외면하고 허락하지 않았는지 지금도 나는 그 이유가 궁금하다.

지금도 허리가 여전히 좋지는 않다. 하지만 이 부위를 수술하는 것은 위험하다고 해서 달성으로 이사 온 후 운동으로 근육을 키우는 노력을 하고 있다. 그 덕분인지 현재는 2시간 정도 의자에 앉아 책을 보거나 사람들과 대화를 해도 그리 큰 통증은 느끼지 않는다.

수감 4년 차였던 2020년은 코로나19 바이러스로 전 세계가 난리가 났을 때다. 나도 아스트라제네카 백신을 두 번 맞았다. 그런데 하루는 병원 통원치료를 위해 외부 병원에 갔는데 그때 동행했던 교도관 한 분이 코로나에 확진돼 나는 20일 정도 병원으로 이송돼 자가 격리를 했다.

사면되기 전의 구치소 생활은 표현하지 않았지만 정말 고통스럽고 견디기 힘들었다. 다만 그런 상황 속에서도 그나마 버티고 힘을 낼 수 있었던 것은 나를 믿고 격려해주신 국민의 지지 덕분이었다. 재판을 받으러 나올 때마다 하루도 빠짐없이 재판을 방청하던 지지자 분들은 내가 구치소로 돌아갈 때마다

"대통령님, 힘내세요"라고 격려해줬는데 정말 큰 힘이 됐다. 구치소에 있는 동안 받은 8만여 통의 격려 편지도 마찬가지였다. 나는 한 통도 빠짐없이 읽으며 큰 감동과 힘을 얻곤 했다. 그중 기억에 남는 것은 어떤 중증 장애인의 편지였는데, '자신도 이렇게 포기하지 않고 살아가니 대통령께서도 힘을 내셨으면 좋겠다'는 내용이었다. 읽는 동안 가슴이 뭉클해졌다. 이런 분들이 계시는데 내가 스스로 포기할 수는 없다고 생각하며 마음을 다잡곤 했다.

그 외에도 4대 중증을 앓는데 보험 처리가 되어 부담을 덜었다든가, 직장 때문에 아이를 어디에 맡겨야 할지 걱정이었는데 아이 돌봄 교실 덕분에 안심하게 됐다든지 하는 내 임기 중 정책에 대한 고마움을 적은 사연들을 읽을 때도 참 기쁘고 고마웠다. 그리고 어느 분은 월스트리트 저널 등 외신에 난 박근혜 정부에 대한 평가 기사들을 스크랩해서 보내주기도 했다. 나는 일일이 답장을 하고 싶었지만 8만 통이나 되는 편지에 일일이 답장을 보낸다는 게 현실적으로 어려웠다. 그래서 감사함을 전하기 위해 이 중 몇 통을 추려 답장을 쓰고 이를 책(『그리움은 아무에게나 생기지 않습니다』)으로 낸 것이다. 일일이

2017년 3월 1일 서울광장과 광화문 인근 등 서울 도심에서 탄핵 반대 집회가 열리고 있다.

답하지 못했지만 그래도 이렇게 나의 마음을 전할 수 있어서 다행이라고 생각했다. 이 책은 많은 국민들이 관심을 갖고 읽어주셨다고 들었다. 책을 읽고 난 뒤에 병원으로 편지를 보낸 분들도 많았다. 모두 감사할 따름이다.

동생의 면회도
거절했다

내가 서울구치소에 있을 때 최서원 원장이 나에게 몇 차례 편지를 보내왔다. 읽어봤지만 여전히 자신이 저지른 잘못에 대해서는 별다른 언급이 없었다. 나는 그녀가 나에게 진심으로 사과하려고 한다면 당시 정확히 무슨 일이 있었는지에 대한 설명이 필요하다고 생각했다. 재판에서 느꼈던 배신감은 크게 달라지지 않았다.

편지 외에는 4년 9개월여간 옥중 생활을 하면서 따로 외부와 접촉하는 수단은 없었다. TV나 신문도 거의 보지 않았다.

그래도 많은 분들이 보내주시는 편지를 통해 중요한 소식을 전달받았기에 세상이 어떻게 돌아가는지는 대충 알고 있었다. TV를 본 것은 시간이 조금 지나서였고, 총선 결과도 이를 통해 접할 수 있었다. 하지만 2018년 지방선거나 2020년 총선도 모두 투표하지 않았고 정치와 관련해서는 거리를 두고 지냈다.

간혹 과거 인연이 있는 정치인들이나 고위 관료로 일했던 분들이 편지를 보내거나 구치소 측을 통해 면회를 신청하기도 했지만 모두 만나지 않았다. 가장 마음이 아팠던 것은 내가 동생을 비롯한 가족들의 면회 신청을 받아주지 않았던 것이다. 다른 이유가 있었던 것이 아니라 가족에게는 수의를 입은 모습을 보여주고 싶지 않았다. 그게 다다. 다른 분들을 만나지 않은 것은 나와 나눈 이야기가 밖에서 부풀려지거나 내가 하지 않은 말들이 사실처럼 퍼지는 것을 경계했던 측면도 있다. 과거에도 그런 일을 많이 겪었는데, 심지어 내가 구치소에 있는 탓에 내가 하지도 않은 말들이 마치 내가 한 것처럼 퍼져도 대응할 수 있는 방법이 마땅치 않았다. 그럴 바에는 차라리 조용히 지내는 것이 낫겠다고 판단했다.

내가 아무도 만나지 않고 모든 면회를 거절하자, 항간에서는 '유 변호사가 나와 접촉하려는 사람들을 중간에서 모두 가로막고 만나지 못하게 하고 있다는 말이 나돈다'는 내용의 편지를 보낸 분들이 많이 있었다. 나는 그런 편지가 올 때마다 유 변호사에게 보여주고 "그냥 참고 견디면 언젠가는 오해가 풀릴 거니깐 신경 쓰지 말라"고 했다. 그때마다 유 변호사는 괜찮다고 했지만 말도 안 되는 오해를 받는 그 심정이 무척이나 억울했을 것이라고 생각한다. 유 변호사도 이런저런 말을 듣는 것이 지쳤는지, 하루는 접견 도중 가끔 내게 "대통령님을 뵙고 싶어 하는 분들이 연락이 많이 온다. 그중에는 정말로 꼭 뵙고 싶어서 간절하게 부탁하시는 분들도 있는데 조용히 한 번 정도 보시는 것이 어떠냐"고 권했다. 하지만 나의 이런 모습을 보이기 싫었고, 나로 인해 또 다른 말이 나오는 것이 싫어 그때마다 거절했다.

수감기간이 길어지면서 언제 나올지도 알 수 없었고, 2039년까지의 형기를 생각하면 기분이 우울해졌지만, 그런 와중에도 나를 정신적으로 지탱해준 것은 국민들의 위로 편지, 그리고 일종의 자부심이었다.

나는 대통령이 되면 국방·외교·안보 분야와 경제·복지 분야 등에서 반드시 해야 한다고 마음먹은 과제들이 있었다. 예를 들면 한·일 지소미아나 연금 개혁 등이다. 만약 이런 과제들을 제대로 해내지 못한 채 탄핵됐다면 마음에 굉장한 후회가 남아 구치소에서도 '내가 이걸 못했구나'라는 생각에 심리적으로 무척 힘들었을 것이다. 그러나 하늘이 도왔는지 나라를 위해 반드시 처리해야 한다고 생각했던 것들을 거의 다 해낸 덕분에 그래도 마음의 중심을 잡는 데 큰 도움이 됐다. 그리고 내가 자리를 이용해 누군가의 사익을 챙겨주거나 스스로 사익을 추구한 사실이 없기 때문에 어떤 구형이 나오든, 어떤 판결이 나오든 상관없었다. 나에게는 큰 의미가 없었다. 나 자신에게 떳떳했기 때문이다. 그것이 구치소 생활을 버티게 해준 동력이었다.

바깥소식과는 거리를 뒀지만 구치소에서는 하루 1시간 정도의 운동시간을 제외하고는 거의 책을 보면서 시간을 보냈다. 대통령이었을 때는 바빠서 엄두도 내지 못한 책들을 이곳에서는 정말 많이 읽었다.

처음에는 일본 전국시대를 다룬 대하소설 『대망』이나 김주

영의『객주』, 박경리의『토지』, 이병주의『지리산』등의 대하소설을 읽었다.『객주』는 과거 조선시대에 사용한 말들을 그대로 사용해 관심을 갖고 봤다. 전에 읽었던 책도 있었으나 여기서는 시간을 충분히 들여 읽으며 깊은 생각에 잠길 수 있었기 때문에 또다시 읽는 맛이 있었다. 김규현 전 외교안보수석이 넣어준 빅터 프랭클의『죽음의 수용소에서』와 유 변호사가 넣어 준 장진호 전투를 다룬『데스퍼레이트 그라운드』는 내가 구치소 생활을 이겨내는 데 큰 힘을 주었다.

『제국의 품격』과『천재들의 도시 피렌체』,『인간의 품격』,『군주의 거울』,『혼돈의 시대 리더의 탄생』,『사피엔스』등도 많은 생각을 하면서 읽은 책들이다. 중국 고전인『정관정요』,『자치통감』,『사기열전』은 정말 역사는 반복되는 경향이 있고, 오래전에 일어났던 일들인데 마치 지금도 그런 일들이 주변에서 일어나고 있다는 것을 내게 가르쳐주었다. 우리나라 역사를 다룬『조선왕릉 잠들지 못하는 역사』,『홀로 선 자들의 역사』,『치욕』등도 내용을 곱씹으면서 읽었다.

특히 미술 분야 책을 많이 읽었는데 미술은 인간의 슬픔과 고통을 위로해주는 치유능력이 있다는 것을 새삼 알게 됐다.

『예술, 역사를 만들다』, 『명화로 보는 단테의 신곡』, 『러시아 그림 이야기』, 『오늘, 그림이 말했다』, 『북유럽 그림이 건네는 말』, 『시대를 훔친 미술』, 『명화독서』, 『그림이 위로가 되는 순간』 등은 내게 많은 위안을 주었고, 안정을 찾게 했다. 『빈센트 반 고흐』, 『레오나르도 다빈치』, 『미켈란젤로 부오나로티』 등을 다시 본 것도 기뻤지만, 『요하네스 베르메르』를 다시 만난 것은 큰 행복이었다. 깊은 색채와 정밀한 구도가 인상적인 작품을 남긴 베르메르는 고요한 실내 풍경을 정말 아름답게 표현했다고 생각했다.

그리고 우리나라 문화의 아름다움을 예찬한 『한국의 미를 다시 읽는다』, 『무량수전 배흘림기둥에 기대 서서』, 『우리 옛 도자기의 아름다움』 등도 우리 문화의 찬란함과 우수성을 내게 가르쳐주었다. 실제로 미술관을 방문한 것 같은 느낌을 받게 해 주었던 『스페인 미술관 산책』, 『독일 미술관을 걷다』, 『도쿄 미술관』, 『파리 미술관 역사로 걷다』 등도 깊은 인상을 남겨주었다.

르네상스 시대를 다룬 『아트인문학』, 『아트인문학 여행』, 『아트인문학 여행 파리』, 『아트인문학 여행 스페인』 등은 예술의 암흑시대인 중세를 깨뜨리고 새로운 르네상스 시대를 도래하게 만든 수많은 천재 예술가들의 열정을 느끼게 해줬고, 내가 처한 현실의 어려움을 잠시 잊게 만들었다.

지금도 기억나는 에피소드가 있다. 미켈란젤로가 피에타상을 조각했는데도 사람들로부터 인정을 받지 못하자, 몰래 피에타상 한 구석에 자기 이름을 새기고 나왔다가 찬란한 노을을 보고는 '아, 이렇게 아름다운 것을 만든 하나님도 이런 것을 만드시고 내가 만들었다고 자랑하지 않는데 내가 겨우 조각상 하나를 만들었다고 뽐내려 했구나'라며 자책했다는 이야기다.

돌이켜보면, 세상과 단절되었다는 고독함과 그러한 단절에서 오는 외로움을 이기고 내 스스로를 되돌아보고 나를 단단하게 만들어준 것은 좌절과 고통을 이겨내고 마침내 인류에게 찬란한 문화유산을 남겨준 수많은 예술가들의 땀과 눈물에서 받은 위로 때문이라고 생각한다.

●

보수 합쳐야 한다는 생각 전하려
총선 옥중 메시지

2019년 말부터 나에 대한 사면 이야기가 조금씩 나왔다. 자세한 속사정은 듣지 못했지만 유영하 변호사를 통해 대강의 분위기는 전달받고 있었다. 2020년 총선을 앞둔 상황에서 이낙연 당시 더불어민주당 대표가 문재인 대통령에게 나의 사면을 건의하겠다고 했다는 이야기도 들었다. 하지만 사실 그 얘기를 들으면서 크게 기대했던 것은 아니었다. 정치권에서 선거를 앞두고 으레 나도는 이야기 정도로 생각했다.

또 문재인 정부가 나의 석방을 보수 진영을 분열시키는 카드로 활용할 수 있다는 일각의 우려도 알고 있었다. 총선을 앞두고 2020년 3월 4일 유 변호사를 통해 탄핵 후 처음으로 정치권에 메시지를 낸 것도 어쨌든 총선에서 보수 진영이 힘을 합쳐야 한다는 생각을 전하고 싶었기 때문이다.

당시 보수 진영은 자유한국당, 바른미래당 등 여러 정당으로 나뉘어 있다가 막 미래통합당으로 합당한 상황이었지만 좀처럼 하나로 묶이지 않았던 것 같다. 그래서 총선을 앞둔 상황에서 화학적 결합을 도와달라는 부탁도 변호인을 통해 여러 곳에서 받았다. 그렇다고 무언가를 원하거나 바라고 메시지를 낸 것은 아니었다. 나는 정치 인생 내내 그런 식으로 메시지를 내거나 하지는 않았다.

하지만 그해 총선은 예상과 달리 야당의 대패로 마무리됐다. 나도 구치소에서 언론과 편지를 통해 패배 원인을 분석하는 다양한 의견을 전해 들었다. 아무래도 내가 몸담았던 정당이 패배하니 안타까운 마음이 생기지 않을 수 없었다.

해가 바뀌고 2021년 1월 나에 대한 재판이 확정이 되었다. 재판이 확정되고 기결수 신분이 되자 변호인 접견도 제한됐다. 매일 오던 접견이 일주일에 1번씩으로 바뀌게 되자 혼자 견디어야 하는 시간이 더 길어졌고 나의 고립감도 깊어만 갔다. 그해 광복절이 되자 또 사면에 대한 이야기가 조금씩 들려왔다. 말은 무성했지만 구체적으로 진행된 것은 딱히 없었다. 유 변호사는 몇 차례 청와대 인사를 만나기도 한 모양인데, 돌아와서는 희망적인 이야기를 전하지는 않았다.

이 무렵쯤 다시 어깨를 비롯해서 여러 곳에서 통증이 느껴졌고, 몸이 많이 안 좋아졌다. 일단 치료를 꾸준히 받을 수 있는 여건이 됐으면 좋겠다는 생각이 들었다. 수감 기간이 길어지면서 내가 버틸 수 있는 체력도 거의 바닥이 난 것 같은 느낌이 왔다.

한 번 망가진 몸은 좀처럼 낫지 않았다. 몸이 지쳐가자 마음도 따라서 지쳐가기 시작했고, 어느 순간 모든 것을 내려놓고 싶은 생각도 들었다. 그때마다 나 스스로에게 당당했고, 국정을 운영하면서 비록 실수는 있었을지 몰라도 내가 사익을 추구하거나 어느 개인을 위해 대통령의 권한을 남용했다고 생각하지는 않았기에 마음을 다잡고 견디어 냈다. 하지만 나는 한계가 다가오고 있다는 것을 본능적으로 느낄 수 있었다. 어느 순간부터는 책을 보기도 싫어지고 그냥 멍하니 있는 시간들이 이어졌다.

그렇게 무료하고 무기력하게 일상이 지나가던 2021년 늦가을의 어느 날이었다. 이 모든 것이 나로 인해 일어난 것이고 나 때문에 많은 사람들이 고초를 겪고 있다면, 내가 이 모든 것을 다 지고 가면 해결이 될 것이 아닌가 하는 생각이 머릿속을 강하게 스치고 지나갔다.

하루는 접견 온 유 변호사에게 이런 생각을 담은 메모지 한 장을 건네주었다. 나중에 읽어보라고 했다. 그 글을 건네주고 다음에 접견을 온 유 변호사는 메모지의 내용에 대해서는 아무런 말도 하지 않았다. 아무 일이 없었던 것처럼 소소한 이야기로 나와의 대화를 이어 나갔다. 그런데 내가 사면이 되고 난 뒤에, 유 변호사는 당시 내가 건네 준 글을 읽은 후에 구치소 관계자와 많은 대화를 나누고 병원으로 이송을 하기 위해 했던 일들을 설명해주었다.

구치소 측에서도 당시 나의 건강상태가 심각하다는 내용의 상부 보고를 하였던 것으로 전해 들었다. 그 후 예전에 입원했던 서울성모병원 측에 나의 입원 문의를 했다고 한다. 서울성모병원에서는 내가 입원을 하면 계호를 담당할 구치소 직원들이 코로나 검사를 해야 하고 한 번 입원실에 들어오면 3일 동안 같이 있어야 한다고 했다고 한다. 그래서 구치소에서는 여직원들이 3일씩 집에 가지 못하게 되면 가정에 어려움이 있으니 하루씩 교대로 근무를 할 수 있게 해달라고 요구했지만, 병원에서는 방침상 허락할 수 없다고 해서 결국 다른 병원을 찾을 수밖에 없었다는 것이다. 구치소 관내에 있는 병원도 알아봤지만 계호 문제로 적당하지가 않았고, 마땅한 병원을 찾을 수가 없었다.

그렇게 입원할 병원을 찾는 동안 나는 점점 바닥으로 가라앉고 있다는 것을 느꼈다. 구치소 측에서 나의 상태에 대해 걱정을 하면서 병원을 알아보던 중, 하루는 담당 직원이 유 변호사에게 "삼성서울병원은 구치소 직원들이 하루씩 교대해도 된다고 하는데 대통령께서 삼성병원에 입원을 하는 것은 어떠냐"고 조심스럽게 의견을 물어보았다고 한다. 구치소 측은 삼성과 내가 재판에 연관됐기 때문에 삼성병원 입원을 마땅치 않게 생각하고 있는건 아닌가 걱정했던 것 같다.

유 변호사는 병원비는 우리가 부담하는데 무슨 문제가 있느냐며 상부에서 입원이 가능하다고 하면 하루라도 빨리 입원할 수 있게 조치해 달라고 했다. 그래서 2021년 11월 외부 진료 의뢰 형식으로 삼성서울병원에 입원이 결정된 것이다. 내가 삼성병원에 입원하기로 했다는 기사가 나가자 서울성모병원에 문제가 있어서 바꾼 것 아니냐는 오해도 있었지만, 구치소 직원의 계호 문제로 삼성서울병원으로 정해진 것뿐이다.

삼성병원에 입원한 후 의료진들이 내 몸 상태에 대해 정밀

검진을 했다. 그리고 내 상태를 본 병원에서는 구치소 측에 이듬해 2월까지는 최소한 있어야 한다는 의견서를 낸 것으로 알고 있다. 당시 내 건강상태는 심각한 수준으로 악화되어 있었고, 구치소 측에서도 행여나 무슨 일이 있을까 염려하는 눈치였다.

청와대에서 사면이 발표된 것은 2021년 12월 24일 아침이었다. 성탄절 사면 명단에 포함된 것이다. 그 소식을 들었을 때 나는 병실 안에 있었다. 당시엔 사면을 크게 기대하지 않았던 상태였고, 유 변호사도 대선이 끝나야 뭔가 진행되지 않겠냐는 의견이었기에 사면 소식은 상당히 뜻밖이었다.

이 소식을 가장 먼저 전해준 것은 병원 측 인사였다. 이날 한 조간신문에 내가 사면복권된다는 기사가 큼지막하게 실렸다는 것이다. 하지만 외부로부터 일절 연락을 받은 것이 없었기에 이때만 해도 긴가민가하며 유 변호사를 기다릴 수밖에 없었다. 오전 8시쯤 병원에 나를 만나러 온 유 변호사는 "언론에 기사가 떴는데 아직 정식으로 연락 온 것은 없습니다. 기사를 확인하기 위해 정무수석에게 전화를 했는데 연락이 안 됩니다"라고 했다. 다만 유 변호사는 전날 저녁 늦게 아는 법조인이 전화를 걸어 와 "차관회의에서 대통령님 사면 안건이 처리가 되어 국무회의에 올렸다고 한다. 아마 내일 발표가 있을 것 같다"고 말했다고 전했다.

그 말을 듣고는 사면이 있겠다는 생각이 들었다. 조금 후 유 변호사가 TV를 켰는데 때마침 YTN에서 박범계 법무부 장관이 무언가를 읽을 준비를 하고 있는 장면이 나왔다. 나와 유 변호사는 모두 직감적으로 사면 발표라는 것을 알 수 있었다. 박 장관은 내가 30일자로 특별사면복권된다고 발표했다.

내심 기다렸던 순간이었으나, 정작 발표됐을 때는 감정이 크게 요동치지는 않았다. 해야 할 일을 잠시 정리한 뒤 나는 일단 유 변호사에게 청와대 측에 연락해 감사 인사를 전하도록 했다. 그 후 유 변호사는 내게 "대통령님, 기자들이 병원 밖에서 사면 발표에 대한 메시지를 기다리고 있습니다. 뭔가 전해야 하지 않겠습니까"라고 말했다. 그 말이 옳다고 생각한 나는 차분하게 국민들께 전할 메시지를 다듬었다. 그렇게 해서 유 변호사가 나를 대신해서 취재진에게 "많은 심려를 끼쳐드려서 국민 여러분께 송구스럽다는 말씀을 드린다. 변함없는 지지와 성원을 보내주셔서 감사하다. 신병 치료에 전념해서 빠른 시일 내에 국민 여러분께 직접 감사 인사를 드릴 수 있도록 하겠다"는 메시지를 전했다. 또 문 대통령에게도 "어려움이 많았음에도 사면을 결정해주신 문 대통령과 정부 당국에도 심심한 사의를 표한다"고 감사를 다시 한번 전했다.

돌이켜보면 4년 9개월여를 구치소에 있었다. 내가 대통령으로 있었던 재임 기간보다도 긴 시간이었다. 전두환·노태우 두 전직 대통령의 수형 기간을 합친 것보다도 길었다. 일각에서는 정치적으로 가혹했다고 비판하지만, 어쨌든 이 부분은 나중에 역사의 평가에 맡겨두는 것이 맞다고 본다.

일상으로
돌아왔지만…

2021년 12월 30일 밤 11시경 서울구치소장이 사면장을 가지고 병실을 방문했다. 유 변호사가 대신 사면장을 수령하였고 정확히 0시가 되자 구치소 직원들이 인사를 하고 퇴실한 후 경호실 직원들이 병실을 경호하기 시작했다. 특사로 석방이 되긴 했으나 몸 상태 때문에 바로 병원을 나설 수는 없었다. 건강을 어느 정도 회복해 병원 밖으로 나오게 된 것은 2022년 3월 24일이었다. 이날 오전 8시 30분쯤 남색 코트를 입고 나갔다. 공교롭게 5년 전 구속 때 입었던 것과 같은 옷이었다. 어떤 사람들은 특별한 의미가 있었던 것은 아닌지 궁금해 하는데, 사실은 입을 수 있는 옷이 그것 하나밖에 없었다. 내곡동 사저도 경매로 넘어갔고 내 옷을 제대로 챙길 형편이 아니었다. 이에 앞서 2022년 3월 5일 대선 사전투표에서도 이 옷을 입고 투표장에 갔었다.

3월 24일 오전 삼성서울병원 20층 병실에서 나와 현관까지 가는 길은 내 평생 잊기 어려운 장면이 될 것이다. 거대한 병원 안은 의사, 간호사 등 의료진과 환자, 그리고 보호자들로 가득 메워져 있었다. 그들이 나를 바라보면서 반갑게 손을 흔들어주는 따뜻한 모습에 나는 마음이 편안해졌다. 일부는 휴대전화를 들고 나를 찍기도 했다. 그런 것을 보면서 내가 바깥세상으로 다시 돌아왔다는 것을 새삼 실감할 수 있었다. 나도 경직된 표정을 풀고 최대한 밝은 표정을 짓고 눈인사로 화답했다.

이윽고 현관을 나서자 카메라 플래시가 쏟아지면서 환호성과 함께 "대통령님 사랑합니다" "힘내세요" 같은 격려 목소리가 쏟아져 나왔다. 탄핵 이후로는 처음 느껴보는 분위기였다.

병원 측 안내를 받아 나온 반대편 쪽에는 김기춘 전 대통령비서실장, 조윤선 전 문화체육관광부 장관, 김재수 전 농림축

산부 장관 등 재임 당시 같이 일했던 인사들과 국민의힘 박대출 의원, 서상기 전 의원 등이 있었다. 오랫동안 고생한 그들과 인사라도 나눴으면 좋았을 텐데, 취재진이 내 주변을 둘러싼 데다 대기하고 있는 차와 다른 방향이다 보니 제대로 인사를 나눌 수가 없었다.

나는 대구 달성 사저로 가기에 앞서 서울 현충원에 있는 부모님 묘소를 찾아 참배했다. 2017년 1월 1일 이후 만 5년 만이었다. 사면 소식을 들었을 때 무엇보다 먼저 부모님을 뵙고 싶었는데 묘소에 선 순간 복잡한 기분이 들었다. 몇 년 만에 인사를 드릴 수 있게 되어 감회가 새롭고 기쁘면서도 대통령으로서 소임도 다 못하고 이렇게 부모님을 찾아뵙게 된 것이 무척 죄송스러웠다.

부모님께 인사를 마친 나는 사저로 들어갔다. 대구 달성은 내가 1998년 보궐선거에서 당선된 이래 줄곧 나에게 힘이 돼준 곳이었다. 나는 사저에 들어가기에 앞서 지역 주민들에게 인사를 드리고 싶었다. 이 과정에서 갑자기 인파 속에서 소주병이 날아드는 불상사가 있기도 했으나, 경호원들이 잘 대처해 준 덕분에 큰 소동 없이 인사를 마치고 귀가할 수 있었다.

집으로 돌아오고 약 20일가량 지난 4월 12일, 윤석열 대통령 당선인이 사저를 방문했다. 사실 당선 직후 찾아오고 싶다는 의사를 전해왔었는데 당시 나는 병원에 있었고 코로나19로 인해 외부인이 병실로 면회를 오려면 PCR 검사도 받아야 하는 등 절차가 복잡했다. 그래서 내가 대구로 내려온 뒤 날을 다시 잡기로 했던 것이다.

윤 당선인은 내가 탄핵되는 과정에서 특검팀의 수사팀장이었고, 중앙지검장 시절에는 형집행정지를 불허하기도 했다. 세간의 기준으로 본다면 좋은 인연으로 시작된 관계는 아니었다. 솔직히 말하면 구치소에 있을 당시 통증에 너무 시달렸기 때문에 하루하루가 힘들었던 처지라서 형집행정지가 불허될 때마다 또 이 통증을 참고 견뎌야 한다는 생각에 많이 아쉬웠던 것이 사실이다.

하지만 그분이 대선 과정에서 내세운 국민 통합의 메시지에는 공감하고 있었고, 보수 정권이 들어서야 한다는 생각에서 지방선거나 총선과 달리 대선 때는 투표에 참여하기도 했다. 당시 여러 경로를 통해 투표는 꼭 해달라는 부탁을 받기도 했다. 그분은 나와 이명박 전 대통령의 사면 추진을 약속하는가

하면 나의 사면 발표 때는 "건강을 꼭 회복하셨으면 좋겠다" 는 메시지를 전해오기도 했다.

12일 오후 찾아온 윤 당선인과는 50여 분간 대화를 나눴다. 분위기는 차분했다. 그분은 지난 과거 일에 대해 "참 면목이 없다. 늘 죄송했다"고 했고 나는 그저 담담히 듣기만 했다.

윤 당선인은 "(박근혜 정부의) 좋은 정책이나 업적이 제대로 알려지지 못한 부분을 굉장히 아쉽게 생각한다"면서 "박 전 대통령께서 하셨던 일에 대한 정책을 계승하고 널리 홍보하겠다. 명예를 회복하고 국민에 제대로 평가 받을 수 있도록 하겠다"고 약속해 고마웠다. 그러면서 그는 대통령 취임식에 와 달라고 부탁했고 나는 가능한 노력하겠다고 대답했다. "꼭 참석하겠다"고 말하지 못한 것은 정말로 몸 상태에 대해 확신할 수 없었기 때문이다.

2022년 5월 10일 윤 대통령의 취임식이 열린 곳은 서울 여의도 국회의사당인데, 야외인 데다 쉴 만한 그늘이 없는 땡볕이다 보니 의사를 비롯해 주변의 걱정이 이만저만이 아니었다. 거기다가 장시간을 차로 이동하는 것도 아직까지는 자신이 없었다. 윤 대통령의 취임을 며칠 앞둔 4월 26일 취임식 준비위원장을 맡은 박주선 전 국회부의장이 대구까지 찾아와 윤 대통령의 친서와 초청장을 전해주면서 참석을 간곡하게 부탁했다. 취임식 전날까지 참석 여부에 대해 결정을 하지 못하다가 그날 저녁 유 변호사에게 참석을 통보하라고 했다. 취임식 당일 오전에 나의 건강을 염려한 정부 측에서 열차를 보내주어 열차를 타고 취임식장으로 향했다. 취임식을 마치고 나를 배웅한 김건희 여사는 "꼭 한 번 찾아뵙고 싶다"고 말하기도 했다.

2022년 대구로 돌아온 뒤 나는 특별한 활동 없이 대부분의 시간을 집에서 보냈다. 처음에는 건강 때문에 무척 힘들었다. 삼성병원 퇴원 당시 의료진들이 재활을 강조하면서 필라테스를 꼭 해야 한다고 권유했다. 그러면서 병원 측에서 대구에 있는 필라테스 관계자를 소개시켜 주었고 그때부터 지금까지 꾸준히 운동을 해 오고 있다. 스스로 정한 일과표에 맞추어 내 나름대로는 최선을 다해 운동을 하고 있다. 그 덕분인지 지금은 많이 회복되어 바깥 외출도 할 수 있는 몸 상태를 만들었다.

달성으로 돌아온 후 그동안 하지 못했던 짐 정리를 틈틈이 하면서, 내가 보관하고 있던 아버지와 어머니의 유품들을 정리해서 아버지 기념사업회에 기증했다. 그리고 준비 없이 퇴임하고 이어 구치소로 들어갔던 탓에 아무렇게나 방치되다시피 했던 내 짐도 천천히 정리했다. 때로는 재임 시절의 사진과 메모 등을 보면서 당시 상황을 떠올리기도 했지만 떠올리면 떠올릴수록 회한만이 더 깊어졌다.

●

함께 국정 이끌던 분들 노고,
역사가 기억할 것

사실 그동안 과거 정치를 같이했던 분들이나 청와대에서 일했던 분들이 만나러 오겠다고 한 적도 있었다. 그중에는 오랫동안 나와 정치 인생을 함께했던 이들도 있다. 하지만 이제 과거 인연은 과거 인연으로 남겨두는 것이 좋지 않을까 생각한다. 지금 내가 누군가와 만나서 이야기를 나눌 때 그것이 나의 생각과 다르게 포장되어 나가는 것이 부담스럽기도 하다. 과거에 몇 차례 비슷한 일을 겪은 일이 있었기 때문이다. 다만 건강이 호전돼서 일상생활에 아무런 지장을 주지 않을 정도가 되면 지역에 계신 분들부터 차근차근 만나 이야기를 나누고 싶다. 그리 머지 않은 날에 그렇게 되리라고 생각한다.

요즘은 과거에 나와 함께 국정을 맡아 일했던 분들에 대한 생각을 많이 한다. 외교·안보·국방·경제·문화·복지 등에서 그분들은 참 열심히 일했고, 그랬기에 내가 이루고자 했던 정책들이 현실화될 수 있었다고 생각한다. 이 자리를 빌려 정말 감사의 말씀을 드린다. 그분들의 노고와 열정은 역사가 기억할 것이다.

●

정말 파란만장했던 삶…
국민 있어서 행복했다

나는 오로지 국민이 걱정 없이 잘 살 수 있는 나라를 만들기 위해 정치를 시작했고, 국회에서부터 청와대에 들어가 대통령직을 수행한 마지막 날까지 혼신의 노력을 다했다. 비록 나는 개인적으로는 임기를 채우지 못했지만, 박근혜 정부 자체는 결코 실패한 정부는 아니었다고 믿는다. 내가 탄핵당한 이후 '적폐 청산'이란 명분하에 매도됐던 박근혜 정부의 여러 정책들이 정당한 평가를 받는 날이 오기를 기대한다.

시간은 강물처럼 빨리 흘러가는 것 같다. 돌아보면, 나의 삶의 대부분은 공적인 삶이었고 정말 파란만장한 삶이었지만, 한결같은 지지와 격려를 보내주시면서 함께 해준 국민 여러분이 있어서 행복했다.

달성 사저로 온 이후에도 전국 각지에서 많은 분이 여러 가지 생필품과 지역 특산품 등을 보내온다. 한 번도 만나지도 못했고, 이름 한 번 들어보지 못한 분들이지만 편지글을 동봉해서 보내주시는 그 정성이 정말 고맙다. 나는 정치 일선은 떠났지만, 국민으로부터 받은 이러한 과분한 사랑에 보답하는 길이 있다면 무엇이든지 하려고 한다.

지금 많은 분들이 우리 앞에 놓여있는 현실에 대해 걱정도 하고 불안을 갖고 있는 것 같다. 하지만 나는 우리 국민이 단합해 다시 뛰기 시작하면 머잖은 장래에 국민 모두가 행복한 시대가 열리고, 대한민국이 세계사에 중요한 일원으로 우뚝 서는 희망찬 미래가 열릴 것이라고 확신한다. 그 도정에 앞으로 내가 조금의 기여라도 할 수 있다면 남은 삶의 소명으로 생

각한다. 부족한 글을 끝까지 읽어주신 국민 여러분들께 진심
으로 고마움의 인사를 드린다.

유영하 변호사가 본
박근혜 전 대통령

출판사로부터 "변호사님이 곁에서 본 박근혜 대통령에 대한 글을 기고해 주시면 좋겠다"는 제의를 처음 받았을 때, 그냥 지나가는 말인가 했다. 하지만 계속된 출판사의 제의에 대통령의 있는 그대로의 모습을 보여드리는 것도 의미가 있다고 판단했다. 하지만 막상 글을 쓰려고 하자 어디부터, 어떤 말부터 해야 할 것인지가 정리되지 않고 몇 날을 입가에서 맴돌기만 했다.

돌아보면 지난 7년이 바람처럼 지나갔다고 생각하지만, 너무 아팠던 시간이라서 떠올리는 것 자체가 내게는 고통이었다.

"대통령님께서 변호를 맡아 주시라고 합니다"

JTBC에서 태블릿 PC 관련 보도를 한 2016년 10월 24일 나는 국가인권위원회에서 같이 일했던 동료들과 저녁식사 중이었다. 일행 중 한 명이 JTBC 보도를 확인해 보라고 했을 때만 해도 대수롭지 않게 생각했다. 청와대 문건이 외부로 유출됐다는 내용의 보도 중에 낯익은 아이디가 눈에 들어왔고, 내가 알고 있는 아이디였기에 순간적으로 불길한 예감이 머리를 스치면서 지나갔다.

며칠 뒤에야 당사자와 통화가 됐지만 이미 사태는 걷잡을 수 없을 정도로 커졌다. 쓰나미가 닥치듯이 한순간에 모든 것이 사라진 느낌이었다. 현직 대통령을 조사해야 한다는 성난 여론이 들불처럼 번져가면서 대통령 탄핵이 오르내리기 시작했다. 그러나 그때만 해도 최악의 사태는 생각조차 하지 않았다.

불안한 마음으로 사태 추이를 지켜보던 2016년 11월 13일 오후 민정수석으로부터 전화가 왔다.

"대통령님께서 변호를 맡아 주시라고 합니다."

집사람과 함께 군에 간 아들을 면회 중이었다. 당시 언론을 통해 검찰 수사 진행 상황을 지켜보면서 걱정을 하고 있었지만, 이렇게 빨리 현실로 다가올 거라곤 생각지 않았다. 집으로 돌아오는 차 안에서 대통령의 변호를 맡아야겠다는 말을 들은 집사람의 얼굴도 굳어졌고, 나도 더는 말을 하지 않았다.

몸담고 있던 로펌의 대표에게 전화해 자초지종을 설명하고 그날 짐을 싸서 나와 그 부근에 있는 오피스텔로 옮겼다. 현직 대통령의 검찰 조사를 앞두고 변호인으로 선임됐다는 언론 보도가 나가면 이를 취재하려는 언론 때문에 로펌의 업무가 마비될 것은 불을 보듯 뻔했고, 소속 변호사들에게 피해를 줄 수는 없다고 생각했다.

붕대 감은 손으로 내 유세 도와주러 온 박 대통령

대통령을 만나러 관저로 들어가면서 처음 대통령을 만났던 날이 떠올랐다. 2004년 4월 14일 오후 2시 30분 당시 한나라당 대표였던 대통령은 손에 붕대를 감고 군포시에서 총선에 출마한 나의 유세를 지원하기 위해 왔다. 절제된 언어 구사와 따뜻한 웃음, 그리고 부드러움 속에 감추어져 있는 강인함, 대통령에게서 뿜어져 나오는 그 모든 것이 나를 대통령의 사람으로 만들었다.

관저에서 만난 대통령은 "어려울 때마다 오시네요"라고 하시면서 자리를 권했다. 민정수석이 자리를 뜬 후 대통령이 말을 꺼냈다. "내가 사람을 너무 믿었어요, 정말 이런 일이 있을 것이라곤 생각조차 하지 못했어요. 밖에서 무슨 일을 하고 다녔는지 정말 몰랐고, 아무도 내게 최서원(개명 전 최순실) 원장이 하고 다녔던 일에 대해 말을 해 준 사람이 없었어요."

묵묵히 대통령의 말을 받아 적으면서 머릿속은 점점 하얘져 갔다.

그날 이후 거의 매일 관저로 들어가서 언론에서 제기된 의혹에 대해 대통령께 질문하고 그에 대한 답을 정리하면서 앞으로 일어날 일들을 예상해 보았다. 며칠 뒤 검찰은 안종범 수석과 최서원 씨를 기소하면서 대통령을 공범으로 적시했고, 바로 다음 날 민정수석의 사의 표명이 있었다. 전날까지도 전혀 사표를 낼 것 같은 기미가 없었기에 한동안 민정수석의 사퇴 이유를 찾기가 어려웠다. 야당은 탄핵소추를 기정사실로 했고, 여당인 새누리당의 분위기도 확연하게 달라지고 있었다. 대통령이 탄핵소추된 후, 나는 대통령 주변에는 아무도 없는 것처럼 느꼈다.

그 후 이재용 삼성전자 부회장에 대한 영장이 재청구 끝에 발부되던 날, 나는 헌재에서 탄핵이 인용될 것으로 판단했고, 탄핵이 인용되면 검찰은 대통령을 조사한 후 구속영장을 청구할 것으로 확신했다. 그리고 영장이 청구되면 당시 여론의 분위기상 법원에서 절대로 기각하지 못할 것으로 생각했다. 예상했던 대로 사태는 흘러갔고, 누구도 멈출 수가 없는 것처럼 보였다.

영장심사 앞둔 대통령 "내일 감옥으로 가는 건가요…?"

법원의 영장실질심사를 앞두고 삼성동 사저로 들어가 대통령을 만났다. 늘 같은 모습, 같은 얼굴의 대통령은 희미한 미소를 띤 채 "내일 감옥으로 가는 건가요…?"라고 물었다.

잠시 숨을 고른 후 "법원이 있는 그대로만 판단한다면 기각할 것입니다. 다만 여론에 영향을 받을 것이 걱정은 됩니다"고 말했지만, 내 목소리에는 이미 힘이 빠져 있었다. 대통령도 나도 다가올 운명을 직감하고 있었다.

2017년 3월 30일 8시간 30분 동안의 영장실질심사에서 검찰 주장을 반박하면서 재판부에 영장을 기각해 달라고 호소했다. 도주 및 증거인멸의 우려가 없고, 최소한의 방어권을 행사할 수 있도록 해달라고 간절하게 매달렸다. 급기야 감정이 격해져서 나는 흐르는 눈물 때문에 말을 이어가기가 힘들었다.

심문을 마친 후 조사실에 머물다가 밖으로 나와 복도를 서성이던 중 검찰 직원들의 웅성거리는 소리에 영장이 발부됐다는 것을 알았다. 3월 31일 새벽 3시를 막 넘긴 시간이었다. 미동조차 하지 않고 나를 바라보던 대통령의 눈빛은 조금의 동요도 없었다.

"예상했던 일이잖아요…. 준비할게요…."

구치소로 대통령이 떠나고 난 후, 새벽 6시가 넘어 검찰청을 나왔다. 그날 오후 2시, 구치소로 가서 수인번호가 붙은 연두색 수의를 입은 대통령을 보는 순간 울컥했지만, 눈물을 보일 수는 없었다. 그렇게 대통령의 극한의 시간은 시작됐다.

눈물이 터져나온 마지막 변론

주 4회 진행된 살인적인 일정의 재판을 묵묵히 감내하면서 하루 10시간 이상 의자에 앉아 미동조차 하지 않는 대통령을 보면서 새삼 대통령의 강인함을 느낄 수 있었다. 초연하고 담담하게 법정에 앉아 있는 대통령은 태산 같았다. 구속영장 만기가 다가오던 그해 추석을 앞두고 검찰에서 추가 구속영장을 청구할 것이라는 이야기가 들려왔다. 처음 재판을 시작하면서 예상을 했었지만, 실제 검찰이 영장을 재청구했을 때에는 너무한다는 생각만 들었다.

대통령은 "법원에서 영장을 기각할 것으로 기대하지도 않고, 추가로 구속영장이 발부되면 더는 재판에 출석하지 않을 것이다. 그래서 앞으로 어떤 변론도 필요하다고 생각하지 않으니 변호인들은 모두 사임했으면 한다"고 미리 내게 말을 했었다.

기적은 일어나지 않았다. 추가 구속영장이 발부된 후, 대통령은 재판부에 "앞으로 진행되는 재판에는 출석하지 않겠다"

는 취지의 말을 한 후 퇴정했고, 이어 나도 변호인으로서 마지막 변론을 했다.

"헌법과 형사소송법이 규정하고 있는 무죄 추정과 불구속 재판이라는 형사법의 대원칙이 힘없이 무너지는 현실을 목도(目睹)하면서, 저희 변호인들은 더 본 재판부에서 진행할 향후 재판절차에 관여해야 할 어떠한 당위성도 느끼지 못하였고…. 중략…. 이에 오늘 모두 사임하기로 했습니다…. 중략…. 이제 저희 변호인들은 창자가 끊어지는 아픔과 피울음을 토하는 심정을 억누르면서, 허허(虛虛)롭고 살기(殺氣)가 가득 찬 이 법정에 피고인을 홀로 두고 떠납니다…."

다음 날, 구치소에서 만난 대통령은 늘 같은 모습 그대로였다.

"기대하지 않았어요. 너무 걱정하지 마세요. 잘 견디겠습니다."

규정상 사임한 변호인이 대통령을 계속 접견할 수는 없었다.

구치소 밖으로 탈옥, 꿈에서 깨고 허탈한 적도

그렇게 잔인했던 2017년이 가고 새해가 밝아오자마자 이번에는 국정원 특활비에 대한 검찰 수사가 시작됐고, 나는 구치소로 가서 다시 대통령을 접견했다. 만약을 대비해 선임계를 받았지만, 대통령은 사선 변호를 해봐야 결과는 똑같을 것이라는 판단으로 선임계를 제출하진 않았다.

2018년에 접어들면서 대통령의 건강은 시나브로 나빠지고 있었다. 접견 간간이 통증을 호소하던 대통령은 어느 날부터는 접견이 시작되자마자 통증으로 인한 고통이 심해 잠을 자지 못할 정도라고 말했다. 좀처럼 아픈 것을 나타내지 않는 대통령을 알고 있기에 얼마나 심한 통증으로 고통을 받는지 짐작이 됐다. 음식이 너무 짜고 매워 먹지 못해서 컵라면으로 식사한다고 했을 때는 가슴이 먹먹해졌지만 내가 할 수 있는 것은 아무것도 없었다.

어떤 이들은 구치소에서도 사식을 사먹을 수 있다고 알고 있지만, 구치소 안으로는 그 어떤 바깥 음식도 들어가지 못한다. 통증에 대한 것은 외부 진료를 통해 조금은 해결한다고 해도 식사 문제는 어떻게 할 수가 없었다. 고령의 대통령이 컵라면으로 식사를 계속하다 보면 단백질 섭취가 절대적으로 부족해져 몸에 무리가 오면서 건강에 심각한 상황이 초래될 것이 분명했지만, 달리 할 수 있는 것이 없었다.

허리 통증만을 호소하던 대통령은 어깨, 고관절, 발목 등 다른 부위의 통증도 호소하기 시작했고, 상태는 점점 나빠졌다. 외부 병원의 소견서는 어깨 부위의 통증은 수술밖에 달리 방법이 없다는 것을 충분히 설명했고, 2019년 9월 중순 구치소 의료진의 건의를 마침내 법무부에서 받아들여 대통령은 서울성모병원에서 어깨 부위의 수술을 받을 수 있었다.

약 70일 동안 병원에서 재활 치료를 받았지만, 수술 부위는 완쾌되지 않았다. 하지만 장기입원에 대한 부담으로 대통령은 구치소로 돌아가야만 했다. 그날 나는 대통령과 구치소 밖으로 탈옥하는 꿈을 꾸기도 했다. 누군가는 꾸며낸 이야기라고 조롱하겠지만, 그날 꿈에서 깨어나 느꼈던 그 허탈감은 아무도 이해하지 못할 것이다.

다른 이에게 폐를 끼치는 것을 정말 싫어하는 대통령의 성격상 아프다는 말을 교도관에게 쉽게 하지 않았을 것으로 짐작한다. 나도 허리디스크 수술을 두 번이나 했기에 그 통증이 어떤지 누구보다도 잘 알고 있다. 통증이 심해지면 우울증이 오고, 우울증이 오면 삶에 대한 회의가 든다는 것을 나는 경험으로 이미 알고 있었다. 그래서 구치소로 환소한 대통령이 호소하는 통증에 나는 민감해질 수밖에 없었다.

형이 확정돼 대통령이 기결수가 되자 더는 변호인 접견이 허용되지 않았다. 다행히 행정소송의 대리인 자격으로 일주일에 한 번 접견할 수 있었고, 하루 두 시간의 접견시간은 너무도 빨리 지나갔다. 그렇게 일주일이 가고, 한 달이 가고, 하릴없이 1년이 지나갔다.

"책보기도 싫고, 아무 생각도 안 나요"… 한계에 다다른 대통령

세상과 단절된 지 4년이 지난 2021년도 어김없이 밝아왔다. 편지글을 엮어 책을 만들기로 하면서 나 역시 바빠졌지만, 가을 무렵부터 대통령의 건강은 눈에 띄게 나빠졌다. 기운을 차리지 못했고 그렇게 강하고 담대하던 대통령도 조금씩 가라앉고 있다는 것을 확연하게 느낄 수 있었다. "요새는 책 보기도 싫고, 아무런 생각도 나지 않아요"라는 대통령의 지나가는 말이 내게는 가볍게 들리지 않았다. 직감적으로 대통령에게 한계가 오고 있다는 것을 알 수 있었다. 그러다 그해 가을 무렵 대통령이 건네준 메모지를 받아보곤 온몸의 힘이 빠져나가는 느낌이 들었다. 지금까지 보통 사람이라면 상상조차 할 수 없던 시련과 고통을 겪고서도 단 한 번도 무너지지 않았던 대통령이었다.

나는 대통령이 무너지지 않는다고 믿고 있었지만, '사람 일은 모르는 것이다. 강한 사람일수록 한순간에 모든 것을 던질 수도 있다'는 생각이 머릿속에서 지워지지 않았다. 담당 계장과 대통령의 상태에 대해 솔직하게 이야기를 나누었다. 하루라도 빨리 '병원으로 이송해야 한다'고 요청했고, 구치소 측에서도 심각하게 받아들이고 있었다.

　우여곡절 끝에 삼성서울병원에 대통령이 입원하고서야 나는 큰 고비를 넘겼다고 생각했다. 한동안 병원에서도 대통령은 그렇게 좋아하는 음악이 소음처럼 들린다고 할 정도였지만, 주치의들의 세심한 보살핌 속에서 점차 안정을 되찾아 갔다.

　4년 9개월 동안 좁은 독방에서 세상과 단절된 채, 오직 내가 접견 오는 날만 바깥사람과 말을 나눌 수밖에 없었던 대통령의 고통을 상상하는 것은 쉽지 않다. 대통령이었기 때문에 이런 고통을 초인적인 인내심으로 버티어 낸 것이라고 나는 생각한다.

　버리는 것은 순간적이지만, 참고 견디는 것은 아무나 할 수 있는 것이 아니다. 대통령은 자유의 몸이 됐고, 일상생활에 지장이 없을 정도로 건강을 회복했다. 나도 접견을 마치고 나올 때마다 들었던 철문이 닫히는 소리를 더 듣지 않아도 된다. 이제 대통령은 지난 재임 시절의 잘잘못에 대해 기억나는 한, 있는 그대로를 회고록에 담았다.

　"오직 나라를 위해 단 1분의 대통령의 시간도 함부로 쓰지 않았다"고 했던 당신 곁에는 지금 그 어떤 것도 남아 있지 않다. 시간이 지나면 대통령의 진실은 세상에 그 얼굴을 드러낼 것이다.

　함께했던 많은 사람이 등 돌리고 떠나가도, 광풍이 몰아치던 광야에서 홀로 서 있을 때도 누구에 대한 원망도 없이 온몸으로 묵묵히 견디어 온 대통령을 보면 너럭바위 같다는 느낌이 든다. 아니, 대통령은 비바람이 세차게 부는 날에도 늘 그 자리에 서 있는 큰 나무이고, 아무리 가물어도 그 바닥을 드러내지 않는 깊은 물이었다.

　끝으로, 역사를 관장하는 신이 존재한다면 옳고 그른 것을 있는 그대로 판단해 줄 것으로 믿으면서, 대통령의 힘든 시간을 함께할 수 있게 허락해 준 하늘이 있어 견뎌낼 수 있었고, 모든 것이 영광이었다고 생각한다.

저는, 저의 대한 거짓과 오해를 걷어내고, 함께 했던 공직자들과 기업인들이 국가와 국민을 위해 일했다는 것을 밝히고 싶었기에 헌법과 법치가 정한 절차를 묵묵히 따랐습니다.

하지만, 지난 2017년 10월 16일, 저에 대한 국가 구속영장이 발부된 후, 더 이상의 재판절차는 무의미하다고 판단하여 모든 역사적 멍에와 책임을, 제가 지고 가는 대신, 공직자들과 기업인들에 대한 선처를 부탁드린 바 있습니다.

그 후, 대통령으로 재직하면서 혼신의 힘을 다해 했던 일들이 잘못되고 낙인찍히고, 맡은 바 직분에 충실하게 일한 공직자들이 구속되는 것을 지켜보는 것은 저로서는 견디기 힘든 고통이었습니다. 그리고, 처음 정치를 시작한 때로부터 함께한 이들마저 모든 짐을 제게 떠넘기는 것을 보면서 삶의 무상함을 느꼈습니다.

하지만, 이 모두 정해진 운명이라고 받아들이겠습니다.

대한민국의 대통령으로서 이 나라를 위태롭게 하는 외부의 세력들로부터 안보를 튼튼히 지켜냈고, 조금이라도 나은 삶을 국민들께 드리기 위해 노력했던 시간들을 보람있었습니다.

지난 2006년 테러 이후의 저의 삶은 덤으로 주어져서 나라에 바쳐진 것이라고 생각하였기에 제 일신에 대해서는 어떠한 미련도 없었습니다.

이제, 모든 멍에를 졌겠습니다. 누구를 탓하거나 원망하는 마음도 없습니다. 서로를 보듬으면서 더 나은 대한민국을 만들어 주시기 바랍니다.

박근혜

2021년 가을 무렵 대통령이 내게 전한 메모.

박근혜 전 대통령
주요 일지

2013년

1월 6일	대통령직 인수위원회 출범
2월 25일	18대 대통령 취임식, 박 대통령 취임사에서 경제부흥, 국민행복, 문화융성 강조
3월 4일	정부조직 개편안 난항에 3월 4일 박 대통령 첫 대국민 호소 담화
3월 17일	정부조직법 개정안 여야 합의 타결
3월 20일	주요 방송사 및 은행사, 카드사 전산망 마비 사태
3월 21일	김학의 법무부 차관, 성접대 및 뇌물 의혹으로 사퇴
3월 26일	북한 1호 전투근무태세 돌입 발표
3월 30일	김용준 국무총리 후보자, 김종훈 미래창조과학부 장관 후보자 등 잇따른 낙마에 청와대 사과문 발표
4월 1일	박근혜 정부 첫 부동산 대책 발표
4월 8일	북한, 개성공단 가동 잠정 중단
4월 24일	재·보선 실시, 김무성·이완구·안철수 국회 입성
4월 25일	대통령 국회 시정연설, 정홍원 총리가 대독
4월 30일	국정원 여론조작 의혹 속 검찰, 국정원 압수수색
5월 5일	박 대통령 취임 후 첫 미국 방문 및 버락 오바마 대통령과 정상회담

5월 10일	윤창중 대변인, 방미 중 성추문 의혹으로 경질
6월 12일	남북 당국 서울회담 무산
6월 27일	박 대통령, 중국 방문. 시진핑 국가주석과 정상회담. 한반도 비핵화 공동 대응 담은 '한·중 미래비전 공동성명' 채택
8월 1일	민주당, 국정원 개혁 등 내세우며 서울광장에서 장외투쟁 시작
8월 5일	신임 비서실장에 김기춘, 정무수석 박준우, 민정수석 홍경식 임명
8월 8일	세법 개정안 발표 및 담뱃값 인상 논란
8월 28일	통합진보당 내란음모 사건으로 이석기 의원 압수수색 및 체포, 9월 20일 이 의원 구속
9월 5일	러시아 G20 정상회담 참석. 9월 6일 블라디미르 푸틴 러시아 대통령과 정상회담
9월 6일	채동욱 검찰총장 혼외자 의혹 언론 보도. 9월 30일 채 총장 퇴임
9월 22일	북한, 추석 이산가족 상봉 돌연 연기
10월 7일	박 대통령, 인도네시아 발리 APEC 정상회의 참석, 시진핑 중국 국가주석과 정상회담
11월 2일	박 대통령 6박 8일 일정으로 첫 유럽 순방. 11월 4일 프랑수아 올랑드 프랑스 대통령, 6일 데이비드 캐머런 영국 총리와 정상회담
11월 11일	국정원 여론조작 의혹 사건 관련, 대검 감찰본부 윤석열 여주지청장 징계 청구
11월 13일	박 대통령, 푸틴 러시아 대통령 정상회담. 공동개발 협력사업 MOU 15건 체결
11월 18일	박 대통령 첫 국회 시정연설 나서 민생 법안 및 예산안 처리 협조 호소
12월 3일	국정원, 북한 장성택 실각설 국회 보고. 12월 11일 장성택 사형 집행
12월 9일	전국철도노조 총파업. 12월 30일 여야와 철도노조 지도부, 파업 철회 합의

2014년

1월 6일	박 대통령 취임 후 첫 기자회견, "통일은 대박" 등 발언 화제
1월 13일	박 대통령, CNN 인터뷰에서 "일본 최고지도자들 무라야마, 고노 담화 계승해야" 강조
2월 6일	윤진숙 해양수산부 장관, 여수 기름 유출 사고 관련 언행 논란으로 경질
2월 17일	경주 마우나리조트 붕괴 사고. 10명 사망, 204명 부상
2월 20~25일	금강산 이산가족면회소에서 이산가족 1, 2차 상봉
2월 25일	정부 경제혁신 3개년 계획 발표
3월 23일	박 대통령, 독일·네덜란드 순방. 3월 26일 네덜란드 헤이그서 한·미·일 정상회담
3월 28일	박 대통령, 독일 드레스덴 공대서 한반도 평화통일 구상 담은 '드레스덴 선언' 발표
4월 7일	육군 28사단 윤 일병 사망 사건
4월 15일	박 대통령, 서울시 공무원 간첩 증거조작 사건 관련 대국민 사과
4월 16일	세월호 침몰 사고 발생. 안산 단원고 학생 등 299명 사망, 5명 실종
4월 25일	박 대통령, 청와대에서 오바마 미국 대통령과 정상회담
4월 27일	정홍원 국무 총리, 세월호 참사 관련 사의 표명
5월 19일	박 대통령, 세월호 참사 대국민 사과
5월 28일	안대희 총리 후보자, 전관예우 논란 끝에 사퇴
6월 4일	8회 지방선거 실시. 시·도지사 선거서 새누리당 8곳, 새정치민주연합 9곳 승리
6월 13일	2기 내각 출범. 경제부총리 최경환, 안전행정부 장관 정종섭, 교육부 장관 김명수 등
6월 24일	문창극 총리 후보자, 역사관 논란 끝에 사퇴
7월 3일	시진핑 중국 국가주석 방한, 청와대서 박 대통령과 정상회담

7월 14일	새누리당 전당대회서 김무성 대표 선출
7월 22일	전남 순천에서 유병언 추정 시신 발견
7월 30일	재·보선 실시. 새누리당 11곳, 새정치민주연합 4석으로 여당 승리
8월 14일	프란치스코 교황 방한, 박 대통령과 면담
8월 19일	문재인 새정치민주연합 의원, 세월호 단식 농성
9월 19일	인천 아시안게임 개막
9월 20일	박 대통령, 유엔총회 참석. 9월 25일 유엔총회 기조연설
9월 30일	여야 세월호특별법 최종 합의
10월 4일	북한 실세 3인방인 황병서 군 총정치국장, 최용해 당 비서, 김양건 대남담당 비서 인천 아시안게임 폐막식 참석
10월 6일	검찰, 세월호 최종 수사 결과 발표. 154명 구속
10월 8일	'정윤회 밀회' 보도 논란 빚은 일본 산케이신문 서울지국장 불구속 기소
10월 17일	판교 환풍구 붕괴 사고로 16명 사망. 11명 중경상
10월 29일	박 대통령, 두 번째 국회 시정연설
11월 10일	한·중 FTA 실질적 타결
11월 28일	세계일보서 '정윤회 국정개입 의혹 논란' 보도
12월 19일	헌법재판소, 8 대 1로 통합진보당 위헌 정당 해산 결정

2015년

1월 5일	검찰, '정윤회 문건' 중간수사 결과 발표. "풍문과 전언 짜깁기한 허위"
1월 10일	김영한 민정수석 사표 수리. 1월 23일 우병우 민정수석 임명
1월 12일	박 대통령 신년 기자회견
2월 2일	새누리당 유승민 원내대표 선출
2월 8일	새정치민주연합 문재인 대표 선출

2월 17일	이완구 국무총리 취임
2월 26일	간통죄, 헌법재판소 위헌 결정으로 폐지
3월 3일	김영란법 국회 본회의 통과
3월 5일	마크 리퍼트 주한 미국대사 피습
3월 17일	박 대통령, 김무성 새누리당 대표, 문재인 새정치민주연합 대표 청와대 회동
4월 9일	성완종 전 의원, 북한산서 숨진 채 발견
4월 27일	이완구 국무총리 자진사퇴
4월 28일	박 대통령, 성완종 사태 대국민 사과문
5월 18일	조윤선 정무수석, 공무원 연금개혁 지연 책임지고 사퇴
5월 20일	메르스 사태로 총 사망자 38명
6월 18일	황교안 국무총리 취임
6월 25일	박 대통령, 국회법 개정안 거부권 행사
7월 8일	유승민 원내대표, 국회법 개정안 위헌 논란 끝에 사퇴
8월 4일	북한 매설 목함지뢰 폭발해 육군 부사관 2명 중상
8월 13일	광복절 70주년 맞아 최태원 SK그룹 회장 등 6527명 특별사면
8월 20일	- 북한, 경기 연천 지역 대북 확성기에 포격 - 새정치민주연합 한명숙 의원, 불법정치자금 수수 혐의로 징역 2년 확정
8월 25일	남북 고위급 협상 타결. 북한 준전시상태 해제 및 확성기 방송 중단
9월 3일	박 대통령 중국 전승절 참석. 시진핑 중국 국가주석과 정상회담
9월 5일	돌고래호 전복 사고. 15명 사망, 3명 실종
10월 12일	교육부, 국정교과서 발행 계획 공식 발표
10월 13일	박 대통령 미국 방문, 10월 16일 오바마 대통령과 정상회담
10월 21~26일	금강산 온정각에서 남북 이산가족 상봉
10월 22일	박 대통령, 여야 대표 등 5자 회동

10월 27일	박 대통령 국회 시정연설. 사상 첫 3년 연속 직접 시정연설
11월 1일	리커창 중국 총리, 아베 일본 총리와 청와대 영빈관서 한·중·일 정상회담
11월 2일	박 대통령과 아베 총리 청와대서 한·일 정상회담
11월 3일	중·고교 역사교과서 2017년 국정화 확정
11월 14일	서울 도심서 시민단체, 농민 등 민중총궐기 시위. 광화문 일대서 51명 연행, 140여 명 부상
11월 22일	김영삼 전 대통령 서거
12월 13일	안철수, 새정치민주연합 탈당
12월 28일	일본군 위안부 문제 타결. 윤병세 외교부 장관과 기시다 후미오 일본 외무상이 합의문 발표

2016년

1월 6일	북한 4차 핵실험
1월 13일	박 대통령, 신년 회견서 사드 배치 언급
1월 27일	새정치민주연합 문재인 대표 사퇴, 김종인 비대위 전환
2월 2일	국민의당 출범
2월 10일	정부, 개성공단 전면 가동 중단 발표
2월 16일	박 대통령 국회 연설. "사드 배치는 대북 억제력 유지 일환"
2월 23일	민주당, 대테러방지법 반대하며 필리버스터 돌입
3월 3일	- 유엔 안전보장이사회, 대북 제재 결의안 채택 - 북한, 동해상에 방사포 6발 발사하는 등 3월에만 네 차례 도발
3월 7일	사상 최대 규모 키 리졸브 훈련 실시. 국군 30만 명, 미군 1만 5000명 참가
3월 31일	시진핑 중국 국가주석, 미·중 정상회담서 "사드 단호히 반대"
4월 1일	미국 워싱턴서 한·미·일 정상회의

4월 7일	북한 식당 종업원 13명 집단 탈출해 입국
4월 13일	20대 총선에서 여당 패배(새누리당 122석, 민주당 123석). 4월 14일 김무성 새누리당 대표 사퇴
5월 2일	박 대통령 이란 방문해 수교 54년 만에 첫 정상회담
5월 3일	새누리당 정진석 원내대표 선출
5월 6일	북한, 36년 만에 7차 노동당 대회
5월 15일	대통령비서실장 이원종, 정책조정수석 안종범, 경제수석 강석훈 등 청와대 인사
5월 27일	박 대통령, 에티오피아 순방 중 현지서 상시청문회법 전자결재로 거부권 행사
6월 2일	새누리당 혁신비대위 출범. 비대위원장에 김희옥 전 헌법재판관
6월 29일	안철수·천정배, 국민의당 홍보비 리베이트 의혹 논란으로 공동대표 동반 사퇴
7월 8일	한·미, 사드 배치 결정 공식 발표
7월 20일	우병우 민정수석, 넥슨 처가 부동산 거래 의혹 등 해명 기자회견
7월 28일	위안부 피해자 지원 화해치유재단 출범
8월 9일	새누리당 이정현 대표 선출
8월 15일	광복절 맞아 이재현 CJ그룹 회장 등 4876명 특별사면
8월 17일	통일부, 태영호 망명 발표. 탈북 외교관 중 최고위급
8월 27일	더불어민주당 추미애 대표 선출
9월 9일	북한 5차 핵실험. 박 대통령, 라오스 순방 중 조기 귀국해 NSC 소집
9월 12일	경주 지진. 규모 5.8로 계측 이래 최대 규모
9월 20일	박 대통령, 경주 지진 피해 마을 방문
9월 22일	국회 대정부질문서 야당, 미르·K스포츠재단 의혹 제기
9월 25일	민중 총궐기 당시 물대포 맞아 의식불명 상태였던 백남기 씨 사망
9월 26일	새누리당 이정현 대표, 정세균 국회의장 퇴진 요구하며 단식 돌입
10월 12일	문화예술계 블랙리스트 논란, 첫 언론 보도

10월 20일	박 대통령, 수석비서관회의서 최서원(개명 전 최순실) 씨 의혹 첫 언급. "불법 저질렀다면 엄정 처벌받을 것"
10월 24일	- 박 대통령, 국회 시정연설에서 개헌 제안 - JTBC, 최순실 연설문 사전 열람 의혹 보도
10월 25일	박 대통령 1차 대국민 사과
10월 30일	박 대통령, 최재경 민정수석 임명. 안종범 정책조정수석, 우병우 민정수석, 김성우 홍보수석 사표 수리
10월 31일	최서원 씨 런던에서 귀국 뒤 피의자 신분으로 검찰 소환
11월 2일	박 대통령, 김병준 총리 후보자 발표
11월 3일	최서원 씨 구속, 안종범 전 수석 긴급체포
11월 4일	박 대통령 2차 대국민 사과. "검찰 조사 성실히 임하고 특검 수사 수용하겠다"
11월 6일	우병우 전 민정수석 검찰 소환, 정호성 전 비서관 구속
11월 12일	박근혜 정부 퇴진 요구하며 민중총궐기 집회. 경찰 추산 26만 명 집회 참석
11월 13일	유승민·김무성 등 새누리당 비박계, 대통령 2선 후퇴 요구
11월 14일	'최순실 게이트' 국정조사 및 특검 여야 합의
11월 15일	- 박 대통령, 유영하 변호사 선임 - 문재인 더불어민주당 대표 회견. "박 대통령 조건 없는 퇴진 선언하라"
11월 20일	검찰 '최순실 게이트' 중간수사 결과 발표. 박 대통령을 최서원 씨 등과 함께 '공동정범'으로 지칭
11월 23일	김현웅 법무부 장관, 최재경 민정수석 사의
11월 26일	촛불집회 시위대 청와대 앞 200m까지 진출
11월 29일	박 대통령 3차 대국민 사과. "임기 단축 등 국회 결정에 따라 물러나겠다"
11월 30일	박 대통령, 특검에 박영수 전 고검장 임명

12월 1일	- 박 대통령, 대구 서문시장 화재 현장 방문
	- 새누리당 박 대통령 사퇴 당론으로 채택
12월 3일	민주당·국민의당·정의당 등 국회의원 171명, 박 대통령 탄핵소추안 국회 제출
12월 6일	최순실 사태 국정조사 첫 그룹 총수 청문회
12월 7일	'최순실 국정조사' 2차 청문회. 김기춘 전 비서실장 등 출석
12월 9일	박 대통령 탄핵안, 의원 300명 중 299명 표결, 찬성 234, 반대 56, 기권 2로 가결
12월 11일	검찰, '최순실 게이트' 수사 결과 발표. 최 씨 등 7명 구속 기소
12월 16일	이정현 새누리당 대표 사퇴, 정우택 원내대표가 권한대행
12월 19일	국정농단 의혹 사건 첫 재판 실시, 최서원 씨 등 혐의 부인
12월 21일	반기문 전 유엔 사무총장, "대한민국 발전 위해 내 몸 불살라 노력" 사실상 대선 출마 선언
12월 27일	새누리당 비박계 의원 29명 집단 탈당. 유승민 의원 등이 개혁보수신당 창당 선언
12월 29일	새누리당, 인명진 비상대책위원회 체제 출범

2017년

1월 1일	박 대통령, 청와대 출입기자 신년 간담회. 최서원 씨 관련 의혹 해명
1월 5일	헌법재판소, 탄핵심판 사건 첫 증인신문
1월 9일	'최순실 게이트' 국정조사 마지막 청문회
1월 12일	반기문 전 유엔 사무총장 귀국. "대통합, 정치교체 이룰 것"
1월 16일	- 최순실, 헌재 탄핵심판 증인신문 출석
	- 특검, 이재용 삼성전자 부회장에 구속영장 청구
1월 19일	법원, 이재용 부회장 구속영장 기각
1월 21일	김기춘 전 비서실장, 조윤선 전 문체부 장관 구속

1월 22~23일	22일 안희정 충남지사, 23일 이재명 성남시장 대선 출마 선언
1월 24일	바른정당 공식 출범
1월 25일	박 대통령, 유튜브 정규재TV 인터뷰
2월 1일	반기문 전 유엔 사무총장, 대선 불출마 선언
2월 13일	김정은 북한 국무위원장 이복형인 김정남, 말레이시아 쿠알라룸푸르 공항서 피살
2월 17일	이재용 삼성전자 부회장 구속. 박 대통령과 최서원 씨에게 거액 뇌물 건넨 혐의
2월 18일	우병우 전 민정수석 첫 특검 소환
2월 28일	박영수 특검 90일 수사 종결. 최서원 씨 뇌물수수 등 혐의로 기소하고, 박 대통령도 뇌물수수 피의자로 입건
3월 10일	헌법재판소, 재판관 8명 전원 일치로 박 대통령 탄핵 인용
3월 12일	박 전 대통령, 청와대 떠나 삼성동 자택 복귀
3월 21일	박 전 대통령 검찰 출석해 21시간 조사 후 귀가
3월 25일	세월호 선체 완전 인양
3월 27일	검찰, 뇌물수수·직권남용·강요·공무상비밀누설 등 혐의로 박 전 대통령 구속영장 청구
3월 31일	박 전 대통령 구속 수감
4월 3~4일	3일 문재인 더불어민주당 대선 후보 선출, 4일 안철수 국민의당 대선 후보 선출
4월 4일	박 전 대통령, 서울구치소에서 구속 후 첫 검찰 조사
4월 17일	검찰, 뇌물수수 혐의로 박 전 대통령 기소
4월 21일	박 전 대통령, 서울 삼성동 사저 매각. 서울 내곡동에 새 집 구매
5월 2일	박 전 대통령 재판 시작
5월 9일	19대 대통령 선거. 10일 문재인 대통령 당선
5월 23일	박 전 대통령, 서울중앙지법에서 열린 첫 재판에 최서원 씨와 함께 출석

5월 31일	최서원 씨 딸 정유라 씨 귀국 및 체포
7월 25일	대법원, 박 전 대통령 재판 생중계 결정
8월 25일	서울중앙지법, 1심서 이재용 삼성전자 부회장에 징역 5년 선고
10월 13일	법원, 당초 10월 16일 만료 예정이던 박 전 대통령 구속 연장 결정
10월 16일	박 전 대통령 재판 거부 선언. 박 전 대통령 변호인단 전원 사임
10월 30일	안봉근·이재만 전 비서관, 특수활동비 수수 혐의로 검찰에 긴급 체포
12월 14일	검찰, 최서원 씨에 징역 25년 구형
12월 15일	우병우 전 민정수석, 국정원 동원한 불법 사찰 등 혐의로 구속

2018년

2월 13일	- 최서원 씨, 1심서 징역 20년, 벌금 180억 선고 - 안종범 전 수석은 징역 6년, 신동빈 롯데그룹 회장은 징역 2년 3개월 선고받고 법정 구속
3월 28일	박 전 대통령, 서면 입장 발표해 특수활동비 상납 등 혐의 부인
4월 6일	박 전 대통령 재판 불출석한 가운데 1심서 징역 24년, 벌금 180억 선고
7월 20일	서울중앙지법, 특활비 의혹에 대해 징역 6년, 공천 개입 의혹에 대해 징역 2년 선고해 박 전 대통령 징역 총 32년으로 늘어
8월 24일	박 전 대통령 국정농단 사건 2심서 1심보다 1년 늘어난 징역 25년 선고

2019년

4월 25일	검찰, 박 전 대통령 형집행정지 신청 불허
9월 9일	검찰, 박 전 대통령 형집행정지 신청 재차 불허

| 9월 17일 | 박 전 대통령, 서울성모병원에서 어깨 수술 |

2020년

| 3월 4일 | 4월 총선 앞두고 박 전 대통령 옥중서신 공개. "기존 거대 야당 중심으로 힘 합쳐 달라" |

2021년

| 1월 14일 | 대법원서 박 전 대통령 형량 최종 확정. 징역 20년, 벌금 180억 |
| 12월 31일 | 박 전 대통령 특별사면, 4년 9개월 수감 생활 끝내 |

2022년

| 3월 24일 | 박 전 대통령, 삼성서울병원에서 퇴원 후 대구 달성 사저로 귀가 |

어둠을 지나 미래로

박근혜 회고록 2

초판 1쇄 2024년 2월 5일
　　 3쇄 2024년 2월 10일

지은이 | 박근혜

발행인 | 박장희
대표이사·제작총괄 | 정철근
본부장 | 이정아
편집장 | 조한별

기획위원 | 박정호

마케팅 | 김주희 박화인 이현지 한륜아

기획 | 중앙일보 The Joongang Plus
진행 | 중앙일보 특별취재팀 김정하 유성운 손국희
표지사진 | 권혁재
내지사진 | 중앙포토
별지사진 | 저자 소장본(복사 촬영 중앙일보에스 사진팀 최영재)

발행처 | 중앙일보에스(주)
주소 | (03909) 서울시 마포구 상암산로 48-6
등록 | 2008년 1월 25일 제2014-000178호
문의 | jbooks@joongang.co.kr
홈페이지 | jbooks.joins.com
네이버 포스트 | post.naver.com/joongangbooks
인스타그램 | @j__books

©박근혜, 2024

ISBN 978-89-278-1308-8 03340

중앙북스는 중앙일보에스(주)의 단행본 출판 브랜드입니다.

옛 사진들

정계 입문 후

1998년 4월 2일 대구 달성 재·보선에 출마했다. 선거 운동 중 지지자들과 이야기를 나누고 있다.

대구 달성 재·보선에 출마한 나는 1998년 3월 29일 야외에서 당직자들과 음식을 나누어 먹으며 지지를 호소하고, 애로사항을 들었다.

2004년 8월 31일, 당시 유행하던 '싸이월드'의 내 미니홈피에 100만 번째로 방문한 10대 지지자들과 만나 '1일 데이트'를 했다.

2013년 7월 엘리자베스 여왕은 정전협정 60주년 참석차 한국을 방문한 사촌 글로스터 공작을 통해 나를 영국에 초청하는 친서를 보냈다.

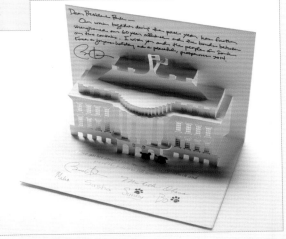

2013년 말 버락 오바마 미국 대통령은 2014년 새해를 맞아 백악관 모형의 친필 축하카드를 보냈다. 카드 하단에 오바마 대통령과 영부인 미셸 오바마, 두 딸인 말리아와 사샤의 서명이 적혀 있다. 오바마 대통령의 반려견인 '써니'와 '보'의 발바닥 모양 서명도 함께 담겼다.

2013년 11월 4일 프랑스 파리 엘리제궁에서 열린 한·프랑스 정상회담에서 프랑수아 올랑드 프랑스 대통령과 나. 올랑드 대통령은 친필로 글귀를 작성해 이 사진을 선물했다.

2016년 휴가 중 청와대 내부에
있는 계곡에 발을 담갔다.

2016년 6월 4일 프랑스를 국빈 방문한 나는 42년 전 그르노블 유학
당시 하숙집 주인의 딸이었던 자클린 꾸르뚜 씨를 만났다. 1974년
그르노블 대학에서 유학하던 나는 어머니의 서거로 급하게 귀국해야
했다.

2014년 11월 한국에서
푸드트럭 창업을 한 탈북
청년 정봉철 씨에게 받은
감사 편지.